普通高等教育"十一五"国家级规划教材 修订版

21世纪新概念教材·高等职业教育现代物流管理专业教材新系

产教融合校企"双元"育人项目成果

DISANFANG WULIU

第三方物流

（第七版）

姜春华 主 编

李瑞吉 耿春宇 副主编

东北财经大学出版社
Dongbei University of Finance & Economics Press

大连

图书在版编目（CIP）数据

第三方物流 / 姜春华主编 . —7 版 . —大连：东北财经大学出版社，
2024.6

（21世纪新概念教材·高等职业教育现代物流管理专业教材新系）

ISBN 978-7-5654-5277-2

Ⅰ.第…　Ⅱ.姜…　Ⅲ.第三方物流-高等职业教育-教材　Ⅳ.F253

中国国家版本馆 CIP 数据核字（2024）第 109717 号

东北财经大学出版社出版

（大连市黑石礁尖山街217号　邮政编码　116025）

网　　　址：http://www.dufep.cn

读者信箱：dufep@dufe.edu.cn

大连市东晟印刷有限公司印刷　　东北财经大学出版社发行

幅面尺寸：185mm×260mm　　字数：298千字　　印张：13.5

2024年6月第7版　　　　　　2024年6月第1次印刷

责任编辑：郭海雷　　　　　　　责任校对：何　群

封面设计：原　皓　　　　　　　版式设计：原　皓

定价：35.00元

第七版前言

现代物流一头连着生产,一头连着消费,高度集成并融合运输、仓储、分拨、配送、信息等服务功能,是延伸产业链、提升价值链、打造供应链的重要支撑,在构建现代流通体系、促进形成强大国内市场、推动高质量发展、建设现代化经济体系中发挥着先导性、基础性、战略性作用。党的二十大报告指出,"构建优质高效的服务业新体系,推动现代服务业同先进制造业、现代农业深度融合","加快发展物联网,建设高效顺畅的流通体系,降低物流成本"。

我们围绕高等职业教育现代物流管理专业的人才培养目标,突出实用性、科学性和先进性的原则,参照物流行业转型升级的现实和教学改革的新趋势,对教材进行第六次修订。

本次修订除了对时效性较强的资料数据进行更新,对有延续性的佐证性资料、案例持续跟进外,还对以下几方面进行了重点补充与完善:

(1)物流行业新国标、新法规、新文件。

(2)新科技在物流领域的推广应用。

(3)物流行业运营管理新理念、新模式。

(4)互联网大环境下物流发展新态势、新问题。

(5)思政元素的有机融入与深入挖掘。

本教材由长春职业技术学院姜春华担任主编,李瑞吉、耿春宇担任副主编。具体修订分工如下:李瑞吉修订第1、3、4章,姜春华修订第2、5、6、7章并负责统稿,耿春宇修订第8、9、10章。本书配有教学用的PPT课件,授课教师可登录东北财经大学出版社网站(www.dufep.cn)免费下载。

本书在修订过程中,得到京东物流股份有限公司、北京络捷斯特科技发展有限公司等合作企业的大力支持。我们借鉴国内外专家、学者的观点,参考部分论文、专著及报刊、网站的资料,在此向相关作者表示感谢。由于编者水平有限,书中疏漏之处在所难免,敬请读者提出批评和改进意见。

姜春华

2024年3月

第六版前言

《第三方物流》第一版于2005年2月出版，2006年被评为普通高等教育"十一五"国家级规划教材。承蒙广大专家、师生的支持与厚爱，本书得以第五次修订。

2005—2020年，伴随中国经济的高速发展，中国第三方物流的发展呈现日新月异的变化：从小到大、从弱到强；从以传统储运为主流到一体化物流设计与运营；从疏阔网络布局到密集立体下沉；从致力于国内市场开拓，到布局海外，参与全球的供应链竞争。互联网时代，经济运行开辟了新空间，信息科技为第三方物流插上了翅膀，基于互联网的物流管理理念、运作模式、作业方法、技术每天都在刷新我们的认知，改变我们的世界。2014年，国家发布了《物流业发展中长期规划（2014—2020年）》，提出"着力发展第三方物流，引导传统仓储、运输、国际货代、快递等企业采用现代物流管理理念和技术装备，提高服务能力；支持从制造企业内部剥离出来的物流企业发挥专业化、精益化服务优势，积极为社会提供公共物流服务"。2017年，《国务院办公厅关于进一步推进物流降本增效促进实体经济发展的意见》（国办发〔2017〕73号）、《国务院办公厅关于积极推进供应链创新与应用的指导意见》（国办发〔2017〕84号）等利好物流行业发展的文件密集出台，要求依托互联网、大数据、云计算等先进的信息技术手段，推广、应用高效而便捷的物流新模式。

物流产业的迅速发展要求相关教材迅速跟进、更新。我们立足物流高等职业教育，着眼物流产业发展方向，本着实用性、科学性和先进性的原则，对教材进行第五次修订。本次修订具有以下特点：

1.内容更新。根据第三方物流的发展现状，更新、补充物流新理念、知识、技术、方法及案例资料，尤其突出了互联网时代第三方物流发展的新趋势及前沿科技应用。同时，根据物流行业人才培养目标，增加了具有可操作性的物流管理方法、技能及仿真实训项目。

2.形式更新。本次修订增加了有助于教材内容认知、理解的视频教学资源和拓展图文资料，打造新形态教材，便于线上线下混合式教学的开展。教材使用者可通过扫描教材中的二维码观看业内专家讲解相关重难点知识，了解当前物流行业发展态势和未来发展蓝图。

3.强化素质培养。特别新设了"物流人物专栏"，以润物无声的形式将正确的价值观传导给学生，使课堂教学的过程成为引导学生学习知识、锤炼意志、涵养品行的过程，实现育人效果最大化。该栏目从家国情怀、诚信意识、科学精神与进取精神、财富观与价值观、风险意识与职业素养、社会责任感等方面深入挖掘课程中蕴含的思政元素，实现"显性教育"与"隐性教育"的结合，实现专业课程"知识传授"与"价值引领"相统一，旨在使德育与智育相统一，推动实现全员、全程、全方位育人。

本书编写团队主要成员来自长春职业技术学院。长春职业技术学院是2002年中国–欧盟工业职业教育培训物流子项目合作单位，在此基础上2004年学院设立物流管理专业并招生。伴随学院通过全国示范校评估，物流管理专业也相继获得中央财政及省市重点支持建设，在校企合作物流职业教育与培训方面积累了丰厚的资源。

教材经过五次修订，编写团队也由以物流职业教育培训师为主向多元化、专业化、年轻化转变，专业领军人物、国内外知名学府专业硕士、职场背景教师相继加入。

本书由姜春华担任主编，李瑞吉、耿春宇担任副主编。姜春华负责统稿及第2、5、6、7、8、10章的修订，李瑞吉负责第1、3、4章的修订及视频资料整理，耿春宇负责第9章的修订及视频资料整理，程成、左圆圆承担了拓展图文资料的收集、校对工作，刘旭东负责技术支持工作。

衷心感谢合作企业京东物流股份有限公司马胜艳经理和北京络捷斯特科技发展有限公司邵清东董事长，他们为本次修订提供了资料方面的支持。本书配有教学用的PPT课件，授课教师可登录东北财经大学出版社网站（www.dufep.cn）免费下载。

在本书的编写和修订过程中，我们借鉴了国内外许多专家、学者的观点，参考并引用了许多论文、专著及报刊、网站的资料，在此向相关作者表示由衷的谢意。由于编者水平有限，书中疏漏之处在所难免，敬请读者提出批评和改进意见。

姜春华

2020年12月

目 录

第1章
第三方物流概述

学习目标

☐ 知识目标：
　明确第三方物流的概念；了解第三方物流的功能及物流企业的分类。

☐ 能力目标：
　能正确分析物流与社会经济发展及企业市场竞争的关系；具备通过联系社会经济
　发展正确判断第三方物流现状与发展趋势的能力。

☐ 素养目标
　拓展经济认知领域，以联系、辩证、发展的思维方式全面认识经济与物流的关系，
　激发学生学习兴趣，坚定职业信念，提升专业自豪感。

1.1   第三方物流的产生与发展

物流业的发展水平反映了一个国家的综合国力和企业的市场竞争能力。世界各国都非常重视物流行业发展对本国国民经济发展和军事实力提升的影响。代表现代物流发展趋势的第三方物流，已成为目前世界各国和大型跨国公司所关注、探讨和实践的热点。

1.1.1   第三方物流的概念

视频 1-1

物流的概念

1）物流的含义

根据国家市场监督管理总局、国家标准化管理委员会联合颁布的国家标准《物流术语》（GB/T 18354—2021），物流的定义为：

物流（Logistics）是指根据实际需要，将运输、储存、装卸、搬运、包装、流通加工、配送、信息处理等基本功能实施有机结合，使物品从供应地向接收地进行实体流动的过程。现代物流是以满足顾客的需求为目标，把制造、运输、销售等市场情况统一起来考虑的一种战略措施，追求的是降低成本、提高效率与服务水平，进而增强企业竞争力。

视频 1-2

第三方物流
的概念

2）第三方物流的含义

第三方物流（Third Party Logistics，3PL 或 TPL）是 20 世纪 80 年代中期由欧美学者提出的。在 1988 年美国物流管理委员会的一项顾客服务调查中，首次提到"第三方物流服务提供者"一词。

国家标准《物流术语》（GB/T 18354—2021）指出：第三方物流是由独立于物流服务供需双方之外且以物流服务为主营业务的组织提供物流服务的模式。第三方物流的概念理解如图 1-1 所示。

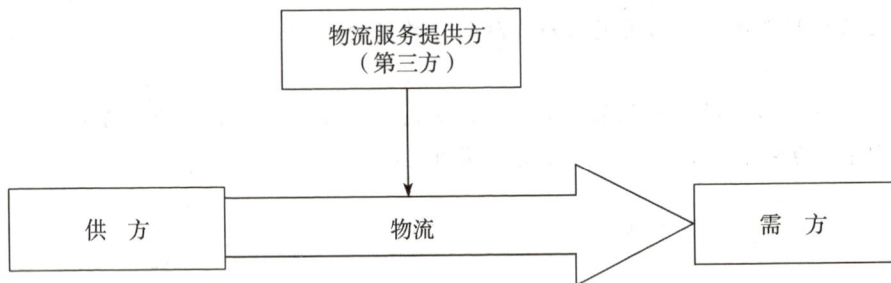

图 1-1   第三方物流的概念理解图示

第三方物流又称合同物流、契约物流，第三方物流提供者按合同在约定时间内向使用者提供个性化的系列服务（强调物流服务的提供者与客户是基于合同的长期合作）。

小词典

物流企业与企业物流

物流企业（Logistics Enterprise）是指从事物流基本功能范围内的物流业务设计及系统运作，具有与自身业务相适应的信息管理系统，实行独立核算、独立承担民事责任的经济组织。

企业物流（Enterprise Logistics）是指生产和流通企业围绕其经营活动所发生的物流活动。

1.1.2 第三方物流的功能

（1）提供基本的仓储和运输服务，如公共仓库和普通货运公司以资产密集和标准化服务为标志。第三方物流通过对货主企业物流的优化整合可以降低后者的物流成本，提高其效率和服务水准。

（2）提供仓储和货运管理等增值服务，如为客户集货配送，提供货物拆拼箱，重新贴签、重新包装，包装、分类、并货，零部件配套，配件组装、测试和修理，产品组装等服务；可为客户选择承运、协议价格、安排货运计划、优选货运路线和进行货运监测。这些功能通过对物流过程中的劳动投入追加，增加了商品的价值，创造了第三方物流企业和货主企业新的利润来源。

（3）提供一体化物流和供应链管理服务，如为客户提供需求预测、物流规划设计、自动订单处理、客户关系管理、存货控制和返回物流支持等。这种创新型物流活动已经深入到货主企业供应链的内部，通过对客户的无形服务，巩固了货主企业和消费者的密切关系，扩大了商品的市场需求，创新了物流的服务价值。

1.1.3 第三方物流迅速发展的原因

1）第三方物流的产生是企业为加强竞争力将非核心业务外包的直接结果

供应链管理强调的是把主要精力放在企业的核心业务上，充分发挥其优势，同时与全球范围内的合适企业建立战略合作关系，非核心业务由合作企业完成，这就是所谓的"业务外包"（Out Sourcing）。通过业务外包，整合内外资源，企业可以降低成本，获得更多的竞争优势，提高自身的竞争力。物流外包是指生产或销售企业为集中精力增强核心竞争能力，而以合同的方式将其物流业务部分或完全委托于专业的物流公司（第三方物流）运作。物流外包是一种长期的、战略的、相互渗透的、互利互惠的业务委托和合约执行方式。

竞争日益激烈，促使越来越多的企业将专业知识、注意力和资源集中到企业的核心业务上，加强自己的核心竞争力，而把辅助性功能外包给其他企业。自20世纪80年代以来，外包已成为商业领域中的一大趋势。物流功能外包是第三方物流产生的直接动因。

互动课堂1-1

分小组讨论，企业为什么将非核心业务外包？

2）整体经济高质量发展需要专业化、规模化的第三方物流

随着现代科学技术的进步和经济的发展，市场形势瞬息万变，消费需求呈现多样化、个性化的特征；受市场需求影响，企业生产出现批次多、批量少的局面，生产和流通都面临着前所未有的机遇和挑战，产品生命周期越来越短，企业利润越来越薄。提高物流速度、缩短产品的流通时间，被广泛认为是企业的第三利润源泉。

电子商务的发展增加了物流运作的难度，也为规模化、专业化、社会化、现代化的第三方物流提供了更大的发展机遇。

《中华人民共和国2023年国民经济和社会发展统计公报》显示，2023年货物运输总量557亿吨，比上年增长8.1%。货物运输周转量247 713亿吨公里，增长6.3%。港口完成货物吞吐量170亿吨，比上年增长8.2%，其中外贸货物吞吐量50亿吨，增长9.5%。港口集装箱吞吐量31 034万标准箱，增长4.9%。

3）经济全球化推进现代化物流的发展

20世纪90年代，欧洲经济走向一体化，美国公司的欧洲配送中心为满足欧盟成立的需要，开始转向物流外包，由第三方管理的EDCs的数量急剧增长。经济全球化需要专业化物流平台。国际贸易往来的不断增加，带来了可观的物流量，刺激了现代物流企业的产生与发展。

《中华人民共和国2023年国民经济和社会发展统计公报》显示，2023年货物进出口总额417 568亿元，比上年增长0.2%。其中，出口237 726亿元，增长0.6%；进口179 842亿元，下降0.3%。货物进出口顺差57 883亿元，比上年增加1 938亿元。对共建"一带一路"国家进出口额194 719亿元，比上年增长2.8%。其中，出口107 314亿元，增长6.9%；进口87 405亿元，下降1.9%。对《区域全面经济伙伴关系协定》（RCEP）其他成员国进出口额125 967亿元，比上年下降1.6%。民营企业进出口额223 601亿元，比上年增长6.3%，占进出口总额比重为53.5%。

1.2 我国第三方物流企业分类

我们可以从以下几个角度，对我国第三方物流企业进行分类。

1.2.1 按第三方物流企业的来源构成分类

随着中国物流行业的发展，各类背景不同、规模不同的企业纷纷通过转型进入物流市场，其中以仓储、运输和货代企业在原有基础上整合而来为主，也不乏外来物流公司和国内新创办的民营物流企业。

1）在传统仓储、运输、货代等企业基础上整合而来的物流企业

目前，我国由传统仓储、运输、货代企业经过整合而来的物流企业在第三方物流中占主导地位，占据较大的市场份额。起源于运输业的，如中国远洋运输（集团）总公司（成立于1961年，以航运、物流码头、修造船为主业）、中国对外贸易运输（集团）总公司（简称中外运）、中国海运集团总公司等；起源于仓储业的，如中国物资储运集团有限公司（成立于20世纪60年代初，负责国家分配物资的集散储运）；起源于货运代理业的，如华润物流集团有限公司（前身为华夏企业有限公司，于1948年在中国香港创立）、锦程国际物流集团股份有限公司（前身为大连锦联进出口货运代理公司，于1990年6月26日正式创立）。

传统仓储、运输、货代企业发展第三方物流的优势：

一是客户资源。这些企业掌握大量的、稳定的客户资源，随着客户需求的不断扩展，企业提供更加完整和个性化的服务，客户驱动企业向第三方物流发展。

二是网络资源。传统仓储、运输企业大都拥有相对比较健全的物流服务网络资

源，这是网络化第三方物流服务的基础。

三是运作能力。现代物流服务内容丰富，但核心物流活动依然是信息、运输、仓储。这些能力往往是衡量物流企业运作和管理水平的最重要指标。由传统仓储、运输、货代企业改造转型而来的第三方物流在这些方面具有得天独厚的优势。

另外，地域文化和长期扎根于中华大地建立起来的公共关系等都是优势。

凭借原有的物流业务基础和在市场、经营网络、设施、企业规模等方面的优势，传统仓储、运输、货代企业不断拓展和延伸其物流服务，逐步转化为现代物流企业。

2）工商企业原有物流服务职能剥离形成的物流企业

传统工商企业对物流的控制方式是企业自建的物流系统，企业拥有所有的物流资源。随着加强核心竞争力的管理理念的普及，部分企业将原属第三产业的物流以外包形式剥离，由原企业的子公司逐步独立并社会化而形成物流企业。如海尔集团以原有运输公司为基础，注册成立具有独立法人资格的青岛海尔物流有限公司（日日顺供应链科技股份有限公司的前身）。

这类物流企业利用原有的物流网络资源，依靠与客户"先天"的亲密合作关系，运用现代经营管理理念，逐步走向专业化、社会化。

3）不同企业、部门间物流资源互补式联营构成的物流企业

（1）企业与物流公司联营设立第三方物流公司。企业一般以原有物流资源入股，对该第三方物流公司有一定的控制权，并在一定程度上参与经营。物流公司一般对合资建立的第三方物流公司行使经营的权力，全面负责建立、运营公司的物流系统。例如，2014年2月，重庆出版集团全资子公司图书发行有限公司与重庆瑞乔国际物流有限公司共同出资2 000万元组建了重庆派瑞现代物流有限公司。

（2）能够资源互补的不同部门联手进军物流领域。2003年9月，铁道部和国家邮政总局签署战略合作框架协议，双方约定打破部门分割，铁路将列车运输能力向邮政开放，邮政将仓储、分拣、配送能力向铁路开放。双方约定共同出资成立股份有限公司，以整合铁路的运输优势和邮政的网络优势，形成利益共同体，提高核心竞争力。继天津邮政与天津王朝强强联手后，2006年10月天津邮政又与本市天士力集团展开全面战略合作，这也标志着天津邮政的触角已经伸向了医药物流领域。

4）新创办的物流公司

随着我国经济的发展，我国自20世纪90年代初以来出现了大量新创办的物流企业。例如，锦程国际物流集团创立于1990年，注册资本10亿元，现有600家分支机构及海外代理，提供专业的国际海运、空运、货运代理等综合物流服务，多家船公司订舱代理；德邦物流股份有限公司创立于1996年；圆通快递有限公司创立于2000年；中通快递股份有限公司创立于2002年；安吉汽车物流有限公司是2000年9月上汽集团投资设立的专业从事汽车物流的全资子公司；上海天地汇供应链管理有限公司创立于2013年。

小案例1-1

苏宁物流简介

1990年，苏宁电器物流部成立。2012年，苏宁物流注册成立公司，转型为家电

第三方物流企业。2018年，苏宁物流"仓配、运输、城配、冷链、跨境、售后"六大专业化产品群对外开放。

苏宁物流以覆盖全国的基础设施及强大的信息技术实力，建立起引领行业的供应链、地产、大件物流、快递、售后五大业务板块，携手家电、家居、3C、快消等众多合作伙伴开放协同，以仓、运、配定制化解决方案，致力于物流全链路的降本增效和服务升级。

目前，苏宁物流在48个城市投入运营67个物流基地，形成"产地仓+区域中心仓群+前行仓群+前置仓群"的四级仓网布局，服务范围覆盖全国98%以上区域，并以丰富的个性化时效产品以及送货上门、送装一体等特色服务，为用户提供多样化的便捷体验。

资料来源　苏宁物流公司介绍［EB/OL］．［2023-11-12］．https：//wuliu.suning.com/singlePage/singlePageManager.htm？id=5&singleColumn=0.

1.2.2　按第三方物流企业的资本归属分类

视频1-3

物流企业分类

1）国有物流企业

我国多数国有物流企业是借助原有物流资源发展而来的。中铁快运股份有限公司（简称中铁快运）是交通运输部直属大型国有专业运输企业。中国海运（集团）总公司，成立于1997年7月1日，是中央直接领导和管理的重要国有物流企业。2021年12月6日，经国务院批准，中国物流集团有限公司正式成立。这是我国唯一以综合物流作为主业的新央企。在央企整合风潮下，各省市结合自身情况，整合既有优势资源，优化产业结构，陆续成立相关国企物流集团。

2）民营物流企业

我国民营物流企业多产生于20世纪90年代以后，是物流行业中最具朝气的第三方物流企业。它们的业务地域、服务和客户相对集中，效率相对较高，机制灵活，发展迅速，如广州宝供物流、南方物流，天津大田物流、宝运物流，江苏炎黄在线物流，珠海九川物流等。

3）中外合资物流企业

随着中国经济的开放，国外物流公司首先以合资方式进入中国物流领域，逐渐向中国物流市场渗透。中外合资物流企业一方面为原有客户——跨国公司进入中国市场提供延伸服务，如丹麦有利物流公司主要为马士基船运公司及其货主企业提供物流服务，深圳的日本近铁物流公司主要为日本在华的企业服务；另一方面，中外合资物流企业用它们的经营理念、经营模式和优质服务来吸引中国企业。中外合资物流企业具有很强的海外网络、丰富的行业知识和实际运营经验，与国际物流客户具有良好的关系，拥有先进的IT系统，有来自总部的强有力的财务支持。

4）外资物流企业

按照我国加入WTO时的承诺，2005年中国的物流业全面开放，包括在公路货运，货物租赁，一般货物的批发、零售及物流配送，出入境汽车运输等物流领域取消在地域、股比等方面对外资的限制。我国物流市场开放后，德国辛克物流、丹麦马士基等众多跨国物流巨头纷纷以设立办事处、分公司、合资公司等形式进入我国市场，并分别在快递、航运物流、汽车物流等领域占据了高端市场。2013年，欧洲汽车物流领域的领头羊德国BLGLogistics和法国GEFCO，加快在中国筹建合资公司和独资公司的步伐，负责欧洲整车出口到中国，以及汽车零部件出口到欧洲车厂位于中国的生产基地的承运。

1.2.3　按物流服务功能为主要特征分类

《物流企业分类与评估指标》（GB/T 19680—2013）由国家质量监督检验检疫总局（现国家市场监督管理总局）、国家标准化管理委员会发布，自2014年7月1日起实施。根据其分类标准，物流企业可划分为运输型物流企业、仓储型物流企业和综合服务型物流企业。

1）运输型物流企业

运输型物流企业是指以从事运输业务为主，具备一定规模的实体企业。企业可为客户提供运输服务和其他增值服务，自有一定数量的运输工具和设备，具备信息服务功能，应用信息系统可对运输货物进行状态查询、监控。

2）仓储型物流企业

仓储型物流企业是指以从事仓储业务为主，具备一定规模的实体企业。企业可为客户提供分拨、配送、流通加工等服务，以及其他增值服务。企业自有一定数量的仓储设施和设备，自有或租用必要的货物运输工具，具备信息服务功能，应用信息系统可对仓储货物进行状态查询、监控。

3）综合服务型物流企业

综合服务型物流企业是指从事多种物流服务业务，可以为客户提供运输、货运代理、仓储、配送、信息服务等多种物流服务，具备一定规模的实体企业。企业可以为客户制订系统化物流解决方案；可为客户提供综合物流服务及其他增值服务；自有或租用必要的货物运输工具、仓储设施及相关设备；具有一定市场覆盖面的货物集散、分拨、配送网络；具备信息服务功能，应用信息系统可对物流服务全过程进行状态查询、监控。

中国物流与采购联合会自2005年开始开展A级物流企业综合评估工作，经过历年来的评估和复核工作，截止到2021年9月，现存A级物流企业6 540家。其中：5A级物流企业388家、4A级物流企业2 453家、3A级物流企业2 985家、2A级物流企业670家、1A级物流企业44家。

互动课堂 1-2

分小组讨论，如何看待物流企业分类与评估的必要性？

1.2.4　按第三方物流企业资源占有形态分类

1）重资产第三方物流

重资产第三方物流公司以拥有大量硬资产为财务特征，拥有自己的运输、仓储设施设备，包括车辆、仓库等，为各个行业的用户提供标准的运输或仓储服务，在现实中实际掌握物流作业的操作，如基于仓储服务（Warehouse-Based）的第三方物流企业，基于运输服务（Carrier-Based）的第三方物流企业和大型综合型物流公司。

重资产公司一旦达到产能限制，在市场需求仍然增长时，如果要想获得更高利润，则必须加大产能，这需要消耗大量的资金和时间。

2）轻资产第三方物流

轻资产第三方物流公司没有或少量拥有自己的实体资产，而拥有高附加值的无形资产（包括企业的经验、规范的流程管理、治理制度、与各方面的关系资源、资源获取和整合能力、企业的品牌、人力资源、企业文化等），利用信息技术为客户提供互联网平台服务，通过调集、管理和整合物流资源实现社会价值和企业价值目标。

第三方物流公司实现轻资产运作通过两种方式：一是减重，将重资产业务外包或转让出去；二是整合社会资源，通过企业联盟、重组、购并等方式输出本企业品牌、技术、管理、信息等，利用自己有限的资金，盘活、提高社会重资产利用率。

1.3　第三方物流的特征和价值优势

1.3.1　第三方物流的特征

从发达国家物流业的状况看，第三方物流在发展中已逐渐形成了鲜明特征，突出表现在五个方面：

1）关系契约化

第一，第三方物流是通过契约的形式来规范物流经营者与物流消费者之间的关系。物流经营者根据契约规定的要求，提供多功能直至全方位一体化的物流服务，并以契约来管理所有物流服务活动及过程。第二，第三方物流发展物流联盟也是通过契约的形式来明确各物流联盟参加者之间权责利的相互关系。第三方服务的用户与经营者之间的战略联盟要求彼此公开更多信息，打破传统的业务束缚，从"业务关系"转变为"伙伴关系"。这种关系可达到双赢，是系统可靠性提高、服务改善以及更高效运作的保证。

2）服务个性化

第一，不同的物流消费者存在不同的物流服务要求，第三方物流需要根据不同的物流消费者在企业形象、业务流程、产品特征、顾客需求特征、竞争需要等方面的不同要求，提供针对性强的个性化物流服务和增值服务。第二，从事第三方物流的物流经营者也因为市场竞争、物流资源、物流能力的影响需要形成核心业务，不断强化所提供物流服务的个性化和特色化，以增强在物流市场上的竞争能力。

3）功能专业化

第三方物流所提供的是专业的物流服务。从物流设计、物流操作过程、物流技术工具、物流设施到物流管理必须体现专门化和专业化水平，这既是物流消费者的需要，也是第三方物流自身发展的客观要求。

4）管理系统化

管理系统化是第三方物流产生和发展的基本要求，第三方物流需要建立现代管理系统才能满足运行和发展的基本要求。

5) 信息网络化

信息网络化能更好地协调生产与销售、运输、储存等各个环节。目前常用的信息技术有 EDI 技术、ETC 技术、条形码技术、RF 技术及 GPS 技术等。在物流服务过程中，信息技术的发展实现了信息实时共享，促进了物流管理的科学化，极大地提高了物流效率和物流效益。

1.3.2 第三方物流的价值优势

第三方物流之所以能够推动经济的迅猛发展，源于其产业自身的价值优势（如图1-2所示）。

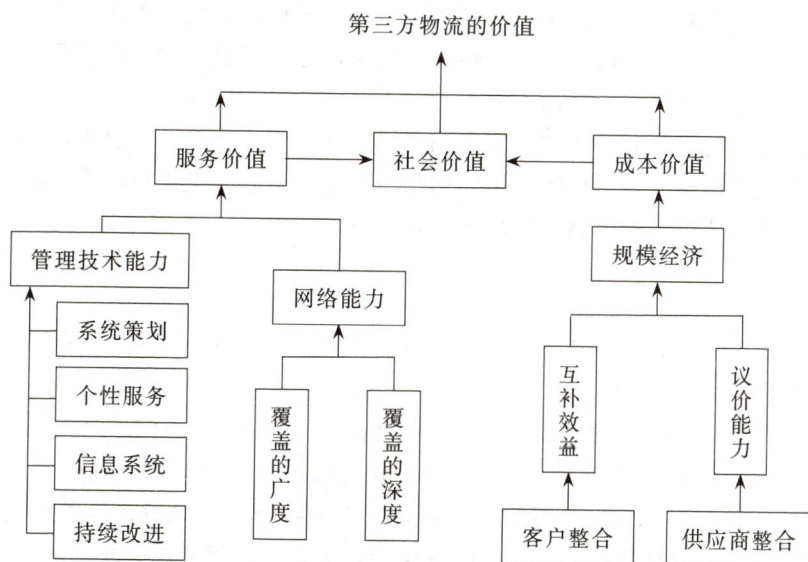

图1-2 第三方物流的价值

物流管理和运作形式是多种多样的，其本质都是以最低的成本提供给客户满意的服务。服务水平是物流综合管理能力的一种集中表现；最低成本则体现为企业对各种可利用资源的整合能力，相较于其他物流形式（如自营物流），第三方物流的价值就体现在此。

1) 第三方物流的成本价值

专业化带来的规模经济是第三方物流的基本特征。第三方物流公司通过客户资源整合和供应商整合来进行低成本、高效率的运作，有明显的规模经济效益。

（1）规模经济发挥设施效能，提高设施利用率。第三方物流集中配送，动态管理；快速反应，用时间换取空间；产品周转次数加快，设施利用率高，提高了资金周转速度，节约了大量库房、场地、人员费用的支出。第三方物流公司物流信息网络积累了针对不同物流市场的专业知识和许多关键信息，如卡车运量、国际通关文件、空运报价等，其由第三方物流公司收集和处理更为经济。

（2）规模运输提高运输效率。第三方物流由于为众多的生产厂家和销售企业服务，客户多、运量大，可利用现代管理理念、技术、方法，对不同货物、运输工具、运输线路、运输方式等充分整合，如实行轻重配装，提高车皮标重利用率和容积利用率，铁路一个流向合装整车，汽车可以安排回头货物。通过上述一系列措施，加快了产品流通速度，节约了运输费用。

（3）规模加工节约原材料消耗。当生产企业对某些材料进行自行加工时，材料的利用率仅达到60%左右，给企业造成极大的浪费，第三方物流配送中心可以按不同客户的不同需求，统一加工、套裁，从而提高了材料利用率，减少了边角余料的浪费问题。

（4）规模采购获得优惠价格。客户自办物流时分别采购，由于批量小，价格优惠有限。第三方物流采购可以集零为整，批量大，价格上享受的优惠相对较多，以较低的价格为客户采购商品，增加客户的市场竞争力，不仅使消费者满意，而且也使企业获得可观的利润。此外，由于第三方物流与供应商建立了稳定的供求关系，能够保证产品质量，杜绝假冒伪劣产品的流通。

总之，专业的第三方物流提供者利用规模生产的专业优势，通过提高各环节资源的利用率实现费用节省；借助精心策划的物流计划和适时运送手段，最大限度地减少库存，改善了企业的现金流量，实现成本优势。

互动课堂1-3

分小组讨论，为什么第三方物流比自营物流更具成本优势？

2）第三方物流的服务价值

在市场竞争日益激烈的今天，高水平的客户服务对现代企业来说至关重要，物流服务水平实际上已成为企业实力的一种体现。它是企业优于其同行的一种竞争优势。第三方物流企业拥有专门的物流管理人才、先进的物流设施设备，具备高度系统化、集成化和信息化的管理体系，通过自建或整合社会资源，建立企业间、跨行业、跨区域的物流系统网络，为企业的业务拓展提供了空间，提高了企业市场占有率，促进了企业的销售，提高了企业的利润率。

（1）第三方物流企业利用信息网络和节点网络，将原材料生产企业、制品生产企业、批发零售企业等与生产流通全过程上下游相关企业的物流活动有机结合起来，形成企业间物流系统网络，加快订单处理速度，缩短从订货到交货的时间，进行门对门运输，实现货物的快速交付。同时，通过其先进的信息和通信技术，加强对在途货物的监控，及时发现、处理在配送过程中的意外事件，保证货物及时、安全送达目的地，帮助企业提高自身的客户服务水平。

（2）提供专业化、个性化服务。第三方物流企业面向社会上众多企业，不同的企业在产品特性、市场策略、采购策略、生产计划、客户服务水平等方面各不相同，从服务内容到服务方式，从实物流动到信息传递，各具特色，物流体系呈现出很强的个性化特征。第三方物流企业在系统策划的基础上为客户提供量身定做的个性化服务方案，使客户满意。

（3）持续改进对第三方物流企业而言就是要对物流活动进行创新整合，创造新的物流服务理念，创造新的物流功能。第三方物流创新包括新的思想观念、技术、产品、市场和组织形式。

竞争和技术进步是第三方物流创新的动力，因为第三方物流企业和货主企业之间存在着契约关系，具有利益一致性，因此扩大规模、降低成本是双方的共同目标。为争取足够的物流规模，保持竞争优势，第三方物流企业有着不断创造需求的内在冲动。第三方物流企业会不断地引进新的技术手段、设备，并不断改进自己的管理和运作模式，以提高服务水平并降低成本。这种持续改进能力使客户可以在不投入过多精力和资源的基础上保持物流运作的先进性，提升客户的竞争力。

3）第三方物流的社会价值

物流专业化分工产生社会效益。在第三方物流应用广泛的发达国家，物流成本占GDP总额的7%～10%。发展第三方物流，可以大大提高运输效率、减少车流量，从而减少运输能源消耗、减轻环境污染、促进社会可持续发展。例如，在物流发达的德国，通过第三方物流，运输效率提高80%，车流量减少60%。此外，第三方物流高效率、低成本的物流服务，能为消费者提供更多的便利，提高消费者的消费质量和水平。

小资料1-1

据国家发展改革委和中国物流与采购联合会发布的全国物流运行情况通报，2023年，物流运行总体恢复向好，社会物流总额增速稳步回升，物流运行效率持续改善，社会物流总费用与GDP的比率有所回落。

1.社会物流总额增速稳步回升

2023年全国社会物流总额352.4万亿元，按可比价格计算，同比增长5.2%，增速比上年提高1.8个百分点。物流需求规模持续恢复向好，增速稳步回升。

从构成看，农产品物流总额5.3万亿元，按可比价格计算，同比增长4.1%；工业品物流总额312.6万亿元，增长4.6%；进口货物物流总额18.0万亿元，增长13.0%；再生资源物流总额3.5万亿元，增长17.4%；单位与居民物品物流总额13.0万亿元，增长8.2%。

2.社会物流总费用与GDP的比率有所回落

2023年社会物流总费用18.2万亿元，同比增长2.3%。社会物流总费用与GDP的比率为14.4%，比上年回落0.3个百分点。

从构成看，运输费用9.8万亿元，增长2.8%；保管费用6.1万亿元，增长1.7%；管理费用2.3万亿元，增长2.0%。

3.物流业总收入保持平稳增长

2023年物流业总收入13.2万亿元，同比增长3.9%。

资料来源 中国物流信息中心.2023年全国物流运行情况通报〔EB/OL〕.〔2024-03-05〕.http：//www.clic.org.cn/wltjwlyx/311086.jhtml.

1.4 第三方物流的发展趋势

1.4.1 我国物流业的发展

物流业是融合运输、仓储、货代、信息等产业的复合型服务业，是支撑国民经济发展的基础性、战略性、先导性产业。

1）物流产业战略支撑作用日益凸显

国务院先后印发了《物流业调整和振兴规划》、《物流业发展中长期规划（2014—2020年）》、《关于进一步推进物流降本增效促进实体经济发展的意见》和《"十四五"现代物流发展规划》等重要文件，标志着物流业逐步上升为国家重大战略，国家从顶层设计层面系统谋划整体推进，为推动物流业快速、健康发展指明了方向，提供了强大动力。

2）交通和物流基础设施网络有效支撑互联互通

"五纵七横"国道主干线、国家高速公路网、"两横一纵两网"国家内河高等级航道等加快建设；"八纵八横"高速铁路网不断完善，铁路通车里程由2003年的7.3万公里增加到2022年的15.5万公里，高速铁路达到4.2万公里，高速公路通车里程由2003年的2.97万公里发展到2022年的17.7万公里。同时，我国还建成了世界最大规模的港口群、机场群，国家综合货运枢纽和国家物流枢纽加大布局建设，"枢纽+通道+网络"的大物流发展格局基本形成。

3）物流市场规模由小到大，稳居世界前列

从2003年到2022年，中国的经济总量从13.74万亿元增长到121万亿元，占世界经济比重由4.1%扩大到18%，稳居世界第二。在经济发展的强力拉动下，物流总额由2003年的29.5万亿元增长到2022年的347.6万亿元。

4）物流组织模式加快创新，整体效能稳步提高

大力发展多式联运，鼓励引导企业加快多式联运线路网络铺设。2022年全国港口铁水联运规模达到875万标箱。物流企业积极实施供应链发展战略，加快城乡物流一体化发展，加大科技创新力度，大力发展智慧物流、数字物流、供需精准匹配、线上线下一体等发展模式，创新开展仓配运一体、干支结合，大力发展共同配送、集中配送等新模式，大幅提升物流组织效率和集约化水平。全社会经济运行的物流成本明显降低。

5）积极践行新发展理念，推动行业绿色低碳转型

推动大宗物资等中长距离运输由公路向铁路和水运转移。大力推动新能源车船装备应用，积极推广可降解包装、循环利用包装等新技术、新材料，加快实施绿色物流供应链战略，把绿色管理和绿色技术贯穿到物流链条的各环节、各领域，推动绿色发展成为行业发展的底色。

6）推动物流发展成果，更多惠及百姓民生

发展电商物流、冷链物流、快递物流、城市物流和农村物流等重点领域，不断提升流通循环效率，满足人民群众消费升级和多样化、个性性、定制化需求以及对物流发展的新期待，提升消费体验。我国冷链市场规模由2015年的1 800亿元增长2022年的6 371亿元。快递业务量由2003年的1.72亿件增长到2022年的1 105.8亿件，自2014年以来稳居世界第一，小时达、当日达、次日达等服务产品不断丰富，极大提升了城乡居民的消费体验。

7）有力支撑高水平对外开放和"一带一路"合作

2022年港口完成货物吞吐量156.8亿吨，其中外贸货物吞吐量46亿吨，全球前十大集装箱港口中我国占据7席，上海港集装箱吞吐量多年稳居世界第一。中欧班列不断蜕变，从开行之初的80列快速发展到2022年的1.6万列。10余年来，中欧班列已通达欧洲约25个国家208个城市，全国中欧班列累计开行突破6.5万列，成为服务支撑"一带一路"合作的国际物流公共产品。国际航空货运网络加快拓展，国际跨境寄递渠道进一步畅通，"全球123"快货物流圈加快形成，成为我国企业开辟海外市场、参与国际竞争的核心支撑力量。

8）行业治理体系和治理能力不断提升

20年来，全国上下坚持规划引领、法律支撑、市场创新"三位一体"发展，政府、企业、协会、社会协同协作的治理格局基本形成。多年来，物流行业积极推动完善法律法规和标准框架体系，加快制修订《铁路法》《港口法》《航运法》《民用航空法》《海商法》《邮政法》《道路运输条例》《快递条例》等法律法规，制定出台了物流标准框架体系，加快完善基础通用、设施设备、运营管理、服务质量、企业评定等相关重要标准，印发了《交通运输智慧物流标准体系》，积极规范和引导交通物流新技术、新业态创新发展。各地政府积极出台支持物流业发展和降本增效的相关指导意见、配套政策，加快完善物流发展的营商环境，关心关爱货车司机、快递员和外卖骑手等一线从业群体，进一步规范综合执法，打造统一、规范、公平、竞争的市场氛围。

1.4.2 我国第三方物流的发展过程与不足

1）我国第三方物流的发展过程

2003—2013年，物流行业处于市场探索启动期，作为社会化物流资源的第三方物流比较分散、弱小。

从2013年起，借助互联网的发展，来自电商物流圈的企业快速赶超，同时针对社会化资源整合运营的平台型物流企业登上舞台。资本进入，平台经济兴起。大量物流细分领域的车货匹配平台出现，众多基于城际、同城和最后一公里的物流的信息平台开始涌现。

2016年至今，物流行业进入高速发展期。O2O（Online To Offline）新兴业态得到了市场认可，为城际运输、同城物流、即时配送市场提供了大量物流服务需求，大量物流企业产生，同时激烈的市场竞争也使行业集中度提升。据中国物流与采购联合会《关于发布2023年度中国物流企业50强、民营物流企业50强的通告》，中国物流企业50强2022年物流业务收入合计23 456亿元，同比增长13.4%；50强物流企业门槛77.4亿元，比上年提高15.8亿元。50强物流企业物流业务收入合计占物流业总收入的比重升至18%，为历年最高水平。

物流业务收入千亿级的企业增加至5家，百亿级企业增加至34家，合计占比近八成，百亿级企业数量成为中坚力量，行业聚集效应持续显现，物流行业市场集中度进一步提升。

2）我国第三方物流发展的不足之处

虽然我们国家已经建设了一定规模的公路网，我国的铁路、公路、水运的货运量全球第一，快递量也全球第一，但物流业的国际竞争力落后于发达国家，还存在很多

拓展阅读

2023年度中国物流企业50强

不足。

（1）第三方物流中小企业数量多、集约化程度低、生产企业、物流公司、卡车、卡车司机、物流园区大都处于无序的分散状态，以平台为基础的各种联盟性运作组织比较松散，没有形成统一标准、规范，物流服务简单功能化，物流市场低成本竞争激烈。少数头部物流企业在物流高速发展与企业运营模式的迭代中迷失，O2O+金融+商业+供应链，同质化倾向严重。

（2）管理方法、技术手段、基础设施、国际运输、物流能力与欧美国家存在较大的差距，物流的高速增长也放大了物流成本、质量、服务等方面的问题，物流国际竞争力弱。近年来中国的社会物流总费用占GDP的比重在14%左右，而发达国家普遍低于10%。

（3）第三方物流分布不均衡，呈地域性和行业性集中分布。第三方物流供需集中于东南沿海地区及中心城市。在生产和流通领域中，目前对物流有较大需求的是医药、烟草、家电、服装、汽车、日化、饮料等行业。典型的第三方物流使用者有家庭日用品企业、纸张和办公用品企业、食品工业和化学工业企业、电子商务企业、知识企业和信息企业等。

（4）第三方物流市场供需矛盾明显。一方面是相当多的工商企业，特别是一些具有先进物流理念的跨国公司在构建自己核心竞争力的同时，找不到适应其需求的物流企业；另一方面是大量的中小物流企业由于其规模、资金能力、系统运作能力等限制，只能陷于低端物流服务市场，表现为储运等物流服务市场供大于需。冷链物流、危险品运输等投入不均衡、安全性差、成本高，不能满足市场需求。2022年中国冷链物流企业数量增长至2 227家，企业主要集中在华东、华北及华南地区，占比分别为32.7%、16.2%及13.3%。中国各区域间经济发展水平相差较大，导致冷链物流产业发展水平不一，相关企业地域分布不均。

（5）诚信机制缺失。在合同化契约关系中违约"跑路"等时有发生，法治化营商环境需要完善。

拓展阅读

《"十四五"
现代物流发
展规划》
解读

互动课堂1-4

分小组讨论，阻碍我国第三方物流行业发展的因素有哪些？

🔖 小词典

冷链物流

冷链物流是指以冷冻工艺为基础、制冷技术为手段，使冷链物品从生产、流通、销售到消费者的各个环节中始终处于规定的温度环境下以保证冷链物品质量，减少冷链物品损耗的物流活动。冷链物流涵盖了多个关键环节，其中包括产地预冷、气调系统、速冻解冻、冷冻冷藏、低温空调、自动控制系统和冷链运输车辆等。冷链物流市场主要包括食品、医药、化工、电子等多个细分市场，其中食品冷链市场规模最大、最具增长潜力。

1.4.3 我国第三方物流发展趋势

1）第三方物流需求保持中高速增长

随着消费结构升级和消费模式创新，消费潜力会进一步释放，消费总体上仍有望保持平稳增长，与之相关的电商、冷链、快递、配送等物流需求继续保持中高速增长。

在电商引擎的高速驱动下，物流过程终端环节——快递行业仍将保持迅猛的发展势头。

消费的不断升级使冷链物流需求迅速增长。根据中物联冷链物流专委会统计，2023年我国冷链需求总量预计达到3.5亿吨，同比增长6.1%；冷链物流总收入预计达到5 170亿元，同比增长5.2%。在冷链需求逐步企稳回升带动下，冷链相关物流基础设施也在加快发展。2023年冷藏车保有量预计达到43.1万辆，同比增长12.8%；冷库总量预计达到2.28亿立方米，同比增长8.3%。

2）第三方物流走向规模化、科技化、专业化

随着相关法规制度不断完善，市场秩序将进一步规范，同时，物流企业通过参股控股、兼并重组、协作联盟等方式做大做强，由"分散"走向"集中"。

第三方物流企业要在新一轮科技革命与产业变革中实现跨越式发展，必须以客户体验与数字化协同创新为导向，利用5G、人工智能与大数据等新技术手段，推动产品、运营模式与管理机制的革新，把握医疗物流、电商物流等新兴领域机遇，延伸发展边界，与上下游合作伙伴深化协同，实现产业链优化升级。

阿里巴巴、菜鸟智能物流网络与中国邮政、俄罗斯邮政、西班牙邮政等全球主要国家的邮政网络达成战略合作，与新加坡航空、阿联酋航空、空桥航空等全球主流航空公司建立空运网络深度合作，与中欧班列、东南亚和大洋洲海运专线网络形成了常态化运输合作，吸引全球3 000多家物流企业参与其中。

3）智慧物流是第三方物流的发展方向

随着物联网、云计算、移动互联网、大数据等新一代信息技术产业发展，技术创新、业态创新、模式创新为物流产业转型升级开辟了新道路。"互联网+物流"是商品流通体系的转型，使物流更加智能化、智慧化、便捷化，最终构筑出透明、高效、信息对等的现代物流体系。

▷ 物流人物专栏

2020年，全球产业链和供应链格局遭遇极大挑战。逆行而上，京东物流CEO——王振辉带领20余万名京东物流员工坚守一线，开辟全球驰援武汉义务运输通道，在疫情最严重时期，累计承运医疗应急物资超7 000万件、3万吨，同时全力推进技术抗疫，为中小企业免费开放供应链管理系统。

由于在"抗疫情、保民生、稳就业、促经济"行动中做出的突出贡献，京东物流获得社会各界的肯定，荣膺"湖北省抗击新冠疫情先进集体"称号。承担湖北地区大量物资运输任务的武汉亚一城配青年车队，荣获"中国青年五四奖章"，成为唯一来自物流行业的集体。在武汉封城期间使用的JD40006号智能快递车等"五件套"，作

为承载国民众志成城抗击疫情的特殊记忆，被国家博物馆永久收藏。在由中国物流与采购联合会主办的"2020（第十八届）中国物流企业家年会"上，"2020中国物流十大年度人物"获奖名单揭晓，京东物流CEO王振辉再次入选，京东物流也被评为"全国物流行业先进抗疫企业"。

资料来源　时尚3C."2020中国物流十大年度人物"揭晓，JDL京东物流CEO王振辉再次获选［EB/OL］.［2020-12-15］. https://www.sohu.com/a/433900073_406598.

⟊基本训练⟊

☐ 知识题

1.单项选择题

（1）第三方物流企业所从事的供应物流，主要是向买方提供服务，同时也向销售方提供服务，在客观上协助（　　）扩大了市场。

A.卖方　　　　　　　B.买方　　　　　　　C.销售方　　　　　　　D.企业自身

（2）既不拥有商品，也不参与商品的买卖，而是通过与发货人或收货人的合作来提供其专业化的物流服务的企业是（　　）。

A.第一方物流　　　B.第二方物流　　　C.第三方物流　　　D.第四方物流

（3）企业物流业务外包原因各异，但前提条件是一样的，即（　　）。

A.自营物流成本过高　　　　　　　B.物流为非核心业务

C.受企业物流管理水平的限制　　　D.资金不足

2.多项选择题

我国《物流企业分类与评估指标》将物流企业划分为（　　）。

A.物流代理企业　　　　　　　B.仓储型物流企业

C.综合服务型物流企业　　　　D.运输型物流企业

3.简答题

（1）第三方物流的功能有哪些？

（2）第三方物流的特征和优势是什么？

⟊综合应用⟊

☐ 案例分析

案例一：

北京长久物流股份有限公司（简称长久物流）是吉林省长久实业集团有限公司核心子公司，总部设在北京，是国内规模最大的独立于汽车制造企业的第三方汽车物流企业。公司涵盖汽车供应链中的整车物流、零部件物流、国际物流、二手车物流及仓储物流；提供汽车行业专业的物流规划、运输、仓储、配送等相关服务；在全国设有多家全资、控股子公司，业务网点40余处，形成以东北、华北、华东、华中、华南、西南为基地的全国大循环汽车物流资源网络布局；乘用车和商用车综合运输能力超过300万辆，服务团队数千人，年产值超过40亿元。2016年8月10日，北京长久物流股份有限公司正式登陆上交所挂牌交易。

问题：如何理解"独立于汽车制造企业的第三方汽车物流企业"这个经营定位？

案例二：

2019年11月，唯品会终止自营的品骏快递，与顺丰速运达成合作，由顺丰为其提供包裹配送服务。此前，唯品会自营快递单件物流成本高于行业平均水平，此次业务调整符合集团的整体业务策略——提高物流效率，完善服务支持部门，为用户提供优质配送服务，在进一步专注品牌特卖核心业务的同时，降低履约费用，从而强化运营效能与盈利能力。

问题：唯品会为何终止自营的品骏快递，转而与顺丰速运达成合作？

□ 实训题

全班同学分组收集我国物流行业发展现状的资料，制作PPT，进行组间交流。

第2章
第三方物流市场调研与战略决策

学习目标

☐ 知识目标：
　理解物流资源、企业核心竞争力的定义；掌握制定物流公司战略规划的步骤和方法。

☐ 能力目标：
　掌握物流市场调查分析的方法和技能；能够正确进行第三方物流企业服务市场定位。

☐ 素养目标
　养成规范、认真、严谨的工作习惯，以客观、科学态度调查分析，以前瞻果断的工作作风进行规划与决策，培养务实、创新、进取的职业精神。

2.1　物流企业市场调查

2.1.1　物流企业市场调查的范围和内容

1）物流企业市场调查的范围

物流企业市场调查是企业经营决策必不可少的部分。企业市场调查的目的是了解经济环境，识别行业发展趋势，洞察客户需求动态，了解竞争格局，从而挖掘市场机会，定位物流服务核心利益点，构建企业竞争优势，制定企业经营战略。

第三方物流企业市场调查包括市场环境调查、物流运作资源调查、客户需求调查和市场竞争格局调查四个方面。

（1）市场环境调查。

市场环境是指各类企业都要面对的环境，大致可归纳为政治环境、经济环境、社会文化环境、技术环境、自然环境等方面。企业经营战略是根据企业经营环境制定的，市场环境的变化决定着企业的发展方向及应采取的措施。

市场环境调查主要是通过各种途径和方法了解国家的经济发展状况、相关的经济政策法规、物流发展趋势、技术更新的前景、政治及生态的趋势问题、金融状况、可利用的社会资源等。

（2）物流运作资源调查。

物流运作资源是指企业在物流运作中可以调动的各种物流设施、设备、信息技术等，包括企业自有专用性物流资产和技术以及可整合利用的外部物流设施、设备、信息技术资源。

第三方物流企业自身拥有的耐久性、专用性资产越多（包括信息技术专用性、网络专用性、物质资产和专项资产专用性），企业越具竞争优势。独特的品牌优势、庞大的规模、先进的仓储运输设备、遍布全国甚至全球的网络体系、先进的信息技术，是对货主企业的全球化经营服务的实力保证，也是阻止其他物流企业进入同一经营领域的壁垒。

第三方物流企业立足于自身的管理能力，即在自身资产不足或者不拥有资产的情况下，能高效率、低成本利用和整合社会物流资源，实现物流服务供给社会资源的共有化，使其在效益方面产生乘数效应，提供综合性物流服务，满足货主企业不断扩大的经济活动需求。

互动课堂 2-1

分小组讨论，第三方物流企业是否有必要对目标市场的物流运作资源进行调查？

（3）客户需求调查。

物流企业的客户一般是各种商品物资的供应商和发货人，企业应当建立相关的主要供应商资料库，了解供应商物流的需求和物流市场的价格走势。

完整的客户需求调查应包括：现有及潜在供应商（或用户）的生产能力和规模、产地和主要供应地、经销渠道、业务流程、物流量；交通运输方式、期限要求及现有合同、存货状况及发展预测等；供应的商品物资的特征、产品质量、对物流服务与价格水平的期望。

（4）市场竞争格局调查。

参与市场竞争需要"知己知彼"。物流企业管理者不但要熟悉自身公司的情况，还要收集行业资料以及现有竞争对手和潜在竞争对手的各种信息，了解市场竞争状况与格局。

小资料2-1

中国物流与采购联合会组织实施了重点物流企业统计调查，根据调查结果提出了2023年度中国物流企业50强、民营物流企业50强排名。

50强物流企业位列前五名的分别是：中国远洋海运集团有限公司、厦门象屿股份有限公司、顺丰控股股份有限公司、北京京邦达贸易有限公司、中国外运股份有限公司。

民营50强物流企业位列前五名的分别是：顺丰控股股份有限公司、北京京邦达贸易有限公司、浙江菜鸟供应链管理有限公司、上海三快智送科技有限公司、圆通速递股份有限公司。

2）物流企业市场调查的内容

物流企业市场调查主要是针对物流资源的调查。广义的物流资源是指所有一切可用于现代物流运作的后备手段或支持系统，包括运作资源、客户资源、人力资源、系统资源和合作伙伴（或供应商）资源、分销商资源等。狭义的物流资源是指物流运作的支持系统，如人、财、物、信息。

物流资源调查的基本内容见表2-1。

表2-1　　　　　　　　　　　　　　　物流资源调查的基本内容

项　目	基本内容
物流基础设施装备	仓储设施、运输车辆、装卸设备、搬运工具、分拣设备、其他
企业物流组织机构调查	物流管理部门是否存在、物流管理机构的功能
物流从业人员	物流从业人员的数量和素质、物流人才的需求
客户资源调配	主要用户数量、行业分布、区域分布、稳定性和亲和度、主要用户的物流发展计划、未来物流需求、用户资源的离散程度
物流流量和流向调配	库存商品的入库数量、主要运输方式、承运商品的运量、主要仓储方式、商品资源的离散程度、商品的流向、商品流通过程所覆盖的区域
潜在用户	潜在用户对某类物流服务的消费习惯特点，如使用方式、使用频率、使用地点等
信息技术资源和需求	计算机及其辅助设备、软件及系统应用、信息网络及建设、信息技术需求、信息技术计划调配
无形资产	商标、字号、域名、企业形象
宏观资源	政府综合部门计划、产业部门计划、行业大型企业计划
区域内的物流	政府物流计划、物流设施建设、物流企业发展状况
相关企业资源	主要承运企业、主要仓储企业、第三方物流企业
竞争情报	竞争者现有物流资源、用户资源、物流计划

2.1.2　物流企业市场调查的原则和方法

为了提高市场调查的效率和信息质量，市场调查应遵循真实性、时效性、系统性、科学性的原则。

真实性原则是指市场调查信息描述客观、准确、清晰；时效性原则是指市场调查信息捕捉及时、分析及时、反馈及时；系统性原则是指调查信息收集全面、连续；科学性原则是指市场调查过程安排科学、市场调查内容设计科学、市场调查方法应用科学。

1）物流企业市场调查方法

（1）询问调查法。

这是以询问的方式，通过面谈、电话、信函等手段收集所需要的信息资料的一种方法。询问调查法具体可分为座谈会调查法、电话询问法、信函调查法等，其中以信函调查法最常用。询问调查法需要事先设计询问调查表格。其主要优点是调查范围广、调查费用低，被调查者有充分的时间考虑；其缺点是回收率较低、回收时间长，难以得到被调查者的配合。现代网络通信技术的广泛应用使询问调查法效率更高。

（2）观察法。

这是调查人员在现场直接观察被调查者的行为、态度、反应等的一种方法，也可以安装设备进行录音和拍摄。这种方法的特点在于被调查者是在没有觉察的情况下被观察的，因此表现自然，收集到的资料比较客观、准确。其局限性主要表现在难以观察到决定这些外部反应的内在因素。

（3）实验法。

这是从影响调查问题的若干因素中，选择一两个关键因素，在小范围内将其改变，进行实验，观察能否得到积极的结果，然后决定是否值得大规模推广的一种方法。实验或"试点"，是我国经济体制改革中常用的一种方法，这种方法也经常用于市场调查活动。国家层面的如2016年10月至2017年12月，交通运输部在全国开展道路货运无车承运人试点；企业层面的案例如货运专线试营运等。

互动课堂2-2

分小组讨论，我们如何利用现代网络科技进行市场调查？

2）物流企业市场调查对象的选择方法

确定调查对象的方法通常有两种：一种是全面调查（或称普查）；另一种是抽样调查。

（1）全面调查（或称普查）。

全面调查是对需要调查的对象逐个进行调查，这种调查能够收集全面、广泛、可靠的资料，但调查费用较高，时间延续较长，在实践中较少采用。

（2）抽样调查。

抽样调查是在调查对象的总体中，抽取若干个体作为样本进行调查，根据对样本的调查结果来推论总体的一般特征。这种调查方法把对象集中于少量的样本，通常所需成本和时间较少，比较经济。但是，采用这种方法，要使调查结论以及据此推论的总体特征与总体的实际特征尽可能吻合，必须解决两个问题：一是要确定合理的样本容量；二是要使选择的样本具有代表性。

2.2　物流市场分析

物流市场分析是指物流企业在对物流市场进行充分调查，取得大量翔实资料的基础上，对其进行全面、科学、有目的的分析、论证，从而得出准确的结论，为下一步物流战略规划提供依据的过程。

2.2.1　物流运作资源与客户资源分析

物流市场分析的项目和具体内容，见表2-2。

表2-2　　　　　　　　　　　　物流市场分析的项目和具体内容

项　　目	具体内容
资源优势/劣势	客户资源、物流运作资源的调查分析，得出结论
业绩/经验	对客户量、物流量、营业收入等进行统计比较分析，对企业物流功能、人才结构、国际合作经验、市场开发能力等进行分析
核心能力	主要竞争优势来源、企业主导业务（主要收入来源）、潜在市场优势及企业独有的、不易被其他企业模仿的能力
竞争分析	确定不同行业、不同地区、不同客户的竞争对手，根据对竞争对手的调查进行竞争分析
环境机会和风险（机遇和挑战）	政策法规、政治、经济等因素分析以及重要事件、技术进展、改革发展、市场潜力的分析
环境发展预测	全球经济发展大趋势、制造业向亚洲转移、电子商务时代到来

1）物流运作资源分析

物流运作资源，包括仓储资源、运输资源、系统平台等。近年来国内一些调查研究资料显示，我国物流资源总体上存在设施和设备落后、布局不合理、利用率低下等问题，但不同区域、不同行业又表现出一定的差异性。以吉林省长春市为例，现有资源缺乏有效整合和充分利用：一方面，目前有近40%的仓储面积、80%的铁路专用线、48%的企业运输能力未得到充分发挥，还有一些企业花费巨资开发的信息平台利用率不高；另一方面，许多物流企业基于自身发展、业务需求等考虑，将大笔资金投入仓储设施、运输队伍、信息平台的兴建，由于企业间缺乏必要的信息沟通，因此在一定程度上形成了资源配置效率低下的局面。对物流运作资源的数量、质量、布局、利用率等做出全面的分析评估，可以对业内环境有清晰的了解和认识，有利于企业做出科学的投资决策。

🎓 **小词典**

物流园区

物流园区（Logistics Park）是指由政府规划并由统一主体管理，为众多企业在此设立配送中心或区域配送中心等，提供专业化物流基础设施和公共服务的物流产业集聚区。

根据物流服务内容的范围，物流园区可分为综合物流园和专业物流园。物流园区是物流产业发展过程中的重要基础设施，是物流产业走向全球化、社会化、集约化、现代化和专业化的必然产物。

2）客户资源分析

客户资源包括现有客户和潜在客户两部分。我国的第三方物流客户资源主要包括：

（1）外商投资企业。跨国公司为了最大限度地获得竞争优势，积极实行物流本地化战略，在进入我国以后一般不建立独立的物流部门，而是选取若干专业的物流提供商，通过合同物流、设施租赁等多种形式获得必要的物流服务，构成了目前物流市场需求的主体。

（2）高新技术企业、连锁经营企业。这些企业的产品大多具有小批量、高增值的特点，对物流服务及时性、准确性的要求较高，面对激烈的市场竞争，为了最大限度地降低成本，对物流服务有迫切需求。

（3）部分国有大型工业企业。面对激烈的国际国内竞争，这些企业也打破了"大而全、小而全"的传统观念，开始着手对企业传统物流活动进行重新改造，以最大限度地获取竞争优势。

（4）电子商务企业和中小型民营企业。这些企业受资金、管理等方面的制约，自营物流难度大，其迅速扩展的国内外物流运作的需要促使其更主动地与专业化社会物流企业合作。

2.2.2　第三方物流市场竞争分析

1）第三方物流市场供需

（1）第三方物流市场分布。第三方物流发展与经济发展密切相关，我国物流市场的地域集中度很高，客户主要来自：①东部沿海经济发达地区；②物资高度聚集的交通枢纽地区；③内陆中心大城市；④物流基础设施比较齐备的邻近港口、铁路、机场、高速公路的地区。物流的需求主要来自市场发育较成熟的几大行业，如汽车、家电、生活日用品，而且不同行业有着不同的个性化物流服务需求。因此，物流企业要做好市场定位，合理确定业务重点，配置资源，兼顾今后第三方物流需求地域扩大的趋势。

（2）第三方物流市场需求分析。我国第三方物流市场的需求以合资、外资企业和中小型民营企业为主体。合资、外资企业和中小型民营企业物流服务需求两极分化现象突出：前者由于具有现代化的经营理念，注重企业核心竞争力，一般倾向于把物流业务外包，但对第三方物流企业的服务范围和质量提出很高的要求；后者由于自身实力有限，不具备自营物流业务的能力，只能选择把物流业务外包，对第三方物流服务的需求层次不高，一般还停留在功能外包阶段。此外，大中型国有企业多数拥有物流设施，企业自营物流的比例很大，对第三方物流的需求更倾向于物流服务系统综合能力提升与成本降低（如图2-1所示）。

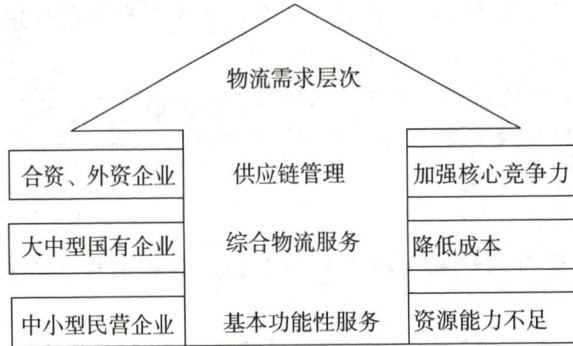

図2-1 第三方物流需求分析

（3）物流服务供给分析。我国第三方物流运作管理能力参差不齐，低水平运作占多数，整个行业能力呈金字塔形结构（如图2-2所示）。由于几乎没有行业进入门槛，物流企业数量及规模失控，在一些地方，三五个人、两三辆车、一部电话就能成立物流企业，因此面临物流服务水平、专业技术及管理能力等许多方面的问题，多数企业处于重新定位及迅速发展时期。这为第三方物流企业进入市场、参与竞争提供了机会。

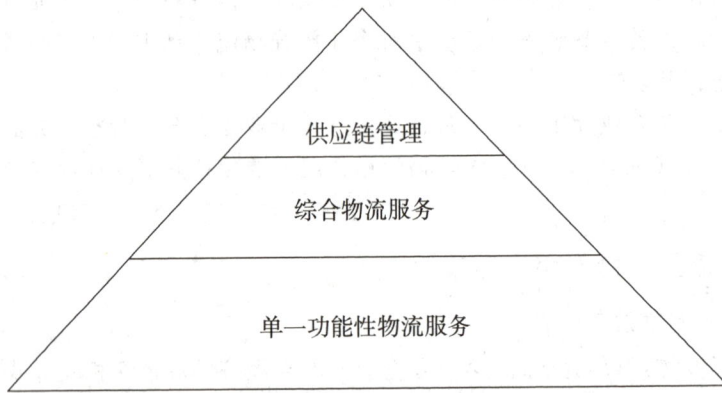

图2-2 第三方物流服务能力呈现的金字塔形结构

2）物流市场竞争分析

战略管理大师迈克尔·波特认为：一个公司的高层管理人员决策是否进入、继续留守或退出一个行业，关键要看该行业能使公司获得的机会和公司将付出的代价，即该行业的竞争强度和获利能力。

一个行业的竞争强度和获利能力是由行业自身和行业环境等诸多因素决定的，这些行业的相关因素可归纳为5种竞争力量：①进入行业的障碍力（潜在进入者）；②替代产品的威胁力（替代品生产者）；③客户的还价能力（用户）；④供应商的讨价能力（供应商）；⑤现有竞争者的竞争能力（现有竞争者）。行业的5种竞争力量之间的相互作用关系如图2-3所示。

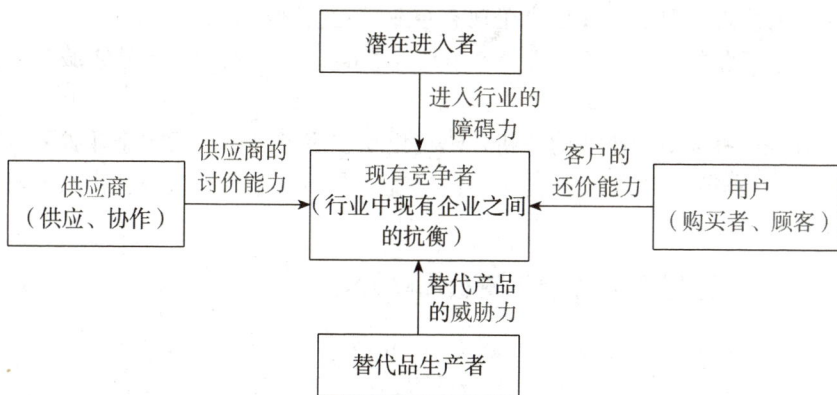

图2-3　行业5种竞争力量之间的关系

（1）对现有竞争对手的分析。物流企业面对的市场通常是一个竞争性市场。多家物流企业提供相同的服务，必然会采取各种措施争夺用户，从而形成市场竞争。对现有竞争对手的分析主要包括以下内容：竞争对手分布在什么地方、数量有多少，哪些竞争对手对自己的威胁特别大，主要竞争对手规模、资金、技术力量如何，竞争对手的发展动向等。

对主要竞争对手进行分析的目的是要找出主要竞争对手的竞争实力的决定因素，以帮助企业制定相应的竞争策略。反映企业竞争实力的指标主要有3类，即销售增长率、市场占有率和产品或服务的获利能力。

小案例2-1

中国智能仓储行业市场集中度分析

智能仓储是智慧物流的重要组成部分。近几年，随着信息技术的发展和应用创新，智能仓储行业发展水平得以快速提升。目前国内智能仓储行业代表企业有诺力股份、新松、北自所、昆船智能、北起院、今天国际、兰剑智能、凯乐士、音飞储存等。

根据智能仓储行业企业的注册资本划分，可分为3个竞争梯队。其中，注册资本大于5亿元的企业有机器人；注册资本在2亿~5亿元之间的企业有凯乐士、今天国际、东杰智能、北起院、音飞储存、诺力股份；其余企业的注册资本在2亿元以下。

整体来看，我国智能仓储行业的龙头企业市场集中度较低，排名第一的诺力股份智能存储业务营收市场份额约3.8%，排名第二的机器人智能存储业务营收市场份额仅有0.7%，据此测算得到我国智能仓储行业前5企业市场集中度CR5在10%以下，前10企业市场集中度CR10在15%以下。

资料来源　柯素芳. 洞察2022：中国智能仓储行业竞争格局及市场份额［EB/OL］.［2023-11-11］. https://www.qianzhan.com/analyst/detail/220/211130-bf42ee4c.html.

（2）对潜在竞争对手的分析。一种产品或服务的成功开发，会引来许多企业的加入。这些新进入者既会给行业注入新的活力，促进市场竞争，也会给原有物流企业造成压力，威胁它们的市场地位。新企业进入行业的可能性的大小，既取决于由行业特点决定的进入的难易程度，又取决于现有企业可能会做出的反应。

进入某个行业的难易程度通常受3个因素影响：经济规模、产品或服务差别、现有企业的综合优势。

（3）对替代服务提供企业的分析。①确定哪些服务可以替代本企业提供的物流服务，这实际上是确认具有同类功能服务的过程；②判断哪些类型的替代服务可能会对本企业的经营造成威胁。

2.3 第三方物流市场定位与战略规划

2.3.1 企业核心竞争力

在物流供应链中，任何物流企业都不可能具备所有的物流资源要素，穷尽所有的物流服务项目，因此物流企业要准确评估自身的资源优势及组织、技术、管理等能力，明确自己的核心竞争力。

1）企业资源优势分析

企业资源是企业在为社会提供产品或服务的过程中能够实现企业战略目标的各种要素组合。

企业资源通常可以分为有形资源、无形资源和人力资源。

（1）有形资源是能看见的、良好的资产，容易识别并加以评估。有形资源一般包括：企业拥有的土地、房产、原材料、机器设备、加工工具、仓储系统与设施、交通路线与运输工具、办公系统与设施、IT基础设施与其他服务设施等实物资产以及企业拥有的各种金融资产。

（2）无形资源是根植于企业的历史，随时间而积累起来的资产，一般比较难于识别和评估。无形资产一般包括技术、专利、商标、品牌、营销网络与渠道、客户关系、公共关系、商誉与企业文化等。

（3）人力资源是人们通过其技能、知识、推理和决策能力为企业提供的服务。人力资源一般包括员工的素质、适应性、团队精神、专业技能和知识、员工的投入和忠诚以及企业对员工的培训情况等方面。

在企业拥有的众多资源中，那些具有稀缺性或不具模仿性的资源，通常会给企业带来基于资源的优势，是企业发展和竞争的战略基础，我们称之为战略资源。

2）企业核心竞争力分析

在现代物流服务中，物流企业最核心的竞争能力是物流运作能力、物流管理能力和物流体系规划能力（见表2-3）。

表2-3   第三方物流企业的核心竞争能力

核心竞争能力	具体内容
物流运作能力	订单完成率高，运作成本低，运作时效性强，服务柔性化强，意外处理能力强，适应新业务快
物流管理能力	订单管理，库存管理，运输优化，信息服务，客户关系管理
物流体系规划能力	物流网络规划能力，物流设施的设计能力，物流体系的构建能力

核心竞争力是人的能力而不是资产负债表中的资产。核心竞争力无法模仿与复制。企业的技术、专利、品牌、实物资产、管理、质量、营销、网络、信息技术、方案设计等只是核心竞争力的载体。

企业的核心竞争力建立在企业的各个层次上，它们的成功之处就在于能够把核心竞争力融入企业的行为之中。居世界 500 强首位的沃尔玛在价格比较优势背后的核心竞争力是其出色的物流配送能力和提升客户忠诚度的经营能力。

物流企业的核心竞争力，主要体现在物流成本、物流服务、物流效率三个方面。

2.3.2　第三方物流市场定位

第三方物流信息的收集、处理，企业资源优势和竞争优势分析，目的在于使企业进行科学、合理的市场定位。界定第三方物流企业市场的范围，需明确以下几个问题：物流服务面向何种行业？物流服务面向何种企业？物流服务面向何种产品？物流服务面向何种区域？物流服务面向何种方式？

视频 2-1

物流企业市
场定位

1）物流服务对象定位

（1）地理范围。

设定企业核心业务的覆盖范围，在这个范围内企业依靠自身的物流网络能够提供相关的物流服务。从地理边界来看，确定市场地理范围要考虑的几个因素是企业的投入能力、管理水平、营运成本和客户需求。

（2）行业范围。

物流服务专业化是物流企业的发展方向，选准物流服务面向的行业，培养行业服务优势，是我国物流企业必须慎重考虑的问题。对于一个成熟的物流市场而言，物流企业一般将主营业务定位在一个或几个行业，因为不同的行业运作模式不同，专注于特定行业可以形成行业优势，增强企业的竞争力。通常可以从以下三个方面来考虑物流服务行业范围的确定问题。

① 从企业资源优势出发，确定物流服务行业范围。例如，中国远洋物流公司凭借全国性的网络优势，在细分市场的基础上重点开拓了汽车物流、家电物流、项目物流、展品物流，为客户提供高附加值服务，着力建设铁路运输、驳船运输、城际快运和航空运输四大物流通道。

② 从当地核心产业入手，确定物流服务行业范围。围绕当地支柱产业开展物流服务业务，这是有中国特色的选择方式。

③ 从市场供需角度，确定物流服务行业范围。在经过科学调查研究的基础上，确定物流服务行业范围。

（3）客户范围。

定向的客户：定向围绕行业客户或某几个甚至个别客户需求开展业务，根据用户的特定要求为其专门设计物流服务模式，如长春永新医药集团设立的吉林省永新物流有限公司。比利时是中国新能源汽车出口欧洲的枢纽和集散地，虽然自身市场容量有限，但是安特卫普-布鲁日港是欧洲最大的汽车港，多数中国车企选择通过比利时将车辆运输到欧洲其他国家。

普通的客户：这是指对客户本身没有地域、行业、业务的选择限制，如邮政、铁路、公路、航空等物流业。

2）第三方物流服务内容定位

在物流服务的内容和方式上，目前的物流企业大都定位于根据客户要求提供一体化物流解决方案，其服务内容十分广泛，归纳起来主要包括以下几个方面：

（1）订单履行，包括以运输为特征的运输模式选择与组织、集货、转运、配送等服务，以仓储为特征的存储、分拣、包装、装配、条形码及其他增值服务。

（2）信息管理，包括订单处理与跟踪查询、库存状态查询与决策、货物在途跟踪、运行绩效（KPI）监测、管理报告等。

（3）增值服务，既包括物流系统设计、清关、支付、费用结算、客户销售预测、客户商品促销等服务，也包括客户的退货处理、安装、调试、维修等销售支持服务等。

（4）相关服务，如呼叫中心（Call Center）服务、业务咨询。

经济的全球化要求产品和服务在国际上合理流动，对物流服务的时间性、准确性提出了更高的要求。近年来，物流服务商越来越关注物流规划、管理与咨询层面的服务功能，以实现提升客户经济效益、服务水平及企业竞争力的三大使命。客户使用专业物流公司的绩效体现在从着重于实体货物的合理流动，转到着重于从物流系统规划、管理和信息服务方面获取利益。此外，UPS、德国邮政（DPWN）等大型物流企业开始为客户提供代收货款等金融服务，从而实现客户供应链式物流、信息流与资金流的"三流合一"。针对客户需求，充分利用企业可以利用的一切资源，力争达到最短路线、最短时间、最优服务，这种企业目标的实现，要求企业开发新的物流服务项目。当前，大数据技术可应用于物流决策中的竞争环境分析、物流供给与需求匹配、物流资源优化与配置等。

小资料2-2

2023年4月，JOC发布全球第三方物流供应商50强，排名前五的第三方物流企业分别为Amazon Logistics、Kuehne + Nagel、DHL、DSV和DB Schenker。2022全球第三方物流50强全年的总收入增长了13.8%，达到创纪录的6 120亿美元。其中有6家出现营收下降，Nippon Express、UPS、Sinotrans、XPO Logistics、CJ Logistics、Fiege，而榜单上近三分之二的公司营收实现了两位数百分比的增长。

2.3.3　第三方物流企业战略规划

物流战略管理（Logistics Strategy Management）是指通过物流战略设计、战略实施、战略评价与控制等环节，调节物流资源、组织结构等，最终实现物流系统宗旨和战略目标的一系列动态过程的总和。第三方物流企业战略规划是指物流企业提出的物流目标、任务、方向以及据此制定出用以实现企业自身分阶段目标和总目标的各项政策和措施。

1）制定第三方物流企业战略规划的步骤

如图2-4所示，制定第三方物流企业战略规划的主要步骤如下：

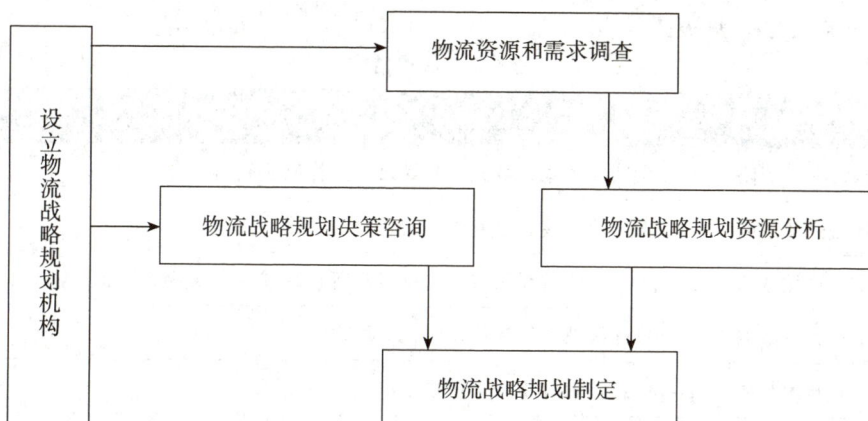

图2-4　制定第三方物流企业战略规划的主要步骤

（1）设立物流战略规划机构；

（2）物流资源和需求调查；

（3）物流战略规划资源分析；

（4）物流战略规划决策咨询；

（5）物流战略规划制定。

2）第三方物流企业战略目标分解

第三方物流企业战略目标由不同阶段的物流目标构成，具体可分解为经济目标、市场目标、用户数量目标及物流功能目标，如图2-5所示。

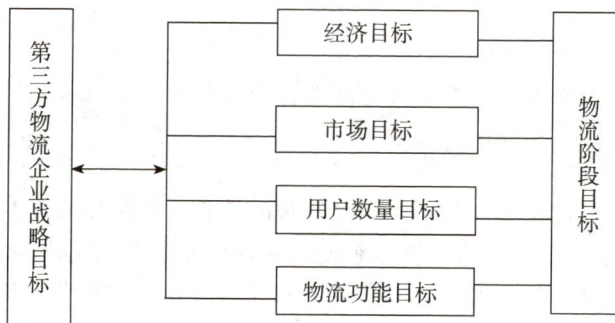

图2-5　第三方物流企业战略目标分解

3）决策咨询

21世纪是科学技术飞速发展的时代，在高度集成的物流行业内，个人的知识结构、经验能力都会有不足之处。企业的战略规划必须以科学的精神、实事求是的态度集各方智慧而成，邀请企业内外各方面专家进行咨询评估是现代物流决策不可缺少的步骤。

专家应是来自政府部门的官员、科研教育部门的学者、行业资深人士等。其知识结构、能力经验应涵盖下列领域：建筑规划设计、机械工程、工业自动化、物流系统设计、交通运输、仓储管理、企业战略规划、物流管理、信息技术、流通经济等。

4）物流企业战略措施

物流企业战略措施体现为物流企业为实现总体战略目标而在各个方面制定的方针

政策及实施方法，见表2-4。

表2-4   物流企业战略措施

物流企业战略	措　施
核心业务战略	仓储、运输、增值服务等第三方物流业务
核心企业战略	确定拥有核心业务能力的企业
重点区域战略	核心企业所在区域、重点客户所在区域、未来业务拓展区域
市场开发战略	目标区域、目标行业、目标用户
管理技术战略	信息技术应用、管理技术应用
宏观经济战略	降本增效、智慧物流
内外资源战略	资源整合战略、企业并购重组
国际合作战略	寻求国际合作、制订合资合作计划、选择合作伙伴
人力资源战略	人才选拔、培养、引进
品牌战略	企业文化、形象
组织创新战略	—
流程再造战略	—

互动课堂2-3

　　分小组讨论，物流企业战略目标分解有何必要？

2.4　第三方物流经营决策

　　现代化管理是一个决策过程，决策是管理的核心，直接影响着工作效率和企业的经济效益。物流企业经营决策是物流企业在对经营形势进行客观分析和估计的基础上，就物流企业总体活动以及重要经营活动的目标、方针、战略和策略做出的选择。

2.4.1　第三方物流经营决策程序

1）经营决策分类

　　物流企业经营决策包括的内容很多。我们根据经营决策所处的地位的不同可以将物流企业经营决策划分为战略决策和战术决策；根据管理层次的不同将物流企业经营决策划分为高层决策、中层决策和基层决策；根据决策的条件的不同将物流企业经营决策划分为确定型决策、风险型决策和非确定型决策等。

2）经营决策的程序

　　决策是一个提出问题、分析问题和解决问题的系统分析过程，要提高决策的科学性和时效性，就必须遵循正确的决策程序。其基本程序是：

　　（1）调查研究经营形势与环境，制定经营目标。

　　在做出决策之前，首先要对市场进行深入细致的调查研究，对企业所处的外部环境和内部条件有充分的认识，客观地分析企业所面临的发展机会和威胁以及企业的优势与劣势，明确经营问题，制定并能及时调整经营目标。

（2）拟订可行方案。

物流企业要在已确定的经营目标下，根据对信息资料的分析研究，拟订两个或两个以上可供选择的可行方案。这个过程是发现、探索、创新的过程，也是反复进行淘汰、修订、选取的过程。拟订可行方案是决策的关键，一定要注意方案的可塑性、可操作性、经济性及目标的可实现性。

（3）对可行方案进行评价和优选。

这是决策程序的关键步骤。它是在对各个可行方案进行计算分析、比较、评价的基础上，由决策者通过总体权衡，选择一个令人满意的方案。为此，需要满足两个条件：一是要有合理的选择标准，即从现实出发，比较而言"令人满意"；二是要有科学的选择方法，如经验判断法、数学分析法和实验法。

2.4.2　第三方物流经营决策方法

经营决策不是选择方案的瞬间行动，而是一个提出问题、分析问题、解决问题的系统过程。现代管理经营决策方法分为确定型、风险型、非确定型三类。

1）确定型决策方法

这种方法运用的前提是，人们对未来的认知比较充分，了解未来市场可能呈现某种状况，能够比较准确地估计未来的市场需求情况，从而有把握计算各个方案在未来的经济效果，并据此做出决策。如盈亏平衡分析法就是一种有代表性的确定型决策方法。

盈亏平衡分析法是依据与经营管理决策方案相关的业务量（产量或销售量）、成本、利润三者之间的相互关系建立模型，分析评价决策方案优劣的一种重要方法。简言之，它是研究销售收入（或销售量）、成本与利润三者关系的一种决策分析方法，所以也叫量本利分析法。了解销售量、成本、利润各个因素之间的关系，对制订合理的决策方案很有帮助，已成为决策分析的有力工具。

为了正确理解盈亏平衡分析法，有必要仔细了解成本的构成情况。按性质不同，成本分为固定成本和变动成本。

固定成本：凡成本总额在一定业务量（产量或销售量）范围内，不受业务量增减变动影响而固定不变的，叫固定成本。例如，固定资产的折旧费、管理费等，即使产量为零，也得照常支付。

变动成本：凡成本总额随业务量的总数量变动而变动的称为变动成本，变动成本可分为两种：一种是随着产量的增加而直接变化的费用，如直接消耗的原料、燃料、生产工人的工资等费用，在单位产品成本中基本不变；另一种是随着产量的变化而呈阶梯变化，如设备保养费、运输费、动力费、计时工资等。

所谓盈亏平衡点，是指当销售收入等于销售成本，企业利润为零时，销售量或销售收入达到的某一数值。

盈亏平衡分析法是在销售收入与销售成本相等的条件下，求出盈亏平衡点销售量的方法。

若设：a：固定成本；

b：单位变动成本；

p：产品单价；

x：产品销售量；

s：销售收入=px；

y：总成本=a+bx。

利润=销售收入-总成本=px-（a+bx）

企业不盈不亏时，利润为零，那么：

销售收入=总成本，即s=y。

我们可以用坐标图反映盈亏平衡情形，如图2-6所示。

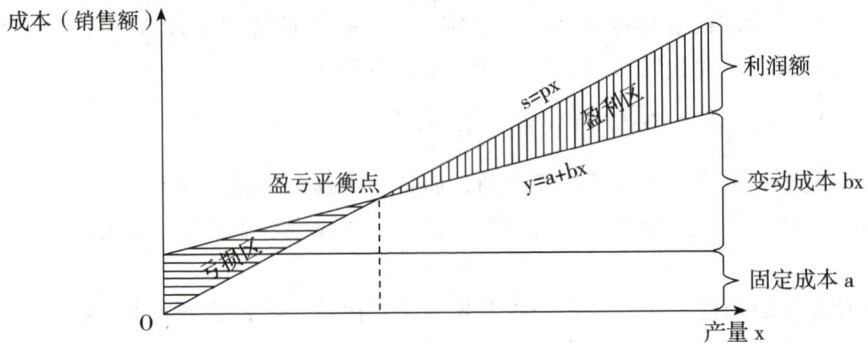

图2-6　盈亏平衡分析图

[例2-1] 某运输公司平均每万吨千米的单价是6 000元，变动成本每万吨千米是2 000元，年固定成本为100万元。请计算公司年保本业务额。如果公司年运输周转量预期可达到300万吨千米，企业年利润是多少？

设：保本业务量为x，保本业务额即运输业务收入减运输业务成本为零时的业务量。

px-（a+bx）=0

6 000x-（1 000 000+2 000x）=0

x=250（万吨千米）

保本业务额=250×6 000=1 500 000（元）

企业年预期利润=300×6 000-（1 000 000+300×2 000）=200 000（元）

2）风险型决策方法

风险型决策方法主要用于人们对未来有一定程度的认识，但又不能肯定的情况。这时，实施方案在未来可能会遇到好几种不同的情况（自然状态）。每种自然状态均有出现的可能，人们目前无法确知，但是可以根据以前的资料来推断各种自然状态出现的概率。在这些条件下，人们计算的各个方案在未来的经济效果只能是考虑到各个自然状态出现的概率的期望收益，与未来的实际收益不会完全相等。因此，据此制定的经营决策具有一定的风险。

风险型决策方法也很多，主要有期望值准则和决策树法。

（1）期望值准则。

期望值准则是以支付矩阵为依据，分别用概率加权计算可行方案的期望值（期望收益值或期望损失值），其中期望值最优（期望收益值最大或期望损失值最小）的方案为最佳方案。需要明确，应用期望值准则决策的结果并不能代表某事件的实际结果。

[例2-2] 某配送中心现需对某种货物下周的进货数量做出决策。设这种货物进货成本为每件800元，售价为每件1 000元，但一周内如不能售出则变质报废。市场对这种货物的一周需求量的概率分布见表2-5。

表2-5 需求量的概率分布

需求量（件）	25	26	27	28
概率	0.1	0.3	0.5	0.1

要求：列出机会收益表，由最大期望收益准则确定最优决策；列出机会损失表，由最小期望机会损失准则确定最优决策。

解：机会收益表见表2-6：

表2-6 机会收益表 金额单位：元

需求预测		进货量方案			
概率	需求量（件）	25	26	27	28
0.1	25	5 000	4 200	3 400	2 600
0.3	26	5 000	5 200	4 400	3 600
0.5	27	5 000	5 200	5 400	4 600
0.1	28	5 000	5 200	5 400	5 600
机会收益		5 000	5 100	4 900	4 200

最大收益为5 100元，即进货方案为一周26件。

机会损失表见表2-7：

表2-7 机会损失表 金额单位：元

需求预测		进货量方案			
概率	需求量（件）	25	26	27	28
0.1	25	0	800	1 600	2 400
0.3	26	200	0	800	1 600
0.5	27	400	200	0	800
0.1	28	600	400	200	0
机会损失		320	220	420	1 120

最小损失为220元，即进货方案为一周26件。

从表2-6、表2-7的决策过程可以看出，期望值准则利用了概率，并通过期望值的比较来进行决策，而概率说明未来事件发生可能性的大小，但概率大的事件并不是说明必定会发生，所以它属于风险型决策。

（2）决策树法。

决策树法是风险决策的基本方法之一，又称概率分析决策方法，是一种有序的概率图解法。决策树一般都是自上而下生成的，每个决策或事件（即自然状态）都可能引出两个或多个事件，导致不同的结果，把这种决策分支画成图形很像一棵树的枝干，故称决策树（如图2-7所示）。

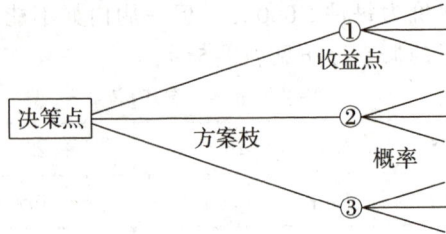

图2-7   决策树的典型结构

决策步骤：根据决策问题绘制决策树，计算概率分支的概率值和相应的结果节点的收益值，以及各概率点的收益期望值，确定最优方案。

[例2-3] 某物流公司需要对明年的运输设备投资做出决策：增加运输设备投资或维持现状。该物流公司明年物流运输业务可能有3种情况：业务大、业务中、业务小，其状态概率分别为0.2、0.5、0.3。若增加运输设备投资，遇到各种情况后的收益分别为80万元、20万元、−5万元；若维持现状，遇到各种情况后的收益分别为40万元、7万元、1万元。具体数据见表2-8。

表2-8   公司不同经营状态概率   金额单位：万元

状态	概率	方案1：增加运输设备	方案2：维持现状
业务大	0.2	80	40
业务中	0.5	20	7
业务小	0.3	−5	1

步骤：

第一，求每个决策方案的期望利润。

方案1：80×0.2+20×0.5+（−5）×0.3=24.5（万元）

方案2：40×0.2+7×0.5+1×0.3=11.8（万元）

第二，比较收益期望值。增加运输设备投资方案收益期望值最大为24.5万元，该方案最优。有关决策树分析如图2-8所示。

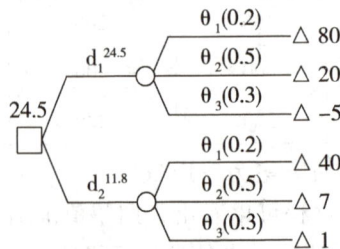

图2-8   决策树分析

3）非确定型决策方法

非确定型决策方法是用来解决人们只知道未来可能出现的多种自然状态，但不知道其出现的概率的决策问题。在这样的情况下比较不同方案的经济效果，就只能根据决策者的主观判断。因此，最终决策结果与决策者对待风险的态度和所采取的决策准则有直接关系。决策者可采取的决策准则包括：悲观准则、乐观准则、折中准则、后悔准则。下面通过［例2-4］说明各种决策准则在实际中的具体运用。

［例2-4］某物流企业现有车辆满负荷运行，现准备增加运力，有3个方案可供选择：①增加购置车辆；②租入车辆；③维持现状，即利润分成式运输业务外包。这3个方案在不同的市场需求情况下，3年内的净收益值见表2-9。

表2-9　　　　　　　　　　　　　　　企业预期状况　　　　　　　　　　　　　单位：万元

收益　　　　　方案　　状态	d_1	d_2	d_3
θ_1	50	30	10
θ_2	20	25	10
θ_3	-20	-10	10

（1）悲观法——小中取大。

第一步：计算每个方案在各自然状态下的最小收益值。

方案（d_1）：min {50，20，-20} =-20（万元）

方案（d_2）：min {30，25，-10} =-10（万元）

方案（d_3）：min {10，10，10} =10（万元）

第二步：从各最小收益值中求最大值，见表2-10。

表2-10　　　　　　　　　　　　　　　小中取大　　　　　　　　　　　　　单位：万元

收益　　　　　方案　　状态	d_1	d_2	d_3
θ_1	50	30	10
θ_2	20	25	10
θ_3	-20	-10	10
最小收益值（d_j）	-20	-10	⑩

故方案三为最优方案。

（2）乐观法——大中取大。

第一步：计算各方案在各自然状态下最大收益值。

方案（d_1）：max {50，20，-20} =50（万元）

方案（d_2）：max {30，25，-10} =30（万元）

方案（d_3）：max {10，10，10} =10（万元）

第二步：从各最大收益值中求最大值，见表2-11。

表2-11　　　　　　　　　　　　　　　大中取大　　　　　　　　　　　　　单位：万元

收益　方案　状态	d_1	d_2	d_3
θ_1	50	30	10
θ_2	20	25	10
θ_3	-20	-10	10
最小收益值（d_j）	50	30	10

故方案一为最优方案。

（3）折中系数法。

第一步：设乐观系数为：$\alpha=0.4$，计算各方案之评价值。

$f(d_1)=0.4\times50+0.6\times(-20)=8$（万元）

$f(d_2)=0.4\times30+0.6\times(-10)=6$（万元）

$f(d_3)=0.4\times10+0.6\times10=10$（万元）

乐观系数法决策过程见表2-12。

表2-12　　　　　　　　　　　　乐观系数法决策过程　　　　　　　　　　单位：万元

收益　方案　状态	d_1	d_2	d_3
θ_1	50	30	10
θ_2	20	25	10
θ_3	-20	-10	10
最小收益值（d_j）	$0.4\times50+0.6\times(-20)=8$	$0.4\times30+0.6\times(-10)=6$	$0.4\times10+0.6\times10=10$

第二步：比较各方案的评价值。

$\max\{8,6,10\}=10$（万元）

故方案三为最优方案。

（4）最小后悔值法——大中取小原则。

第一步：将每一假设选定方案与同一状态下其他方案最大收益比较，计算列出后悔值矩阵（见表2-13）。

表2-13　　　　　　　　　　　　最小后悔值法决策过程　　　　　　　　　单位：万元

方案　状态	收益值表			后悔值表		
	d_1	d_2	d_3	d_1	d_2	d_3
θ_1	50*	30	10	0	20	40
θ_2	20	25*	10	5	0	15
θ_3	-20	-10	10*	30	20	0
最大后悔值（d_j）				30	20	40

注：标注*的数字表示日租金。

第二步：列出每一方案最大后悔值（d_j）=max {30，20，40}。

第三步：在各最大后悔值中选择最小后悔值，确定最优方案二。

企业管理的重点在于经营，经营的关键在于决策。决策是管理的核心，决策分析是各级经营管理人员的基本职能。经营决策的正确与否，直接影响员工工作效率和企业经济效益。

互动课堂 2-4

你认为作为企业管理者应具备什么样的品质？

物流人物专栏

廖发根，2009年入职顺丰，至今已有14年。他是一名优秀的收派员，工作责任心强，以高要求、高标准、优质服务要求自己为客户提供快递服务。

日常收派件的时候，廖发根显得十分自信。"在我负责的区域里，什么天气该走哪条路我都烂熟于心"，十年如一日的收派工作，廖发根早已把自己区域内的路线熟记于心，现如今，他的脑子里仿佛装上了活地图，从网点出发到区域内的每个地方，怎么走路线最短，往哪条路还能顺带收个件，他都了如指掌。廖发根视客为友，平时他总是一边收派件，一边趁机会添加客户的微信，时不时和客户聊上几句，正因如此，客户需要寄件或是快递遇到问题时，也总是会想到廖发根。

2021年的一个台风天，廖发根接到一个急件寄递的单子，客户需要寄出一份合同，如果延迟将影响招投标。正常情况下，廖发根只需花费5分钟就能抵达，但那天福州城区狂风暴雨，后屿路营业点附近的主干道被积水围困，出门收寄件有很大难度。然而，廖发根凭借日常对周边路况的熟悉，选择从小路尝试绕道，最终及时赶到了客户约定的收件地点，完成了收件。

正是凭借着对客户的用心，凡是廖发根服务过的客户，没有一个不为他竖起大拇指，"有发根在，快递交给他我就放心"。

作为网点的工会代表，廖发根热心积极，始终把同事放在心上，网点同事遇到难题，他总能伸出援手。2020年，一位同事的孩子因患脑部疾病，需要支付高额的医疗费，廖发根不但第一时间给予帮助，还积极发动身边人筹集爱心款1万多元，帮助同事解了燃眉之急。此外，他还通过各种方式，积极为急需帮助的人筹款，以尽自己的绵薄之力。

资料来源 车辉. 看！这些小哥获得了全国五一劳动奖［N］. 工人日报，2023-05-17.

基本训练

□ 知识题

1.单项选择题

（1）（　　　）的过程就是企业差别化的过程，如何寻找差别、识别差别和显示差别的过程。

A.市场调查　　　　B.市场分析　　　　C.市场定位　　　　D.市场竞争

（2）与主要竞争对手相比，在市场上可获取明显的差别利益优势是企业的（　　）。

A.成本优势　　　　B.核心优势　　　　C.管理优势　　　　D.潜在优势

（3）战略形态是指企业采取的战略方式及战略对策，按表现形式不同，可以分为拓展型战略、稳健型战略和（　　）三种形态。

A.市场渗透型战略　B.一体化战略　　　C.收缩型战略　　　D.无增长战略

2.多项选择题

（1）物流企业市场竞争战略主要有（　　）。

A.成本领先战略　　B.资源集中战略　　C.差异化战略　　　D.个性化服务战略

（2）物流企业的竞争力主要体现在（　　）。

A.物流成本　　　　B.物流服务　　　　C.物流效率　　　　D.运作资金

（3）在现代物流服务中，最核心的竞争能力体现为（　　）。

A.物流运作能力　　　　　　　　　　　B.物流作业能力

C.物流体系的规划能力　　　　　　　　D.物流管理能力

3.简答题

（1）第三方物流的企业核心竞争力主要体现在哪些方面？

（2）企业物流服务市场定位要明确哪几个问题？

═综合应用═▶

□ 案例分析

大闸蟹市场竞争的"内卷"，早已蔓延到快递物流端。为做好大闸蟹项目，江苏邮政着重针对苏州阳澄湖、泰州兴化等主产区，将前置处理场地扩至5 700平方米，大幅提升了邮件处理能力。同时，截邮时间也从原先18时延至21时。在苏州，邮政聚焦一线需求，在2022年8月就将项目所需设备、物料配置到位。项目启动后，又优化"双处理中心"模式，启用阳澄湖前置场地及唯亭仓处理邮件，并梳理优化揽收作业流程，小时处理量较2021年提升1 900件左右。此外，抓好冷链仓、冷链车、冷链干线全环节冷链服务配套，保障了高温期大闸蟹项目的运营。

全省大闸蟹专用包装材料也迭代更新：90%以上的大闸蟹外包装实现塑封，并对内衬厚度、泡沫箱卡口、冷媒进行升级，大幅提升了大闸蟹的在途保鲜时间。同时，采用防水热敏面单，并粘贴"极速鲜"标签及温馨提示，让商户寄件更放心。

资料来源　柏滨丰，陈昊.当大闸蟹遇上"极速鲜"［N］.中国邮政报，2023-02-08.

问题：结合案例查阅资料，分析我国冷链物流前景如何，物流企业布局冷链物流的难点在哪里？

□ 实训题

1.课堂实训：

某配送中心根据以往销售情况判断，某海鲜产品客户月需求量分别是20、30或40件。配送中心每销售一件净利润为200元，每积压一件降价处理净亏50元。

要求：填写收益测算表（表2-14），分别以乐观法、悲观法和折中法（假设乐观系数为0.6）给出月采购数量的不同决策方案。

表2-14　　　　　　　　　　　　　　　　收益测算表

市场需求 采购方案	20	30	40	决策方法		
				悲观法	乐观法	折中法
A20						
A30						
A40						
选择采购方案						

2.全班同学分组对当地物流资源（如运输资源、仓储资源等）进行调查并撰写调查报告。

工作步骤提示：（1）设计调查表；（2）分别调查（参照所学调查方式）；（3）撰写调查报告。

第3章
第三方物流运作平台构建

学习目标

☐ 知识目标：
　　了解物流企业的组织结构，理解物流实体网络与物流信息系统网络及物流运作流程的含义。

☐ 能力目标：
　　掌握物流实体网络构建的方法以及有效利用物流信息技术及信息网络的能力；具有物流作业流程设计的能力。

☐ 素养目标
　　提高管理与设计视野，在第三方物流架构设计中体现全面、长远、持续、可发展观念，形成网络化、系统化思维决策习惯。

3.1　物流企业组织结构设计

企业组织结构是指企业及其分支机构所构成的企业网络。企业组织结构既包括企业组织网络也包括业务网络，是企业业务运作模式的基础和保障。广义的企业组织结构也可以扩展到与企业关系密切的合伙人。

物流企业组织结构主要有三种：职能式组织（Functional Organization）结构、事业式组织（Divisional Organization）结构、矩阵式组织（Matrix Organization）结构。

3.1.1　职能式组织结构

1）职能式组织结构的含义

职能式（又叫垂直式）组织结构是企业最常见的组织结构形态，其本质是将企业的全部任务分解成分任务，并交给相应部门完成。组织的目标在于内部的效率和技术专门化。在职能型组织结构中，纵向控制大于横向协调，总经理对董事会和股东会负责，各部门经理对总经理负责，业务主管对其部门经理负责，一般员工对其主管负责，正式的权力和影响来自职能部门的高层管理者，是集权式管理组织结构，如图3-1所示。

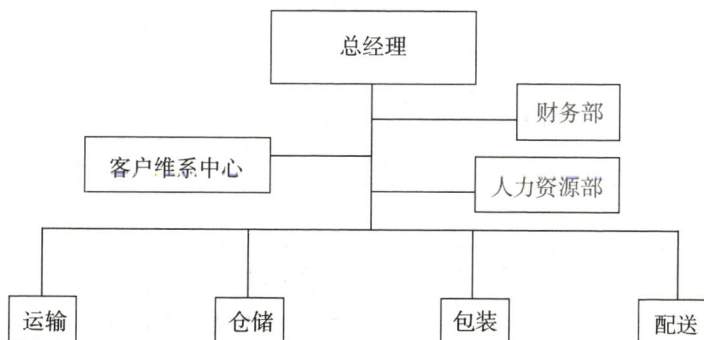

图3-1　职能式（垂直式）组织结构示意图

2）职能式组织结构的核心优势和劣势

职能式组织结构的核心优势是专业化分工，部门和岗位的设置是按照业务种类和技术水平来划分的。在这样的组织结构中，部门和岗位分工非常稳定，很少变动，有利于专业能力和专业技术水平的提高。让一组人专注于仓储，而让另一组人专注于运输的效率，比大家两者兼做的效率要高很多。职能式结构的另外一个优势在于其鼓励职能部门的规模经济。规模经济是指组合在一起的员工可以共享一些设施和条件。当外界环境稳定、技术相对简单，而不同职能部门间的协调相对容易时，这种结构是最有效的。区域性中小物流企业采用这种组织结构形式的比较多。

职能式组织结构的主要劣势是对外界环境变化的反应太慢，这种反应需要跨部门的协调。如果环境变化快，或者技术是非通用、相互依存的，则会出现纵向决策信息超载、高层决策缓慢的现象。在这样的组织内，大家习惯眼睛向上看，等待高层决策，而缺少横向联系和自主地解决问题的意识。职能式组织结构的其他缺点还包括：由于缺少协调导致缺乏创新，每个职员对组织目标的认识有限。

3.1.2 事业式组织结构

美国"现代管理学之父"彼得·德鲁克（Peter Drucker）认为："世上没有放之四海而皆准的设计，每一个企业机构的设计，都必须以配合其使命和策略的主要业务为中心。"早在20世纪80年代，企业内外环境的变化，使传统的等级森严的企业组织在网络经济时代显得臃肿，信息传递与决策缓慢、发展动力不足、对变化反应迟钝。欧美的物流企业纷纷实施战略转型，根据企业的业务运作来选择适当的企业组织模式。物流企业将传统的以业务领域纵向划分的产业组织结构（如仓储、保管、运输和包装等），及时调整为横向的集约化水平的产业组织结构，实现资源和流程的优化组合。企业组织创新成为提高企业竞争力的重要措施之一。

1）事业式组织结构的含义

事业式（又叫扁平式）组织结构将各业务环节以产品、地区或客户为中心重新组合，每个事业部都有独立的运输、仓储等职能，在事业部内部跨职能的协调增强了。此外，因为每个单元变得更小，所以事业式组织结构更能适应环境的变化，是一种分权式管理组织结构，如图3-2所示。

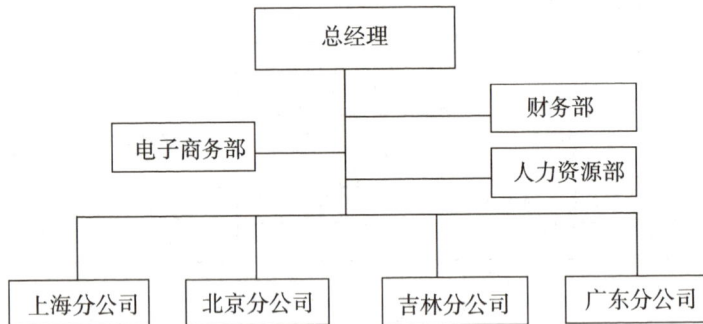

图3-2 事业式（扁平式）组织结构示意图

不同于职能式组织结构，在事业式组织结构中，总部与各事业部的关系因企业的不同而异，没有一个简单的模板可以照搬。两者的关系主要体现在总部对事业部的战略决策控制及事业部的自主决策权力上，有时还体现在总部的监控作用上。事业式组织结构打破了职能式组织结构对资源的划分方式，将资源重新组合，常见的组合方式有三种：按产品或服务组合、按客户组合和按地域组合。

2）事业式组织结构的优势和劣势

事业式组织结构可以很灵活地按产品或服务、按客户或按地域来划分，用迅速调节的功能来适应灵活多变的市场环境，使组织资源与外部环境的联系更加紧密。应用事业式组织结构的一个不足之处是组织失去了规模经济优势。事业式组织结构的另一个问题是如何协调各事业部与总部的关系。

实施事业式组织结构的企业应该具有一定的规模。只有当企业的管理层级过多，高层管理人员与市场的距离过远，无法及时做出正确决策时才可以考虑将职能式组织结构调整成事业式组织结构。另外，如果企业的客户过多，区域性或行业性分布明显，无法资源共享，也可以考虑实施事业式组织结构。事业式组织结构应保证每个事业部都可以自给自足，与总部和其他事业部没有过多的依存关系，这样事业部在决策上才有真正的自主权，而不受其他环节干扰。

3.1.3 矩阵式组织结构

小资料3-1

矩阵式物流组织结构由美国学者丹尼尔·W·蒂海斯和罗伯特·L·泰勒于1972年提出，它的设计原理是将物流作为思考问题的一种角度和方法，而不把它作为企业内的另外一个功能。

众所周知，履行一个物流业务需要跨越多个部门，历时较长，涉及的人和事较多，所以在某种程度上，一个物流业务也可看作一个项目。泰勒和蒂海斯提出了矩阵式物流组织结构，其大体内容是：履行物流业务所需的各种物流活动仍由原部门（垂直方向）管理，但水平方向上又加入类似于项目管理的部门（一般也称为物流部门），负责管理一个完整的物流业务（作为一个物流"项目"），从而形成了纵横交错的矩阵式物流组织结构。

资料来源 霍红，李楠. 现代物流管理［M］. 北京：对外经济贸易大学出版社，2007.

1）矩阵式组织结构的含义

矩阵式（又称混合式）组织结构，体现为业务、职能的垂直管理和地域的横向支持，是一种集权—分权—集权式管理组织结构，如图3-3所示。

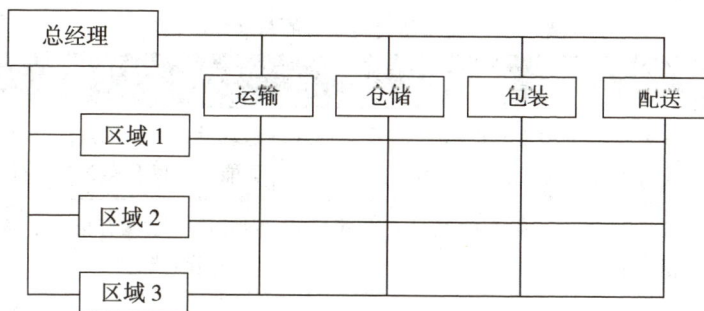

图3-3 矩阵式（混合式）组织结构示意图

2）矩阵式组织结构的优势和劣势

采用这种体制的最大优势是公司资源集中管理，适合中国的物流管理现状，能够实现一套人马、多个法人实体的运作模式。但其劣势是需要员工有较高的素质、较强的团队意识，同时对管理水平，特别是对财务管理水平要求高。目前世界上大型物流公司大都采取总公司与分公司体制，总部采取集权式物流运作模式，按业务实行垂直管理。

建立现代物流企业必须有一个能力很强、指挥灵活的调控中心对整个物流业务进行控制与协调。真正的现代物流必须是一个指挥中心、一个利润中心，企业的组织、框架、体制等形式都要与一个中心相匹配。

互动课堂3-1

一位企业经理讲过这样一句话："加入WTO以后，我手里最值钱的不是车辆和仓库，而是我的经营网络。"谈谈你对这句话的理解和看法。

3.2   第三方物流实体网络设计与构建

物流网络（Logistics Network）是指在物流过程中不同节点组织、人员、设施设备、资金与信息通过有形或无形的线路相互连接的集合。网络化是现代物流的一个重要特征。物流网络由物流实体网络和物流信息系统网络两部分构成。

第三方物流企业的物流实体网络是企业相当规模的客户群和广泛覆盖业务区域的物流节点与线路的集合，是企业综合实力的体现，也是实现低成本、高质量物流服务的保障。

第三方物流企业可根据当地的经济环境、企业自身的经济实力、发展战略、客户覆盖率等，决定物流实体网络覆盖面、网点密度和构建模式。

第三方物流网络结构设计必须考虑网络节点所在地的物流基础设施及经济环境，如车站、港口设施，公路、铁路、水运、航运设施，各种货物运输枢纽、货物集散、处理、分拨场地或仓储设施，各种运输工具（如汽车、火车、船舶、飞机）和物流辅助性设施、设备（如搬运装卸设备、包装设备、条码设备以及集装箱、托盘等）。

物流网络的设计需要依据区域内客户量及业务量确定承担物流工作所需的各类设施的数量和地点，即选址、运能、储能、节点支持范围等的具体化，形成一种据以进行物流作业的结构（见表3-1）。

表3-1   第三方物流网络设施设备的总量和结构

视频3-1

网络设施设备	总量和结构	功能指标
运输工具	各种专用运输工具的数量，承载能力，线路运行规划	承载量、运输工具的完好程度和运营保证能力，以及实载率、行驶率等
场站枢纽（节点）	货场、站、仓库等的数量，种类，面积，布局	吞吐能力、储存能力、货物处理能力、货物周转能力
物流辅助性设施、设备	吊装设备、搬运设备、分拣设备、存储设备、包装设备等的数量	作业能力，作业效率

医疗器械物流仓储规划（第三方集中配送仓）

1）完全自建网络

大型物流企业随着业务量的积累，通常会凭借经济实力自行铺设物流网络，其主要采取两种途径：

第一种途径是在严密规划的基础上，采取较为激进的方式，先铺设业务网络和信息系统，再争取客户。这种方式较为冒险，只有资金实力非常雄厚的企业才可能这样做。

第二种途径是边开发客户边铺设网络。它是较为稳妥、缓慢的方式。无论是"铺网"还是之后的"养网"，费用都是相当大的。以深圳邮政投递网为例，仅"养活"深圳一个市的邮政投递网，每年就需要付出3 000多万元人民币。此外，网络的铺设和完善还需要大量的时间。

小资料 3-2

根据《2022年邮政行业发展统计公报》，截止到2022年底，中国邮政全行业拥有各类营业网点43.4万处，比上年末增加2.1万处，其中设在农村的11.7万处，比上年末增加0.1万处。快递服务营业网点23.1万处，比上年末增加0.3万处，其中设在农村的7.6万处，比上年末增加0.1万处。

全行业拥有国内快递专用货机161架，比上年末增加19架。全行业拥有汽车36.8万辆，比上年末增加1.9万辆，其中快递服务汽车26.5万辆，比上年末增加1.4万辆。

2）构建联盟网络

除非有来自关联企业的强大支持，否则第三方物流企业自建网络是不经济的，会给企业带来资金、管理等方面的压力，因此采用联盟网络是比较明智的选择。

第一种途径是与某些大公司结成联盟关系或成立合资物流公司，以便在获取这些大公司的物流业务的同时实现同业物流网络信息共享，如国内家电行业和汽车行业都有这类案例。这种方式较为稳妥，可以使企业在短期内获得大量业务，但这种联盟或合资物流由于与单一大企业的联系紧密，会在一定程度上影响其拓展外部业务的能力。

第二种途径是整合社会物流资源，同业联合，形成网络联盟，共同发展。这是低成本拓展的有效途径。

小资料 3-3

海外仓，助力"中国造"畅销全球

中国目前已有超过1 800个海外仓，分布在俄罗斯、日本、韩国、美国等国家和地区。

中国海外仓主要分为三类：

（1）为跨境电商卖家提供第三方服务的海外仓；

（2）拥有跨境电商平台、主要为平台客户提供服务的平台型海外仓；

（3）成长性好、发展潜力较大，且具有一定特色的成长型海外仓。

2020年7月，海关总署开展跨境电商对企业（B2B）出口试点，海外仓出口有了专用通道。

资料来源　徐佩玉. 海外仓，助力"中国造"畅销全球［N］. 人民日报，2021-01-19.

完全自建网络和构建联盟网络的优缺点比较见表3-2。

表3-2　　　　　　　　**完全自建网络和构建联盟网络优缺点比较**

序　号	比较项目	完全自建网络	构建联盟网络
1	运营成本	较高	较低
2	控制力	强	弱
3	品牌印象	好	一般
4	柔性化能力	强	弱
5	经营风险	大	小
6	资金压力	大	小
7	服务质量	高	低

3）自建与联盟结合

这种物流网络设计的原则为：核心主市场区域采用自建模式，非核心区域采用联盟模式。

小案例3-1

打通跨境物流"最后一公里"

海外仓的设立，直接拉近了中国卖家与国外客户的距离，推动中国商品海外营销，有效提升了中国制造的全球竞争力。

以简诺电动平衡车海外销售为例。自2019年6月西班牙海外仓启用以来，该产品的整体备货成本下降15%，单个货品物流成本下降约20%，配送周期由跨境发货45天送达缩短至现在西班牙本地24小时送达，泛欧地区5~7天送达；经销商业绩也增长了3倍以上。

总部位于宁波的遨森电商，主营室内居家、户外藤编、运动健身、婴童用品、宠物用品等产品。依托"跨境电商+海外仓"模式，仅去年前三季度，就实现净利润2.486亿元，同比增长1 936.4%。

"传统上，跨境电商根据订单单包跨境发货，海外仓则搭建了一个本地供应的闭环。"周燕说，当前形势下，海外仓在稳定畅通产业链供应链方面积极发挥了调节作用。此外，一些中国电商通过搭建海外仓，有力地促进了所在国家的电商行业的发展。

如今，海外仓成为跨境电商发展的重要环节和服务支撑。未来，海外仓将在信息化建设、智能化发展、多元化服务、本地化经营等方面深入探索，助力中国产品更好走向全球市场。

资料来源 苑基荣，强薇，姜波，等. 海外仓，打通跨境物流"最后一公里"［N］. 人民日报，2021-01-13.

3.3 第三方物流信息系统网络设计与构建

物流业与其他行业不同，需要的是互联互通，需要的是每个节点、每条线路、每个组织的密切协同，牵一发而动全身，断一点而毁全局，稳定实用的物流实体网络体系是第三方物流发展的基石，也是优质高效的物流服务的保证，是赢得竞争优势的重要手段。

视频 3-2

浅谈物流
信息技术

3.3.1 物流信息技术与物流信息系统

1）物流信息技术

信息技术（Information Technology，IT）是指在信息科学的基本原理和方法的指导下扩展人类信息功能的技术。一般来说，信息技术是以电子计算机和现代通信为主要手段实现信息的获取、加工、传递和利用等功能的技术总和。

物流信息技术是运用于物流各环节中的信息技术。根据物流的功能以及特点，物流信息技术包括计算机技术、网络技术、信息分类编码技术、条码技术、射频识别技术、电子数据交换技术、全球定位系统（GPS）、地理信息系统（GIS）等。

小词典

EDI

电子数据交换（Electronic Data Interchange，EDI）是指采用标准化的格式，利用计算机网络进行业务数据的传输和处理。

EDI允许数据接收方直接对文件进行处理。根据系统的先进程度，数据接收端可以不需要人的介入。

物流信息技术可分为信息存储与识别技术、信息处理与传递技术。

（1）信息存储与识别技术

信息存储与识别技术包括条形码与识别系统以及射频识别、磁识别、声音识别、图形识别、光字符识别和生物识别等技术。各种信息存储与识别技术之间没有优劣之分，只能根据具体应用确定最适合的信息存储与识别技术。

（2）信息处理与传递技术

物流信息处理与传递技术涉及电子数据交换（EDI）、销售时点信息管理系统（POS）、企业资源计划（ERP）、无线通信（WAP）以及互联网技术（Web）、电子订货系统（EOS）、互联网（Internet）、供应链管理系统（SCM）、全球定位系统（GPS）、地理信息系统（GIS）等。

在世界500强中80%的企业实施了EDI后减少了营运成本，降低了库存，从而加快了物流速度。

2）物流信息系统

基于互联网和信息技术的物流信息系统（LIS），是集管理和信息技术于一体的系统。一个好的物流信息系统必须具有以下功能，即能够进行数据检索、数据处理、数据分析和报告生成。

数据检索（Data Retrieval）是指提供迅速和方便地检索数据（如货运费率）的功能。

数据处理（Data Processing）是指提供用一种相对简单和直接的方式将数据转换为更有用的形式的功能，如生成仓库拣货指示、生成提货单以及打印采购订单。

数据分析（Data Analysis）是指从海量物流相关经济数据中挖掘有参考价值的数据，为管理者的战略和运作决策提供信息支持。

报告生成（Report Generation）是指物流信息系统生成的典型报告，包括订单执行报告、库存管理报告、装运执行报告、破损报告、运输管理报告、系统配置报告以及物流成本报告。

第三方物流信息系统的一般架构如图3-4所示。

物流信息系统是一个庞大复杂的系统，特别是全程物流，包括运输、仓储、配送、搬运、包装和流通加工等诸多环节，每个环节的信息流量都十分巨大。

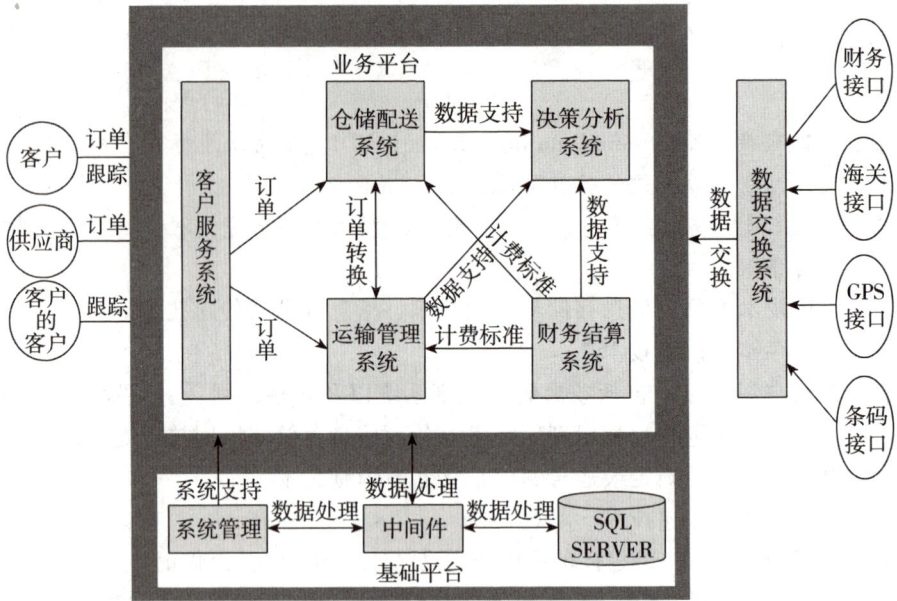

图3-4　第三方物流信息系统架构图

小案例3-2

美国通用汽车公司的400多个供应商负责把各自的产品送到30个装配工厂组装。由于卡车满载率低，库存和配送成本急剧上升，因此，通用汽车公司委托Penske专业物流公司为它提供第三方物流服务。调查了半成品的配送路线后，Penske公司建议通用汽车公司在Cleveland建立一家有战略意义的配送中心，配送中心负责接收、处理、组配半成品，由Penske派员工管理。此外Penske设计了一套最优送货路线，提供60辆卡车和72辆拖车，增加送货频率。通过EDI系统帮助通用汽车公司调度供应商的运输车辆实现JIT送货，并使供应商能随时了解行驶中的送货车辆的方位。同时Penske通过在配送中心组配半成品后，对装配工厂实施共同配送的方式，只保留了一些对Penske所提供的车队有补充作用的车辆，这样不仅降低了卡车的空载率，也减少了通用汽车公司的运输单据处理费用。

3.3.2　物流信息网络平台

物流信息网络是指伴随物流基础设施网络而相应传递各类信息的通信网络，如全球性物流信息网络、全国性物流信息网络、地区性物流信息网络、企业物流信息网络等。

物流信息网络平台，一般泛指能够支持或者进行物流服务供需信息的交互或交换的网站。

1）物流信息网络平台分类

（1）按主建方性质不同，可分为政府相关部门构建的物流信息网络平台和企业构建的物流信息网络平台。

企业物流信息网络是指物流相关企业建立的集企业内部物流业务处理与对外信息

共享于一体的网络，是依靠现代信息网络技术建立起来的基于物流线路、节点的信息网络。

（2）按主建企业不同，可分为两类：一类是物流企业建立的网络平台，如中国远洋物流有限公司网站等基于实体企业的网络平台；另一类是物流平台企业建立的网络平台，如菜鸟网络科技有限公司、货车帮、货拉拉等基于外界物流资源整合建立的网络平台。

某物流平台企业网络信息平台示意图如图3-5所示。

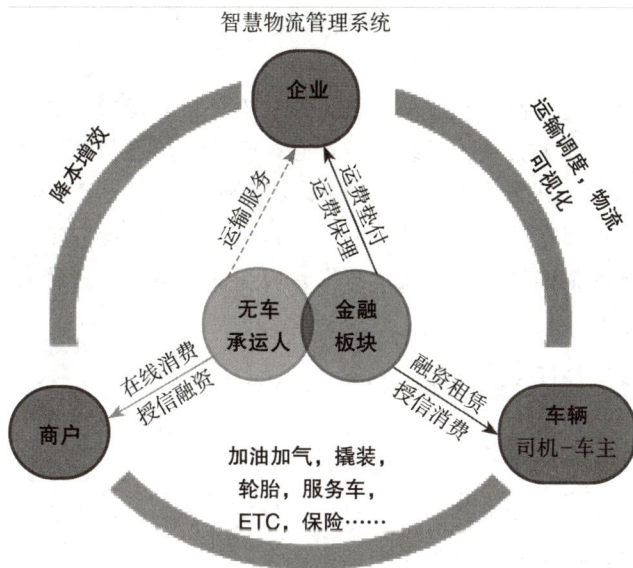

图3-5 第三方物流网络信息平台

（3）按网络平台业务特点不同，可分为交易中介型物流信息平台、流程整合型物流信息平台、资源共享型物流信息平台和互补合作型物流信息平台。

菜鸟网络原首席战略官陈威如认为，平台的构成需要三个必要条件。第一，连接两边或多边的用户群体。第二，能为用户提供互动机制，也就是互动的环境与规则。第三，在满足用户需求的同时从中盈利。如电商平台天猫连接了买家和卖家，整车平台满帮连接了司机与货主，它们都为双边用户提供了交易环境与规则，并在满足用户需求的同时，通过抽取单边用户的部分收入作为盈利。

互动课堂3-2

试分析物流企业网络信息平台与物流平台企业网络信息平台的区别。

信息技术和互联网技术为供需各方提供了一个物流网络信息平台。物流网络信息平台具有以下功能：集中控制功能，运输流程管理功能，车、货调度管理功能，仓储管理功能，统计报表管理功能，财务管理功能，客户查询功能（货物的实时跟踪、库存、结存、残损、签收等信息），客户管理功能。

2）物流公共信息平台

物流公共信息平台（Logistics Public Information Platform）是基于计算机通信网络

技术，提供物流设备、技术、信息等资源共享服务的信息平台。

物流公共信息平台将政府相关部门、物流企业与生产企业和商业企业等连在一起，实现了社会性的低成本的数据高速共享。

3）物流信息平台的建设原则

物流信息平台的建设应在服务于战略规划的基础上逐项实施，需要重点遵循以下几个方面的原则：

（1）系统规划的前瞻性与阶段性。随着社会经济的发展，企业市场规模不断扩大，物流设施将不断升级，物流信息平台的规划应具有分阶段实施的可行性和可扩充性。

（2）功能设计的实用性与开放性。物流信息平台将与运输、储存、流通加工、配送等环节的不同系统发生关系，系统的设计必须坚持实用性与开放性。

（3）技术选型的先进性与安全性。物流信息平台连接众多物流企业客户、供应商，大量数据要求系统在采用先进技术的同时，也要保证系统的稳定与安全。

（4）应用系统的整体优化。物流信息平台应在保证整体效能最大化的前提下，追求各子系统的先进性。

3.4 第三方物流运作流程设计

3.4.1 物流运作流程的基本构造

物流运作流程是指为实现特定物流目标，物流系统内的一系列有序物流活动的整体过程。物流运作流程基本上分为横向结构和纵向结构。

1）横向结构

横向结构是指企业物流运作中不同层面、不同功能间相关过程的一系列基本流程。主要包括：

（1）物流作业流程，主要由接单、采购、运输、库存、检验配送等环节构成。

（2）物流服务流程，主要是为顾客提供物流需求分析、系统设计、管理咨询等系统物流服务构成的基本流程。

（3）物流信息流程，是指从各部门各方面收集、处理、汇总、传递信息、共享信息、创造信息价值等活动构成的基本流程。

（4）物流管理流程，即对物流运作过程实施计划、组织、控制、协调以优化资源配置，提高管理效率的活动组成的基本流程。以粮食收购入库流程为例，其物流管理流程如图3-6所示。

2）纵向结构

纵向结构是指从物流运作决策到物流运作执行的过程。其主要包括：

（1）物流运作决策流程，即企业从最高层到基层员工形成物流运作决策的基本流程，目标是实现企业物流的有效运作。

（2）物流运作执行流程，即企业物流运作的实施流程，包括执行方法、执行监督等。

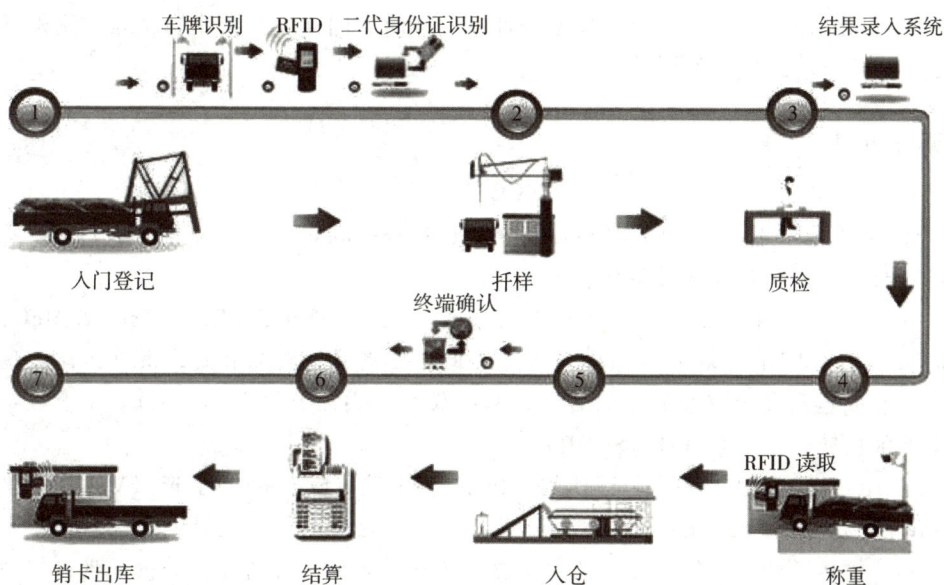

图3-6　粮食收购入库流程示意图

3.4.2　物流运作流程设计的基本要求和特性

1）物流运作流程设计的基本要求

（1）标准功能。

明确的流程标准是保证物流运作连续、稳定、可考量的前提。物流组织实施变革、物流外部环境发生变化时，企业物流运作流程就要按照新的标准重新进行设计。

（2）整合功能。

合理的流程是基于工作环节或工作步骤的独立化、专门化分工，形成一系列岗位职责，再按照工作的内在逻辑、完成任务和目标的先后整合成一个有效的流程。

（3）效率功能。

一个流程可以分解成较为稳定的工作环节、工作岗位、工作步骤。在技术设备配置、人员素质提高的情况下，可以计算出每一个工作环节、工作步骤的完成时间，进而可以计算出企业物流运作的效率。

互动课堂 3-3

分小组讨论，物流流程设计为什么要标准化？

2）物流运作流程的特性

（1）逻辑性。

任何流程都需要按照特定环节、步骤进行，具有较强的逻辑性。

（2）变动性。

当企业物流运作目标、战略、组织机构发生变动时，相关的物流运作流程自然要发生变化，否则新的目标与战略就不可能实现。

（3）可分解性。

任何流程都可以按照工作环节、工作步骤分解开来，如何分解则视专业化要求及技术的可行性而定。当专业化和技术条件不一样时，同样一个企业物流运作流程分解的方法和分解的结果是不同的。

🖱 **小词典**

SCOR模型

SCOR 模型（Supply-Chain Operations Reference-model）是由美国供应链协会发布的跨行业标准供应链参考模型和供应链诊断工具。

1996 年春，两个位于美国波士顿的咨询公司——Pittiglio Rabin Todd & McGrath（PRTM）和 AMR Research（AMR）为了帮助企业更好地实施有效的供应链，实现从基于职能管理到基于流程管理的转变，牵头成立了供应链协会（SCC），并于当年底发布了供应链运作参考模型（SCOR）。

SCOR 模型将供应链界定为计划（Plan）、采购（Source）、生产（Make）、配送（Deliver）、退货（Return）五大流程，并分别从供应链划分、配置和流程元素三个层次切入，描述了各流程的标准定义、对应各流程绩效的衡量指标，提供了供应链"最佳实施"和人力资源方案。

3.4.3 物流运作流程设计的影响因素

物流运作流程设计影响因素主要源于企业内部。

1）企业宗旨

企业宗旨是指企业经营管理所信奉的行为准则和对社会、经济等方面的价值判断。企业宗旨是企业物流运作流程设计的基本出发点，企业物流运作流程必须围绕企业宗旨进行设计。

2）企业经营战略目标

企业经营战略目标是企业宗旨在不同时期的具体体现。企业物流运作流程必须服从企业经营战略目标，围绕企业经营战略目标进行流程设计。

3）企业物流技术条件

企业物流运作流程的设计与企业物流技术条件有着非常密切的关系。企业物流的技术条件决定了物流运作流程的基本路径、工作环节。没有技术条件的有效支持，企业物流运作流程的重新设计就不可能成功。

此外，对物流运作流程冲击较大的外部要素是客户服务要求的提高、市场竞争加剧和环境改变。

3.4.4 物流运作流程设计的步骤

1）设定基本方向

设定基本方向是指设定企业物流运作流程设计的总目标、总方向、总思路。具体包括：

（1）明确企业经营战略目标，将目标分解；

（2）成立企业物流运作流程设计的专门机构；

（3）找准流程设计的出发点；

（4）明确流程设计的基本方针；

（5）分析和确定流程设计的可行性。

2）分析现状并确认设计目标

对企业运作能力、现有流程、外界环境、客户要求等进行调查分析，以便确认具体的设计目标与标准。具体包括：

（1）外部市场环境分析；

（2）客户需求及满意度调查；

（3）现行企业物流运作能力及流程状态分析；

（4）具体设计目标；

（5）确定成功标准，如时效、服务、利润、附加值等。

3）确定流程设计方案

确定流程设计的方案，完成具体的流程设计。具体包括：

（1）流程设计创意；

（2）流程设计方案；

（3）设计路径的确定；

（4）确定工作环节和重点；

（5）实施流程重新设计；

（6）人员配备、岗位职责及工作标准设计。

▷ 物流人物专栏

作为中国物流界80后中的中坚力量，天地汇总裁何一博先后在TNT天地华宇和传化物流等国内知名物流企业任职。从2002年担任华宇物流集团东莞分公司经理，一直到TNT天地华宇集团浙闽区总经理，何一博在任职期间业绩始终保持年环比倍增，曾被TNT总部评为全球最年轻区域总经理。2013年7月，何一博毅然放弃近百万元年薪开始创业，并在起步阶段婉拒了天使轮投资，自筹资金创立天地汇成为联合创始人，开始了打造"互联网+物流"公共承运平台的中国公路物流重构之路。

2016年6月，天地汇正式推出天地卡航甩挂产品。何一博总裁担任天地卡航产品总负责人，带领团队依次完成模式验证、小范围试点、重点区域布线、全国布网等重大战略步骤，完成从0~1、1~N的蜕变。创业艰难，在最初的三年，天地卡航曾走过不少弯路，也经历过波折，遇到过当时看来几乎无法逾越的坎儿，尽管稍微"转换思路"就可以吃到十分诱人的"蛋糕"，但他始终保持坚定的战略定力，坚持以始为终，不为所动。

天地卡航利用国际普遍采用的甩挂模式，重构基于产业链分工协同的路径，提升车辆资产的使用效率，为中国公路物流提质降本增效，并成为中国最大的公路甩挂运输网络。如今的天地汇，已是国内首屈一指的物流平台企业，年复合增长率一直保持在100%以上，是"互联网+物流"创业浪潮中成长最快的企业。

资料来源　天地汇供应链管理. 黄沙百战穿金甲 不破楼兰终不还——天地汇集团新总裁何一博［EB/OL］.［2020-12-15］. https://m.sohu.com/a/357020399_705535.

⇒ 基本训练 ⇒

☐ 知识题

1.单项选择题

(1) 在企业组织结构上，把既有按职能划分的垂直领导系统，又有按产品（项目）或地域划分的横向领导关系的结构称为（　　）。

A.矩阵式组织结构　　　　　　　　B.职能式组织结构

C.事业式组织结构　　　　　　　　D.综合式组织结构

(2) 从整合物流的角度来规划整体的物流设施网络，其出发点基本上都是（　　）。

A.最低物流总成本　　　　　　　　B.最大顾客满意度

C.兼顾成本与服务水平　　　　　　D.最高服务质量

(3) 公共物流信息平台是指基于信息技术，面向（　　）使用环境，以提供物流信息服务为核心业务的电子平台模式。

A.公共　　　　　　B.供方　　　　　　C.需方　　　　　　D.第三方物流

2.多项选择题

(1) 物流企业的组织结构主要有（　　）。

A.职能式（垂直式）　　　　　　　B.事业式

C.矩阵式　　　　　　　　　　　　D.网络式

(2) 物流运作平台由（　　）共同构成。

A.物流实体网络　　　　　　　　　B.物流园区

C.物流信息系统网络　　　　　　　D.物流管理部门

(3) 物流信息系统的功能有（　　）。

A.数据检索　　　B.数据处理　　　C.数据分析　　　D.报告生成

3.简答题

(1) 事业式组织结构分为哪几部分？混合式组织结构分为哪几部分？

(2) 在企业组织结构设计中如何体现以客户为中心？

⇒ 综合应用 ⇒

☐ 案例分析

上海天地汇依托大数据驱动的线上线下平台，整合零散货源及运力，致力于为干线运输提质、降本、增效，重构中国公路物流的供给和组织方式，搭建物流生态圈，已成为中国领先的公路货运服务平台。目前平台物流企业会员6万多家，司机会员近70万，公司员工780人，是中国目前少数几家"双5A企业"之一（5A级网络货运企业和5A级道路运输企业）。公司拥有2件发明专利授权，131件软件著作权和41件商标。天地汇打造优质丰富的产品组合，有效解决了干线运输流程散乱、链条中各自为战等行业痛点，产品包括：天地优卡（数字网络货运）、天地快车（快车货运外包）、天地卡航（高级干线网络运输）、天地大票（零担拼货产品）、数智生态赋能服务等。

基于商业模式的创新实践，公司发展迅猛，成为互联网+物流创新实践的全国领军企业之一。

天地汇产品的服务品质全国领先，尤其是天地卡航服务产品，各项指标全国领先：具有省级干线近600条（全部1 000条左右），全行业的车挂比大约为1∶1.02，天地汇已经做到1∶1.7，达到了国际水平，平均为上游工商制造业、商贸流通业等货主企业显著降低16%~20%左右的物流成本；车辆平均月行驶里程从1.2万公里/月提升至2.65万公里/月，单车营业收入从平均8万元/月提升至14万元/月，服务准时率平均达90%（行业平均不足50%），货损货差率为0.23%，仅为行业平均2.6%的十分之一。

由于产品服务深受客户欢迎，公司收入发展迅猛，从2013年的196万元发展到2020年的104亿元。

资料来源　根据上海天地汇供应链科技有限公司网站资料整理。

问题：查找相关资料，分析上海天地汇经营模式的特点。

□ 实训题

1.近年来，电商聚焦物流竞速。大型电商企业纷纷开放物流平台，寻求业务合作和新利润增长点，自建或租赁物流仓储设施，加快在全国布局物流节点，物流服务网络逐步下沉，二、三线城市和中西部地区的物流网络建设加快。调查当地一家中型物流企业，描述并分析其实体网络结构。

2.为某B to C电商配送中心设计商品配送作业流程。

第4章
第三方物流市场拓展

学习目标

□ 知识目标：
  了解物流业务的开发流程；明确物流标书、合同、物流方案的内容结构。
□ 能力目标：
  掌握物流项目标书、合同、物流方案的撰写方法；具备物流业务的市场开发能力并能进行物流方案设计。
□ 素养目标
  培养学生不畏困难、开拓进取的精神。在物流合同关系达成过程中操作规范，行文严谨；方案设计专业务实，履行合同遵规守法，诚实守信。

4.1　第三方物流的市场开发战略

4.1.1　以客户需求为导向的物流市场开发战略

对第三方物流企业而言，有效的以客户需求为导向的物流市场开发，就是根据客户的特殊需求来相应调整自己的经营行为，提高企业的竞争力和顾客的满意度。它需要全面了解顾客的业务，理解顾客的需求和期望，测定顾客对支付服务的愿望。

1）了解客户物流服务需求

了解客户需求最直接且有效的操作方法是走访调查，提出一些定性的、开放式的问题，使顾客能灵活、准确地表达他们真正的需求。这类问题大致包括：

（1）什么对你最重要？

（2）哪些服务会在你的购买过程中起作用？你如何优先考虑这些方面？

（3）什么构成明显的高级和低级行为？

（4）什么层次的行为能促使你增加购买？有什么评价标准？什么层次的服务问题能减少你的购买或排除某个供应商？

（5）当前的业务是什么？

（6）本公司能满足你的要求吗？本公司的竞争对手呢？

（7）本公司怎样才能简化当前的作业？

（8）本公司做了什么不该做的事情？又有什么该做的事情没有做？

（9）本公司如何才能创造价值？

（10）本公司正在做什么你喜欢或重视的事情？本公司的竞争者呢？本公司应该如何更好地运作来满足你的需要？

随着物流服务市场竞争的加剧，客户的需求也会不断地变化，第三方物流企业必须根据不断变化的经营环境调整市场开发战略。

2）分析客户对第三方物流服务的关注点

（1）关注成本价值。客户希望通过与第三方物流公司的合作降低物流成本。

（2）关注服务能力价值。客户希望通过第三方物流公司的能力提高自身的服务水平。提高客户的满意度，才能提升企业信誉，促进企业的销售，提高利润率，从而提高企业市场占有率。

（3）关注资金价值。这类客户，一般资金不足或较重视资金的使用效率，不愿意自己在物流方面投入过多的人力和物力。针对这种需求，第三方物流公司要充分展现自己在物流方面的能力和投资潜力，提供可垫付货款或延长付款期限的物流服务项目。

物流需求企业如果利用第三方物流的运输、配送网络，通过其管理控制能力，可以提高客户响应速度，加快存货的流动周转，从而减少内部的安全库存量，降低企业的资金风险，或者把这种风险分散一部分给第三方物流公司来共同承担。

（4）关注复合价值。第三方物流服务可以将各相关企业的物流活动有机衔接起来，形成一种更为强大的供应链竞争优势，这是个别企业，特别是中小企业无法实现的功能。

4.1.2   以管理为中心的物流市场竞争战略

物流企业市场竞争战略主要有三种选择：一是成本领先战略；二是资源集中战略；三是差异化战略。这些竞争战略的核心在于加强企业的经营管理，提供高质量、低成本的物流服务。

1）成本领先战略

当企业与其竞争者提供相同的产品或服务时，只有想办法做到产品或服务的成本长期低于竞争对手，才能在市场竞争中最终取胜。在生产制造行业中，往往通过推行标准化生产、扩大生产规模来摊薄管理成本和资本投入，以获得成本上的竞争优势。而在第三方物流领域，则必须通过建立一个高效的物流操作平台来分摊管理成本和信息系统成本。在一个高效的物流操作平台上，当加入一个相同需求的客户时，其对固定成本的影响几乎可以忽略不计，自然具有成本竞争优势。成本领先战略适合实力强大的物流企业。一般来说，选择成本领先战略的企业需要发展相当规模的客户群来保障稳定的业务量，同时要具备先进、高效的物流服务网络。

互动课堂 4-1

分小组讨论，成本领先战略是否应成为企业市场竞争战略的首选？为什么？

2）资源集中战略

资源集中战略，就是把企业的注意力和资源集中在一个有限的领域，这主要是基于不同的领域在物流需求上会有所不同。第三方物流企业应该认真分析自身的优势所在及所处的外部环境，确定一个或几个重点领域，集中企业资源，打开业务突破口。在物流行业中，我们不难发现，BAX Global、EXEL等公司在高科技产品物流方面比较强，而马士基物流（Maersk Logistics）和美集物流（APLL）的优势则集中在出口物流方面，国内的中远物流的优势则集中在家电、汽车及项目物流等方面。资源集中战略也告诉我们，在国内企业对第三方物流普遍认可以前，第三方物流企业必须集中在那些较为现实的市场。应该强调的是，这种集中战略不仅仅指企业业务拓展方向集中，更需要企业在人力资源的招募和培训、组织架构的建立、相关运作资质的取得等方面的集中；否则，简单的集中只会造成市场机遇的错过和资源的浪费。

3）差异化战略

差异化战略，是指通过服务创新等手段为客户提供独特的服务，把自己和竞争对手的产品、服务或者替代产品区分开来，从而取得竞争优势的营销策略。采取这一战略的前提是具有特殊需求的客户能够形成足够的市场容量。起步晚的物流企业最好选择差异化战略。

在物流企业差异化战略的选择中，服务差异化和定位差异化是可供参考的两个基本思路。

其一，服务差异化是为客户提供与行业竞争对手不同的物流服务，强调与竞争对手不同，通过在服务内容、方式、质量等方面的改进和提高，第三方物流企业为客户提供创新性的物流服务。例如，在现有运输、仓储、装卸等物流服务主体功能的基础上再增加一些分包、联运、分销等增值服务就属于服务创新的范畴，而通过开展企业形象识别、提供独特的服务内容和提高服务质量等方法获得更多的客户和业务也属于服务差异化的范畴。通过客户需求和企业能力的匹配来确定企业定位，如医药行业对物流环节GMP标准的要求，化工行业对危险品物流的特殊需求。VMI管理带来的生产配送物流需求，给物流企业差异化服务提供了空间。

其二，定位差异化是指针对不同层次的客户提供不同的服务，强调客户的不同。一般来说，物流企业依据其差异化战略可以把客户分为三类：第一类是对企业贡献最大的前5%的客户；第二类是排名次之的15%的客户；第三类是其余的80%的客户。根据20/80法则，20%的客户创造了企业80%的利润。因此第一类和第二类客户对企业是最重要的，企业需要为其提供VIP服务或者会员制服务；第三类是相对次要的客户，企业可以为其提供标准化服务。

小词典

帕累托原理

帕累托原理（或帕累托法则、帕累托定律）又称20/80法则，是由19世纪意大利经济学家维尔弗雷德·帕累托（Vilfredo Pareto）提出来的。他对当时的社会财富分配问题进行深入研究后发现，社会财富的80%掌握在20%的人的手中，他把这些人称为"极其重要的少数"。只要知道这20%的人的行动，就可以掌握社会总行动的80%，即从20%的已知变量中，可推知另外80%的结果。

选择差异化战略要注意几个问题：首先，要仔细分析自己提供的特殊物流服务是否在市场上有相应的一批数量较大的特殊客户群体；其次，在促进战略目标实现的同时，要清醒地避免由此带来的各种风险。差异化战略可能会引起客户数量减少从而带来服务价格的提高，因此，要注意以优质的独特服务来降低客户的价格敏感性，以差异化独特性的深化来抵御替代产品的威胁从而维护顾客的忠诚，并通过差异化品牌的创建来集中和壮大顾客群，在企业效益提高的同时，可以实现单位服务成本和价格的下降。

4.1.3　以客户满意为目标的服务营销策略

1）服务营销渠道策略

服务营销渠道策略是指第三方物流企业选择采用何种营销渠道去销售现代物流服务的策略，具体包括三个方面：

（1）自行建立直销服务网络的策略。这种策略是第三方物流公司通过自己的电子商务网络或人员推销网络将现代物流服务直接销售给客户。根据对几个省份第三方物流企业的调查研究和分析，中国的第三方物流服务企业现在首选的营销渠道应该是自行建立直销服务网络的策略。因为我国的现代物流产业起步的时间短，许多客户对于第三方物流服务知之不多。在这种市场环境下，第三方物流企业只有通过采用人员上门直接推销或电子商务网络直接推销的方式和由近及远的策略，才能使第三方物流服务得以销售和推广，并最终实现开展全国和全球物流服务的目标。

（2）应用他人服务营销网络的策略。这种策略是通过他人的代理去销售自己的物流服务。

（3）营销战略联盟的策略。这种策略是通过与同业或其他行业的企业建立战略伙伴关系，共同推销双方的商品或服务，建立营销战略联盟，联合拓展市场，如第三方物流企业和工商企业互相介绍客户。

2）关系营销策略

关系营销策略，也叫"一对一"营销策略，是指通过吸引、开拓、维持和增进与顾客的服务关系，推动第三方物流服务营销的策略。这一营销策略包括开发潜在的客户使其逐步发展成为现实的客户，将现实的客户不断维持下去并进一步扩大其服务业务总量等工作。

关系营销策略应该是整个服务营销策略组合中的核心策略，因为采用这一营销策略可以使第三方物流服务企业与客户形成一种相互依存的关系，并通过这种依存关系实现长远的服务业务和销售。这一营销策略要求第三方物流服务企业全面关注客户的需求和利益，全面考虑客户的价值取向和消费偏好，强调对客户的服务承诺和服务质量的保障等。进入目标客户的供应链系统绝非易事，用户企业对物流供应商提供的服务的满意度至关重要，而关系营销正是解决物流企业针对用户企业的要求，向用户企业提供满意服务的有效方法。

对第三方物流服务企业而言，现阶段我国的第三方物流服务市场还处于创造需求和引导客户消费的阶段，在这一阶段中，第三方物流服务企业只有使用关系营销策略，才能够真正实现销售和营业推广。

3）服务促销策略

美国和欧洲一些国家的学者认为物流活动最大的作用并不在于为企业节约了支出，降低了成本或增加了利润，而在于提高了企业对用户的服务水平进而提高了企业的竞争能力。物流企业以其整体物流服务能力和水平来拓展市场。国内企业外购物流服务时，一般是先将运输、仓储等基本业务外包，在取得预期效果后，才考虑将更多的物流业务外包。物流服务水平的高低是物流企业能否赢得客户的关键。

总之，服务营销策略的实施需要在第三方物流服务企业中建立起服务意识和理念，对企业的高层管理人员、服务营销人员开展有关现代物流服务营销知识、方法与技能的培训。

互动课堂 4-2

在互联网时代的大环境下，物流市场开发与竞争方式多元化，企业如何提高市场竞争力？

4.2 第三方物流业务的开发和运作流程

4.2.1 第三方物流业务开发流程

第三方物流业务开发的流程如图 4-1 所示。

```
┌──────────┐    ┌──────────┐    ┌──────────┐    ┌──────────┐
│  商务沟通  │───→│  商业洽谈  │───→│  业务计划  │───→│  收集信息  │
└──────────┘    └──────────┘    └──────────┘    └─────┬────┘
                                                        │
                                                        ↓
┌──────────┐    ┌──────────┐    ┌──────────┐    ┌──────────┐
│  运行准备  │←───│  签订合同  │←───│  解决方案  │←───│  选承包商  │
└─────┬────┘    └──────────┘    └──────────┘    └──────────┘
      │
      ↓
┌──────────┐    ┌──────────┐    ┌──────────┐    ┌──────────┐
│  试运行   │───→│  正式运行  │───→│  客户反馈  │───→│  服务改进  │
└──────────┘    └──────────┘    └──────────┘    └──────────┘
```

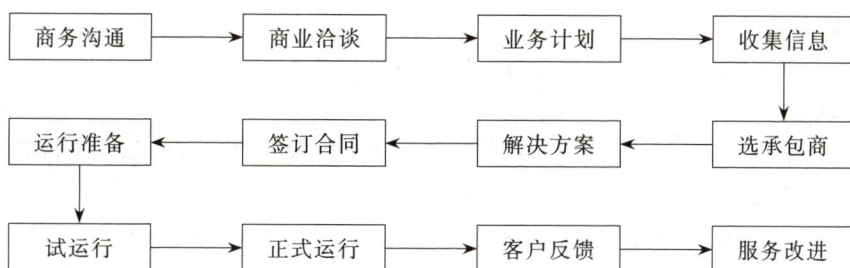

图4-1　第三方物流业务开发流程图

1）商务沟通

商务沟通是企业与潜在客户联系，获得商业机会的前提。商务沟通以企业主动沟通为主，也有客户主动的情况，具体方式有面谈、打电话以及发送传真、信件、电子邮件等。工作人员应注意沟通语言技巧、时间、频率。

2）商业洽谈

（1）时间、地点和人员选择：应体现出对客户的尊重。

（2）准备必需的文件：向客户提供企业相关资料，有针对性地展示企业优势和能力。

（3）记录和观察：记录谈话内容，分析客户心理和需求，并通过认真观察了解客户的真实动机。

（4）语言和行为：规范、礼貌、有涵养，给客户留下好印象。

3）业务计划

通过洽谈，当客户表示愿意接受企业提供的物流服务时，企业应当向客户提供一个初步的物流业务计划书，内容如下：公司简介、物流资源、技术条件、客户资源、业务设想、其他资料、费用方案。

4）收集信息

物流企业应当掌握足够的服务代理商或承包商的资源信息和价格信息，建立物流资源数据库，以满足客户需求；同时，有必要收集竞争对手的信息，以便在竞争中取得主动权。

5）选承包商

物流企业根据收集的物流资源信息确定承包商的备选方案，每个单项的承包项目必须选择两个以上的承包商作为备选。

6）解决方案

在客户对业务计划书的内容表示认可的条件下，物流企业应当就服务内容向客户提供更加详尽的报告，也称为解决方案。具体包括以下内容：业务流程、作业规则、网络建立、费用方案、成本分析、信息管理。

7）签订合同

物流合同包括与客户签订的合同和与代理商或承包商签订的合同。合同签订的步骤包括：由业务部门草拟合同的主要内容；由法务部门或法律顾问审核合同，必要时对合同进行公证。

8）运行准备

物流企业分别对客户和承包商进行实地考察和确认。

9）试运行

物流企业要协调自身与客户和承包商的行为，并及时对出现的问题进行调整。

10）正式运行

物流企业在处理试运行阶段发现的问题后，正式向客户提供稳定的物流服务。

11）客户反馈

客户反馈包括记录客户日常反馈、通过打电话的方式征求客户的意见、登门拜访、会议交流。

12）服务改进

服务改进包括优化业务流程、改善作业规则、优化网络结构、选择优质承包商、改进技术装备。

4.2.2 第三方物流业务运作流程

（1）公司市场部与客户谈判成功后签署物流服务合同。在谈判后期，需要由运营部、财务部、信息技术部和客户服务部共同参与相关物流方案以及服务承诺和规范的制定工作。

（2）以市场部为主签署物流服务合同后，由市场部根据谈判过程中客户的需求和物流公司的承诺，向运营部下达该客户的运作指南，向财务部下达结费指南，向信息技术部下达客户系统需求报告。

（3）信息技术部根据市场部下达的客户系统需求报告，在客户提供的专门IP地址开通系统接口，设置系统登录口令和密码，并向客户提交系统合作说明书。

（4）财务部根据市场部下达的结费指南，制定与客户衔接的收费目录、收费时间和收费标准计算方法，并按照物流服务合同的相应规定向客户收取物流运作服务费。此外财务部有责任在市场部收费方式建议下提高并改进收费技巧。同时，财务部还将根据物流公司租用的运作资源的使用结果，在运营部呈报的付费请示和付费清单的基础上，向提供运作资源支持的各个供应商支付资源使用费。由于这部分费用在大多数情况下已经由合同约定，财务部的工作更多的是对此予以审核，并参照资源成本控制指标进行核算。

（5）运营部根据市场部下达的运作指南，根据合同规定的物流服务范围和服务方式，制定详细的操作手册，并将操作手册下发给各具体执行操作的区域分销中心实施。该操作手册同时抄送资源成本部和客户服务部。

（6）资源成本部根据市场部引进客户的情况和运营部的运作需要，向运营部提供后备运作资源（如承运商、仓储业主、包装商等）的支持。资源成本部同时向运营部下达分项运作各环节的成本控制指标。由于物流运作的流动性较大，此成本控制指标也因地域、时间的不同而由资源成本部进行适时调整。

运营部应在一定时间（一般为30~45天）内，将运作结果的原始单据交回财务部。财务部根据资源成本部的成本控制指标和运作原始单据，经过审查后向各供应商支付设备使用费或其他物流服务费用。

（7）各区域分销中心统一接受运营部的运作指令，按照操作手册的规定，完成所属区域的物流操作服务。

（8）物流公司其他相关职能部门围绕业务工作需要，分别提供运作所需的后勤支持：人力资源部提供管理人员和现场操作人员；行政部提供办公设施和后勤辅助服务。

以上物流运作流程还有几个问题需要加以强调：

首先，客户物流运作需求订单的下达采取集中下单的方式完成，即客户只通过物流公司的物流管理信息系统或特定的传真号码向物流公司统一下达订单，而不是分别向不同的运作实施机构下达订单。

物流公司的运营部门作为全公司的运营管理指挥中心，其下设的订单组负责对客户下达订单的响应，即统一接受订单和处理订单，并根据物流运作方式和运作区域的不同，将订单分解成适合一个区域操作的运作指令，通过公司的物流管理信息系统将这些指令分别下达给区域分销中心予以执行。

其次，客户订单进入物流企业运作流程后，所有与客户的联系、沟通或接受和处理投诉，包括信息的反馈等均由客户服务部统一对外受理。客户服务部为每一位客户专门设立的客户服务专员是对客户服务和解释的唯一通道。

最后，在上述流程中尚未涉及信息的反馈和订单的流转。信息的反馈大致是与指令的下达过程反向来设计的：各分销中心将运作结果反馈给运营部，运营部将统计整理后的运作统计报表输入物流信息管理系统，财务部、客户服务部相关人员均可以得到这些数据，最后由客户服务专员定向提供给客户；订单的流转种类、数量和流转过程因客户的不同、物流运作形式和运作对象的不同差异会很大。

上述流程以物流企业有比较健全的管理体系和资料为基础。

4.3　第三方物流项目招标与投标

4.3.1　物流项目招标

1）招标的含义与分类

招标是由交易活动的发起方在一定范围内公布标的特征和部分交易条件，按照依法确定的规则和程序，对多个响应方提交的报价及方案进行评审，择优选择交易主体并确定全部交易条件的一种交易方式。招标按照竞争开放程度分为公开招标和邀请招标两种方式。

凡国有资金（含企事业单位）投资或国有资金投资控股或者占主导地位的建设项目必须公开招标。

《中华人民共和国招标投标法》是为了规范招标投标活动，保护国家利益、社会公共利益和招标投标活动当事人的合法权益，提高经济效益，保证项目质量制定的法律。1999 年 8 月 30 日第九届全国人民代表大会常务委员会第十一次会议通过，根据2017 年 12 月 27 日第十二届全国人民代表大会常务委员会第三十一次会议《关于修改〈中华人民共和国招标投标法〉、〈中华人民共和国计量法〉的决定》修正。

2）招标工作流程

招标工作流程如图4-2所示。

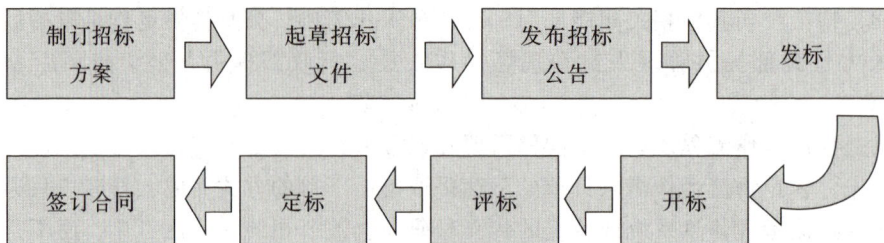

图4-2 招标工作流程

招标方案：招标人通过分析和掌握招标项目的技术、经济、管理的特征，以及招标项目的功能、规模、质量、价格、进度、服务等需求目标，依据有关法律法规、技术标准，结合市场竞争状况，针对招标组织实施工作的一次总体策划。招标方案包括合理确定招标组织形式、依法确定项目招标内容范围和选择招标方式等，是科学、规范、有效地组织实施招标采购工作的必要基础和主要依据。

招标文件：招标人结合招标项目需求的技术经济特点和招标方案确定要素、市场竞争状况，根据有关法律法规、标准文本编制招标文件。

发标：招标文件应按照投标邀请书或招标公告规定的时间、地点发布。

开标：招标人或其招标代理机构应按招标文件规定的时间、地点组织开标，邀请所有投标人代表参加，并通知监督部门，如实记录开标情况。

评标：招标人依法组建的评标委员会充分熟悉、掌握招标项目的需求特点，认真阅读研究招标文件及其相关技术资料，依据招标文件规定的评标方法、评标因素和标准、合同条款、技术规范等，对投标文件进行技术经济分析、比较和评审，向招标人提交书面评标报告并推荐中标候选人。

定标：招标人按照评标委员会提交的评标报告和推荐的中标候选人以及公示结果，根据法律法规和招标文件规定的定标原则确定中标人。

小案例4-1

恒安集团物流运输招标公告

恒安集团定于2017年9月29日对2017年第4季度至2018年第1季度福建晋江、安徽芜湖物流运输一次物流（干线运输）业务向社会公开招标。现就招标有关事宜予以公告，竭诚欢迎国内符合要求的物流服务供应商参加投标。

一、招标项目

本次招标项目为：①福建区域：晋江始发昆明、孝感电商仓和重庆电商仓；②电商供应链：晋江始发杭州电商经销商、南宁电商平台、武汉电商平台、广州电商平台；③华东区域：芜湖始发东北、孝感、河南、晋江一次物流运输承运权，承运期为半年，自2017年10月1日至2018年3月31日。

二、投标资格要求

1.投标企业注册资本：根据各区域运营中心要求。

2.具有相关物流企业营运资质并且无不良行为记录。

3.开具运输专用发票。

4.本次招标单个项目不接受多家供应商联合投标，否则无效。

5.招标方将对投标人资格进行审核，符合条件的方可参与投标。

三、招标相关事项说明

1.有意参与投标的企业请向我司区域运营中心人员报名，填写投标报名表，递交相关资格证明。报名时间：即日起至 2017 年 9 月 27 日 18：00。

2.招标地点：恒安集团总部（福建省晋江市安海镇恒安工业城）。

四、招标报名所需资料

1.企业简介、营业执照（三证合一）、运输许可证、增值税一般纳税人申请认定表等证照复印件（须加盖公章），授权委托书原件（范本请向投标方索取）。

2.参与投标的单位必须交纳投标保证金，中标者转入合同履行保证金，非中标者 7 个工作日内无息退还，如不按时交纳保证金，招标方有权拒绝其参与投标。

3.参与投标的单位必须对其所提供资料的完整性、真实性负责，如有弄虚作假，本公司有权拒绝其参与投标。

五、招标单位、联系人及联系电话

各区域运营中心供应链联系人如下：

电商供应链联系人：黄经理　电话：136********

福建区域（晋江基地）联系人：许经理　电话：138********

华东区域（合肥、芜湖基地）联系人：穆经理　电话：150********

恒安集团运营管理部
2017 年 9 月 22 日

资料来源　佚名恒安集团物流运输招标公告［EB/OL］．［2023-01-02］．http：//www.56bid.com/zhaobiao_detail.aspx？id=9235.

4.3.2　物流项目投标

投标是投标人应招标人特定或不特定的邀请，按照招标文件规定的要求，在规定的时间和地点主动向招标人递交投标文件并以中标为目的的行为。投标流程如图 4-3 所示。

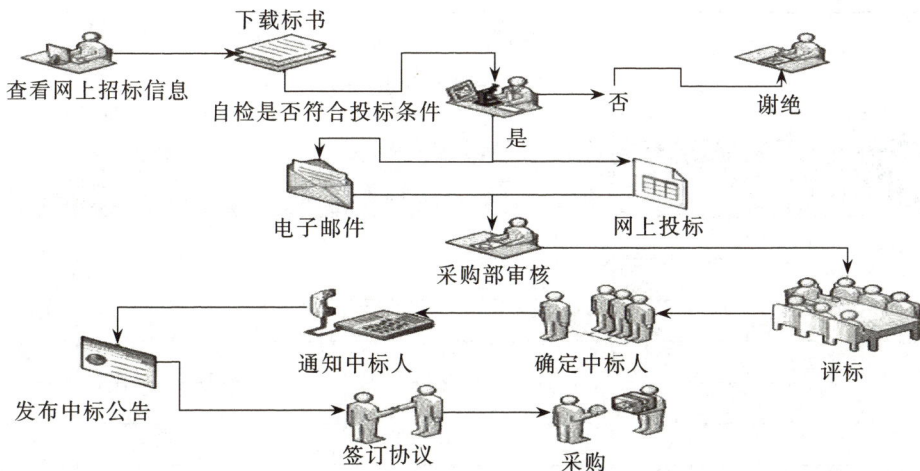

图 4-3　投标流程

1）物流项目投标书的撰写要求

（1）标准与规范。编制投标书应采用国家统一颁布的行业标准与规范，若采用国外的行业标准与规范，应将所采用的标准与规范译成中文，并在投标书中予以说明。

（2）表述方式。投标书的文字与图纸是投标者借以表达其意图的语言，必须能够准确地表达投标单位的投标方案，因此，简洁、明确、文法通畅、条理清楚成为投标书文字必须满足的基本要求。编制投标书时，切忌拐弯抹角、废话连篇、用词模棱两可，应尽量做到言简意赅，措辞准确达意，最大限度地减少招标单位的误解和可能会出现的争议。

图纸、表格相较文字在表达上更为直接和简单明了，但这同样要求其编写应做到前后一致、风格统一，符合招标文件的各种要求；最好能以索引查阅的方式将图纸、表格装订成册，并与标书中的文字表述融为一体。

（3）理论技巧。投标书的编写不仅应建立在投标目标明确、方案可行的基础之上，编写人员还应掌握与投标书内容相关的法律、技术和财务知识，以服务为出发点，综合运用心理学、运筹学、统计学等方面的理论和技巧。

（4）资料要求。投标文件应对招标文件的要求做出实质响应，其内容应符合招标文件的所有条款、条件和规定，且无重大偏离与保留。投标者应按照招标文件的要求提供投标文件，并保证所提供的全部资料的真实性，以使其投标文件满足招标文件的要求，否则，其投标将被拒绝。

2）物流货物运输投标书范本

附件1：

货物运输投标书-1

企业名称		法人代表	
企业地址		联系电话	
企业概况			
网络优势			
投标线路			
备注			

货物运输投标书-2

（_____公司投标价格）

起运地：济宁   建议按吨千米报价（元/吨千米）

线路	到达站	4~6吨（含）	6~8吨（含）	8~10吨（含）	10~15吨（含）	15吨以上（含）	到货期限

货物运输投标书-3

（＿＿＿＿＿公司投标价格）

起运地：济宁

区域	到达站	30件以内 （元/件）	30～70件以内 （元/件）	71件～2吨以内 （元/件）	2～4吨 （元/吨千米）	到货期限

附件2：

投标资格证明文件：营业执照、道路运输经营许可证等相关的资质证明复印件（以上证件在送达投标文件时，须出示原件）。

附件3：

投标单位车辆情况：单位车辆一览表（包括车型、核载质量、车厢长度、已使用年限等信息），全部车辆行驶证复印件，挂靠车辆还需附挂靠合同。

附件4：

鲁抗公司运输线路

（1）济宁—商丘—亳州—太和—阜阳—颍上—漯河—驻马店—信阳
（2）济宁—巨野—菏泽—开封—郑州
⋮

附件5：

运输里程呈报表

到达地		千米	运输时限	到达地		千米	运输时限
山东	济南			四川	成都		
	泰安				绵阳		
	莱芜			重庆			
	德州			广东	广州		
湖南	长沙				珠海		
	衡阳						

互动课堂4-3

谈谈物流企业依法招标、投标的重要性。

4.4　第三方物流合同范本与解释

4.4.1　物流合同

经过了招投标谈判，双方决定开始物流合作后，就需要签订第三方物流合同。

合同是平等主体的自然人、法人、其他组织之间设立、变更、终止民事权利义务关系的协议。

物流合同是指物流服务需求方与第三方物流经营人订立的，约定由物流经营人为物流服务需求方完成一定的物流行为，物流服务需求方支付相应报酬的合同。

物流作业的复杂性决定签订物流合同须审慎。原则上要注意：所签合同要合理、双赢；权责明确、条款清晰；经济、可行；风险预控，轻易不要订立那种没有除外责任，没有责任限额的条款。

在第三方物流的发展过程中，物流服务的提供者与使用者在有关合作、投资、承诺、退出合同的自由、保险等方面往往会产生一些合同范本。下面的合同范本是在实际中常用的，重点是与仓储有关的服务，第三方物流企业可以结合当地的法律与竞争环境、提供物流服务的种类、顾客的要求等因素，在实际签订合同时，参考应用有关条款。当然，范本中的有关条款，也可以结合物流公司的商务原则，形成物流公司的标准做法。

4.4.2　第三方物流服务合同范本

1）货物运输合同范本

订立合同双方：

托运方：

承运方：

托运方详细地址：

收货方详细地址：

根据国家有关运输规定，经过双方充分协商，特订立本合同，以便双方共同遵守。

第一条　货物名称：

规格：

数量：

价款：

第二条　包装要求：托运方必须按照国家主管机关规定的标准包装；没有统一规定包装标准的，应根据保证货物运输安全的原则进行包装，否则承运方有权拒绝承运。

第三条　货物起运地点＿＿＿＿＿＿＿＿＿

货物到达地点＿＿＿＿＿＿＿＿＿

第四条　货物承运日期＿＿＿＿＿＿＿＿＿

货物运到期限＿＿＿＿＿＿＿＿＿

第五条　运输质量及安全要求＿＿＿＿＿＿＿＿＿

第六条　货物装卸责任和方法＿＿＿＿＿＿＿＿＿

第七条　收货人领取货物及验收办法＿＿＿＿＿＿＿＿＿

第八条　运输费用结算方式＿＿＿＿＿＿＿＿＿

第九条　各方的权利和义务

一、托运方的权利和义务

1.托运方的权利：要求承运方按照合同规定的时间、地点，把货物运输到目的地。货物托运后，托运方需要变更到货地点或收货人，或者取消托运时，有权向承运方提出变更合同的内容或解除合同的要求，但必须在货物运到目的地之前通知承运方，并应按有关规定付给承运方所需费用。

2.托运方的义务：按约定向承运方交付运杂费用，否则，承运方有权停止运输，并要求对方支付违约金。托运方对托运的货物，应按照规定的标准进行包装，遵守有关危险品运输的规定，按照合同中规定的时间和数量交付托运货物。

二、承运方的权利和义务

1.承运方的权利：向托运方、收货方收取运杂费用。如果收货方不交或不按时交纳规定的各种运杂费用，承运方对其货物有扣押权。查不到收货人或收货人拒绝提取货物的，承运方应及时与托运方联系，在规定期限内负责保管并有权收取保管费用。对于超过规定期限仍无法交付的货物，承运方有权按有关规定予以处理。

2.承运方的义务：在合同规定的期限内，将货物运到指定的地点，按时向收货人发出货物到达的通知。对托运的货物要负责安全，保证货物无短缺、无损坏、无变质。如有上述问题，应承担赔偿义务。在货物到达以后，按规定的期限，负责保管。

三、收货人的权利和义务

1.收货人的权利：在货物运到指定地点后，收货人有以凭证领取货物的权利。必要时，收货人有权向到站或中途货物所在站提出变更到站或变更收货人的要求，并签订变更协议。

2.收货人的义务：在接到提货通知后，按时提取货物，缴清应付费用，超过规定期限提货时，应向承运人交付保管费。

第十条 违约责任

一、托运方责任

1.未按合同规定的时间和要求提供托运的货物，托运方应按其价值的_____%偿付给承运方违约金。

2.由于在普通货物中夹带、匿报危险货物，错报笨重货物重量等而导致吊具断裂、货物摔损、吊机倾翻、爆炸、腐蚀等事故的，托运方应承担赔偿责任。

3.由于货物包装缺陷产生破损，致使其他货物或运输工具、机械设备被污染腐蚀、损坏，造成人身伤亡的，托运方应承担赔偿责任。

4.在托运方专用线或在港、站公用线以及专用铁道自装的货物，在到站卸货时，发现货物损坏、缺少，在车辆施封完好或无异状的情况下，托运方应赔偿收货人的损失。

5.罐车发运货物，因未随车附带规格质量证明或化验报告，造成收货方无法卸货时，托运方应偿付承运方卸车等费用及违约金。

二、承运方责任

1.不按合同规定的时间和要求配车（船）发运的，承运方应偿付托运方违约金_____元。

2.承运方如将货物发错到货地点或接货人，应无偿运至合同规定的到货地点或接货人处。如果货物逾期到达，承运方应偿付逾期交货的违约金。

3.在运输过程中货物灭失、短少、变质、污染、损坏的，承运方应按货物的实际损失（包括包装费、运杂费）赔偿托运方。

4.联运的货物发生灭失、短少、变质、污染、损坏，应由承运方承担赔偿责任的，由终点阶段的承运方向负有责任的其他承运方追偿。

5.在符合法律和合同规定条件下的运输，由于下列原因造成货物灭失、短少、变质、污染、损坏的，承运方不承担违约责任：

①不可抗力；

②货物本身的自然属性；

③货物的合理损耗；

④托运或收货方本身的过错。

本合同正本一式两份，合同双方各执一份，合同副本一式_____份，送_____等单位各留一份。

托运方：_____   承运方：_____

代表人：_____   代表人：_____

地址：_____   地址：_____

电话：_____   电话：_____

开户银行：_____   开户银行：_____

账号：_____   账号：_____

_____年____月____日

2）货物仓储合同范本

存货方：   住所：

保管方：   住所：

签订地点：

签订时间：   年   月   日

根据《中华人民共和国民法典》和《仓储保管合同实施细则》的有关规定，存货方和保管方根据委托储存计划和仓储容量，经双方协商一致，签订本合同。

第一条 储存货物的品名、品种、规格、数量、质量、包装

1.品名：

2.品种、规格：

3.数量：

4.质量：

5.包装：

第二条 货物验收的内容、标准、方法、时间、资料

第三条　货物保管条件和保管要求

第四条　货物入库和出库手续、时间、地点、运输方式

第五条　货物的损耗标准和损耗处理

第六条　计费项目、标准和结算方式

第七条　违约责任

1.保管方的责任

（1）在货物保管期间，未按合同规定的储存条件和保管要求保管货物，造成货物灭失、短少、变质、污染、损坏的，应承担赔偿责任。

（2）对于危险物品和易腐物品等未按国家和合同规定的要求操作、储存，造成毁损的，应承担赔偿责任。

（3）由于保管方的责任，造成退仓不能入库时，应按合同的规定，赔偿存货方运费并支付违约金_____元。

（4）由保管方负责发运的货物，不能按期发货，应赔偿存货方逾期交货的损失；发错到货地点，除按合同规定无偿运到规定的到货地点外，还应赔偿存货方因此而造成的实际损失。

（5）其他约定责任。

2.存货方的责任

（1）由于存货方的责任造成退仓不能入库时，存货方应偿付相当于相应保管费_____%的违约金。超议定储存量储存的，存货方除交纳保管费外，还应向保管方偿付违约金_____元，或按双方协议办理。

（2）易燃、易爆、易渗漏、有毒等危险货物以及易腐、超限等特殊货物，必须在合同中注明，并向保管方提供必要的保管运输技术资料，否则造成货物毁损、仓库毁损或人身伤亡的，由存货方承担赔偿责任甚至刑事责任。

（3）货物临近失效期或有异状的，在保管方通知后存货方未及时处理，造成的损失由存货方承担。

（4）未按国家或合同规定的标准和要求对储存货物进行必要的包装，造成货物损坏、变质的，由存货方负责。

（5）存货方已通知出库或合同期已到，由于存货方（含用户）的原因致使货物不能如期出库，存货方除按合同的规定交付保管费用外，还应偿付违约金_____元。由于出库凭证或调拨凭证上的差错所造成的损失，由存货方负责。

（6）按合同规定由保管方代运的货物，存货方未按合同的规定及时提供包装材料或未按规定期限变更货物的运输方式、到站、接货人的，应承担延期的责任和增加的有关费用。

（7）其他约定责任：_____

第八条　保管期限

从_____年_____月_____日起到_____年_____月_____日止。

第九条　变更和解除合同的期限

由于不可抗力事故，致使直接影响合同的履行或者不能按约定的条件履行时，遇有不可抗力事故的一方，应立即将事故情况通知对方，并应在＿＿＿＿＿＿天内，提供事故详情及合同不能履行，或者部分不能履行，或者需要延期履行的理由的有效证明文件，此项证明文件应由事故发生地区的＿＿＿＿＿＿（机构）出具。按照事故对履行合同影响的程序，由双方协商决定是否解除合同，或者部分免除履行合同的责任，或者延期履行合同。

第十条　解决合同纠纷的方式

执行本合同发生争议时，由当事人双方协商解决。协商不成的，双方同意由仲裁委员会仲裁（当事人双方不在本合同中约定仲裁机构，事后又没有达成书面仲裁协议的，可向人民法院起诉）。

第十一条　货物商检、验收、包装、保险、运输等其他约定事项

第十二条　本合同未尽事宜，一律按《中华人民共和国民法典》和《仓储保管合同实施细则》执行

执行存货方（章）：　　　　　　　　保管方（章）：

地址：　　　　　　　　　　　　　　地址：

法定代表人：　　　　　　　　　　　法定代表人：

委托代理人：　　　　　　　　　　　委托代理人：

电话：　　　　　　　　　　　　　　电话：

开户银行：　　　　　　　　　　　　开户银行：

账号：　　　　　　　　　　　　　　账号：

邮政编码：　　　　　　　　　　　　邮政编码：

有效期限：　　　年　　月　　日至　　　年　　月　　日

3）货物联合运输合同范本

甲方：柳州铁路旅行服务有限公司海口分公司（以下简称海口分公司）

乙方：海南邮政物流有限责任公司（以下简称物流公司）

丙方：柳州铁路局湛江站行包房（以下简称行包房）

甲方详细地址：

乙方详细地址：

丙方详细地址：

根据《中华人民共和国民法典》及有关运输规定，经过三方充分协商，特订立本合同，以便共同遵守。

第一条　运输货物（名称、规格、数量等）

严禁运输国家禁运的易燃、易爆等物品。其中行李包裹每件的重量不能超过50千克，超过时，须征得各方同意。

第二条　包装要求

甲方必须按照国家主管机关规定的标准包装货物，没有统一规定包装标准的，

应根据保证货物运输安全的原则进行包装，否则乙方有权拒绝运输。

第三条　业务范围

联合受理海口—湛江—全国各铁路运营站行李包裹的承运发送。

第四条　合作期限一年，从____年__月__日到____年__月__日。

第五条　费用的收取、结算方式

1.铁路区段的收费根据铁路的收费标准执行，行包进款根据旬报由海口分公司每旬向柳州铁路局汇款一次，列入湛江站行包房收入。湛江站行包房行李包裹装卸费每月按行包票实际件数计算，每月月底结账，海口分公司按时向湛江站交款。同时，每月月底海口分公司须将行包件数及行包收入额度报湛江站行包房。

2.物流公司从海口送往湛江的行李包裹，每吨税前分配运输包干费用为贰佰捌拾元整（280元），轻浮货物另行定价。

3.所产生的费用由海口分公司与各联运方分别清算。物流公司运输包干费，每月按签收清单的实际吨位计算，于次月2日前结账，结账5日内划账完毕（节假日顺延）。物流公司收到款后，及时开具发票返海口分公司。

第六条　各方的权利和义务

（一）海口分公司的权利和义务

1.权利。要求物流公司按规定的时间、地点将货物送到目的地（丙方）。

2.义务。

（1）全面负责联运全过程的统一协调工作，负责在海口市龙昆北路25号设立行李包裹快运处，办理行李包裹的承运、核算、制票、收费、检查品名及包装情况（严禁办理国家禁运、易燃、易爆物品）。凡发送给乙方的行李包裹，必须足额办理保险运输，并在18：00点之前发送至乙方大院。

（2）遇行包量大或余载不足时，必须向物流公司提前预报运量并分单、分批量运输。物流公司余载无法满足需要时，自行设法解决运输问题。

（3）将所需发送的行李包裹列出发送清单（一式三联），票据密封，交给物流公司。物流公司根据发送清单按票逐件核对行李包裹及密封票据，确认无误后在清单上签收，清单第一联留海口分公司存查，剩余联交物流公司。

（二）物流公司的权利和义务

1.权利。向海口分公司收取运输费用。

2.义务。利用邮车余载承运行李包裹。负责海口分公司转运至邮政物流公司仓库的行李包裹的搬运、装卸，建立台账，连同票据清单，在规定时限内运至湛江火车站行包房交接。

（三）行包房的权利和义务

1.权利。与海口分公司结算收费。

2.义务。

（1）湛江站行包房根据发送清单逐件核对行李包裹及密封票据，确认无误后，在清单上签收，清单第二联留邮政物流公司存查，剩余联交湛江站行包房。

（2）负责湛江站内行李包裹的搬运、装卸，然后将清单、发送货票、发送的行李包裹重新核对无误后组织铁路发送到全国各铁路运营站。发送的程序及规定参照铁路行李包裹的发送办法执行。

第七条　违约责任

（一）海口分公司责任

1.由于在货物中夹带、匿报危险货物及错报重量等招致货物摔损、爆炸、腐蚀等事故，造成人身伤亡的，应承担由此造成的一切损失。

2.由于货物包装缺陷产生破损，致使其他货物或运输工具被污染腐蚀、损坏的，应承担赔偿责任。

（二）物流公司责任

1.不按合同规定的时间和要求配车发运的，应偿付海口分公司违约金＿＿＿元。

2.运输过程中由于物流公司的原因造成货物灭失、短少、变质、污染、损坏的，承运方应按货物的实际损失（包括包装费、运杂费）赔偿。其中货物价值每件在500元及500元以下的，连同包装重量每千克不超过2.8元。每件在500元以上的，连同包装重量每千克不超过5.0元。

3.在符合法律和合同规定条件下的运输，由于下列原因造成货物灭失、短少、变质、污染、损坏的，物流公司不承担违约责任：

（1）不可抗力；

（2）货物本身的自然属性；

（3）货物的合理损耗；

（4）托运方或收货方本身的过错。

（三）行包房责任

按时提取货物，超过规定期限提货时，应向承运人交付保管费用。

本合同如有未尽事宜，应由双方共同协商处理。协商不成，可诉诸法院解决。

本合同正本一式三份，合同三方各执一份。

甲　方：柳州铁路旅行服务有限公司海口分公司

代表人：

地　　址：

电　　话：

开户银行：

账　　号：

乙　方：海南邮政物流有限责任公司

代表人：

地　　址：

电　　话：

开户银行：

账　　号：

丙　　方：柳州铁路局湛江站行包房

代表人：

地　　址：

电　　话：

开户银行：

账　　号：

20××年××月××日

互动课堂4-4

有人称第三方物流为"合同物流"，谈谈你的看法。

4.5　第三方物流方案的编制

4.5.1　物流策划与物流方案

物流策划是针对涉及物流的事务，在考虑现有资源的情况下，通过分析和研究，激发创意，制订出具体实施计划或方案的思维及创意实施，以求取得最佳效果的创造性策划活动。

物流策划是一个过程，它是为实现某一目标，在对现实和潜在资源充分把握的基础上，将各种最优资源有机地整合在一起，为决策者提供最好的利润和最佳方案，创造出最佳效益。

物流方案是物流企业或物流咨询公司根据客户物流需求，在策划的基础上向客户提供的可实施的个性化方案。

1）物流方案分类

（1）按客户需求，物流方案可分为物流信息系统方案、物流配送方案、物流管理方案、全程的物流方案（一体化物流）等。

（2）按物流对象所属行业不同，物流方案可分为家电物流方案、汽车物流方案、零售业物流方案、会展物流方案、化工品物流方案等。

2）物流方案的编制准备

一个完整而规范的物流方案对物流企业和客户是同样重要的。作为第三方物流企业，应做好下列方案的编制准备工作：

（1）与客户进行初步的接触和谈判，基本掌握客户的生产、销售及物流现状等相关数据和信息。特别是要了解货物物理性质和化学性质、货物价值、货物包装方式、货物市场季节供应等情况，进行物流货源分析。

（2）就方案的基本思想和主要内容征询运营部、财务部、信息技术部和客户服务部等部门的意见。

（3）明确方案的编制部门和人员、版本级别、保密等级、存档部门、发放范围等。

4.5.2　物流方案设计

1）封面设计

封面设计的内容包括：注明方案名称、客户名称及客户品牌标志；注明该物流方案的版本等级、保密等级；右上角用方框注明"仅供××公司（客户名称）使用"；加盖物流方案专用章。

2）扉页

以物流企业市场总监的名义，向客户相关负责人致简短的函，内容包括：表明物流公司的合作意向，正式向客户提交物流方案，落款为物流企业总经理或市场总监的亲笔签名。

3）物流公司简介

物流公司简介的内容包括：物流公司基本情况介绍，如物质资源、人力资源、经营理念、策略等；物流公司资质介绍，如各种营运许可证、质量认证等；物流公司的主要业绩，如主要物流客户、客户评价等；物流公司的核心能力。

4）客户物流方案设计

客户物流方案设计的内容包括：客户物流现状及存在的主要问题分析；物流公司拟建议的物流方案；物流公司具备的运作保证体系，如有效的资源整合方式、高科技的物流信息管理系统、服务内容和质量、成本控制、投诉处理反馈、客户回访制度等；运作效果分析，重点论述物流公司物流建议方案的可行性和优越性，如应提供相关效益测算数据。

5）物流公司承接物流业务的方案报价

物流公司承接物流业务的方案报价的内容包括：先期明确报价的形式和内容，如按客户销售额的一定比例报价、按分项的物流业务报价，或按总体承包形式报价；详细注明报价的计算基础和测算依据及相关的基础数据；以表格形式详细列明报价细目；附加报价应以另行格式标注，如保险价、自然损失价格等；必要的解释和说明。

6）工作进度安排

在工作进度安排中，主要明确物流公司对执行该方案的时间安排建议（以表格形式为好）；落实每一步骤及相关的责任人。

7）有关项目双方联络小组的建立

明确而详细地告诉客户物流公司承接此项目的负责部门、负责人、联系人、联系方式（以表格形式为好）。

8）附件——物流合同范本

提交物流公司草拟的物流服务合同范本，可以是综合物流合同，也可以是分项的运输或仓储合同（提交的合同范本应是公司认同的，并经过公司法律顾问审查的）。

9）其他

其他内容包括：方案包装应统一；物流方案与公司各类文件包装及形式应统一；参照国际流行编排形式，注重细节和外观；方案不同部分均应独立成页，整体设计整齐、规范。

4.5.3　第三方物流方案的设计过程

第三方物流方案的设计过程如图4-4所示。

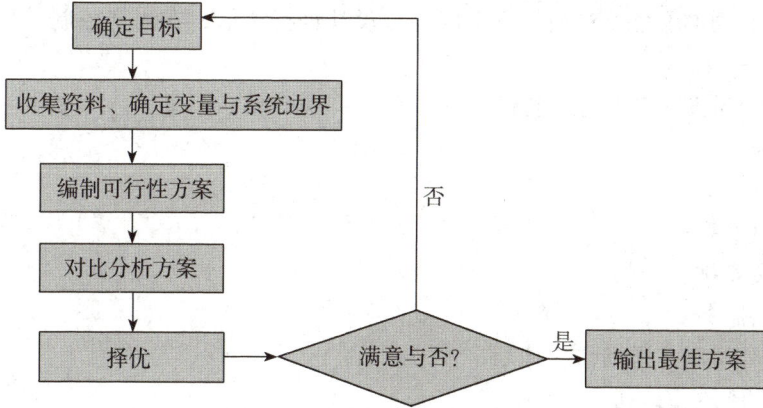

图4-4　第三方物流方案的设计过程

这里以某第三方物流公司（L公司）与某制造企业（Q公司）洽谈物流服务合同的过程为例，说明物流服务方案的一般设计过程。

（1）Q公司与L公司达成物流项目目标。

（2）Q公司与L公司共同为物流设计提供基础信息。

① 制造数据；

② 零部件数据；

③ 包装信息；

④ 生产数据；

⑤ 成本数据；

⑥ 其他。

（3）Q公司与L公司确认数据，并对用于设计过程的特殊变量达成共识。

（4）L公司的管理层根据上述信息与数据，用L公司的资源设计出几套方案。

（5）Q公司与L公司审阅并根据下列要求修改设计：

① 收货路线；

② 收货顺序；

③ 时间计划；

④ 运费和运行距离；

⑤ 装货规则；

⑥ 货物堆放规则；

⑦ 现场外的存储需要；

⑧ 排序与计量；

⑨ 托盘回收；

⑩ 其他。

（6）L公司提交下列系统报告：

① 物流作业目标；

②线路计划；

③设备使用表；

④其他。

（7）Q公司与L公司对最初可选的物流设计进行评估，在生产控制、物流和采购等方面达成一致。

（8）L公司投入资源进行物流设计：

①拖挂车；

②栏杆；

③司机安排；

④人员安排；

⑤购买服务。

（9）L公司制订详细作业计划：

①每一条线路计划；

②交接计划；

③原材料物流与销售物流集运中心，标准工作程序。

（10）L公司提供各种方案的价格比较，包括资金需求。

（11）L公司获得Q公司的最后认可，编制实施时间表。

（12）L公司通知所有参与物流系统实施的部门，组成工作组，实施计划。

互动课堂4-5

以小组为单位，谈一谈物流方案设计过程中与客户充分沟通的必要性。

物流人物专栏

2020年11月24日，全国劳动模范和先进工作者表彰大会在北京人民大会堂隆重召开，来自京东物流的快递小哥宋学文作为2020年全国劳动模范受邀参会。

全国劳动模范和先进工作者五年评选表彰一次，代表着我国劳动工作者的最高荣誉。宋学文在京东物流工作的近10年时间里，行走超过32万千米、配送包裹30万件，零误差、无投诉、无安全事故，在平凡的岗位上十年如一日，把每天寄送快递做成了一门"学问"，用"有速度更有温度"的服务初心，赢得了所有他服务的消费者的尊重。

资料来源　央广网.中国劳动者最高荣誉，京东快递小哥宋学文当选2020年全国劳模〔EB/OL〕.〔2020-12-15〕. https://www.sohu.com/a/434071349_711292.

基本训练

□ 知识题

1.单项选择题

（1）投标保证金和履约保证金相衔接，有效期要（　　　）。

A.长于标书有效期　　　　　　　　B.短于标书有效期

C.等于标书有效期　　　　　　　　D.以上均可

（2）根据《中华人民共和国民法典》的规定，数据电文（包括电报、电传、传真、电子数据交换和电子邮件）属于合同的（　　）形式。

A.书面　　　　　　B.数据电子　　　　　C.口头　　　　　　D.其他

（3）为客户提供以合同为约束，以结盟为基础的系列化、个性化、信息化物流代理服务的是（　　）。

A.第四方物流　　　B.第三方物流　　　C.自营物流　　　D.外包物流

2.多项选择题

（1）招标按标的物的不同划分，可分为（　　）三大类。

A.货物　　　　　　B.工程　　　　　　C.服务　　　　　　D.物流

（2）投标保证文件是投标有效的必检文件，保证文件一般采用（　　）三种形式。

A.支票　　　　　　B.投标保证金　　　C.银行保函　　　D.担保人担保

（3）物流合同当事人之间的权利、义务关系要受到（　　）等不同法律的保护和约束。

A.《中华人民共和国民法典》　　　　　B.《中华人民共和国海商法》

C.《中华人民共和国铁路法》　　　　　D.《中华人民共和国民用航空法》

3.简答题

（1）投标书的撰写要求有哪些？

（2）物流合同的主要条款有哪些？

（3）简述物流方案的分类。

综合应用

□ 案例分析

2017年3月吴×与经营亚轩冷库的王×签署仓储合同，2017年3月5日吴×存入库149袋冷冻白条鸡。双方提交的出入库明细显示，2017年3月14日至2017年9月7日，吴×委托案外人多次到冷库提货，共提货71袋，余78袋，王×将剩余的冷冻白条鸡转卖给他人。吴×向一审法院起诉，庭审过程中，原、被告双方均认可，每袋冷冻鸡按照平均43斤、每斤6元的标准计算价值。一审判决：被告王×于本判决生效之日起十日内向原告吴×支付冷冻白条鸡的损失人民币20 124元……

2018年9月，王×上诉：吴×提货时把其他客户的冷藏白条鸡提走，在没有办法的情况下，其将吴×留置的货物出售，赔偿了第三方客户。但二审期间，双方当事人均未提交新证据。

问题：一审法院判决的相关法律依据是什么？如果你是二审法官，会如何判决？为什么？

□ 实训题

根据本章小案例栏目中的"恒安集团物流运输招标公告"为某运输公司起草投标书。

第5章
第三方物流企业运作模式

学习目标

☐ 知识目标：

了解物流一体化、物流企业联盟、物流连锁经营、轻资产运营的含义。

☐ 能力目标：

掌握物流企业联盟、连锁经营、轻资产运营的操作方法。具备根据企业条件及市场状况进行企业运作策划管理的能力。

☐ 素养目标

培养学生统筹管理及创新意识，在整合利用企业资源与社会资源的运作中体现合作双赢、低碳环保的理念，践行企业的社会责任。

5.1　物流一体化

5.1.1　物流一体化的含义

物流一体化（Integrated Logistics），是为了满足客户的价值需求，使产品或劳务从生产企业，经由物流企业、销售企业，直至消费者的供应或传递过程的整体化和系统化。

根据美国物流管理协会（Council of Logistics Management，CLM）的定义，物流一体化是运用综合、系统的观点将从原材料供应到产成品分发的整个供应链作为单一的流程，对构成供应链的所有功能（Function）进行统一管理，而不是分别对各个功能进行管理。

物流一体化是物流产业化的发展形式，它必须以第三方物流充分发育和完善为基础。物流一体化的实质是一个物流管理的问题，即专业化物流管理人员和技术人员，充分利用专业化物流设备、设施，发挥专业化物流运作的管理经验，以取得整体最优的效果。同时，物流一体化的趋势为第三方物流的发展提供了良好的发展环境和巨大的市场需求。

5.1.2　物流一体化的形式

物流一体化（或一体化物流）包括三种形式：垂直一体化物流、水平一体化物流和物流网络。在三种一体化物流形式中，目前研究最多、应用最广泛的是垂直一体化物流。

（1）垂直一体化物流要求企业将提供产品或运输服务等的供货商和用户纳入管理范围，并作为物流管理的一项中心内容。垂直一体化物流要求企业从原材料到用户的每个过程都实现对物流的管理；要求企业利用自身条件建立和发展与供货商和用户的合作关系，形成联合力量，赢得竞争优势。垂直一体化物流的设想为解决复杂的物流问题提供了方便，而雄厚的物质技术基础、先进的管理方法和通信技术又使这一设想成为现实，并在此基础上继续发展。

供应链是对垂直一体化物流的延伸，是从系统的观点出发，通过对从原料、半成品和成品的生产、供应、销售直到最终消费者的整个过程中，物流与资金流、信息流的协调，来满足顾客的需要。供应链扩大了原有的物流系统，它不但延长了传统垂直一体化物流的长度，而且超越了物流本身，充分考虑了整个物流过程及影响此过程的各种环境因素。它向着物流、信息流、资金流等各个方向同时发展，形成了一套相对独立而又完整的体系。

（2）水平一体化物流是指通过同一行业中的多个企业在物流方面的合作而获得规模经济效益和物流效率。例如，不同的企业可以用同样的装运方式进行不同类型商品的共同运输。当物流范围相近，而在某个时间内的物流量较少时，几个企业同时分别进行物流操作显然不经济，于是就出现了一个企业在装运本企业商品的同时，也装运其他企业商品的现象。从企业经济效益上看，它降低了企业物流成本；从社会效益上看，它减少了社会物流过程的重复劳动。显然，不同商品的物流过程不仅在空间上是矛盾的，在时间上也是有差别的。要解决这些矛盾和差别，就必须依靠掌握大量物流需求和物流供应信息的信息中心。此外，实现水平一体化的另一个重要条件，就是要有大量的企业参与并且有大量的商品存在，这时企业间的合作才能提高物流效益。当然，产品配送方式的集成化和标准化等问题也是不能忽视的。

（3）物流网络是垂直一体化物流与水平一体化物流的综合体。当一体化物流的每个环节同时又是其他一体化物流系统的组成部分时，以物流为联结的企业关系就会形成一个网络关系，即物流网络。这是一个开放的系统，企业可自由加入或退出，尤其在业务最忙的季节最有可能利用到这个系统。物流网络能发挥规模经济作用的条件就是一体化、标准化、模块化。实现物流网络首先要有一批优质物流企业率先与生产企业结成共享市场的同盟，进而分享更大份额的利润。同时，优势物流企业要与中小型物流企业结成市场开拓的同盟，利用相对稳定和完整的营销体系，帮助生产企业开拓销售市场。这样，竞争对手成了同盟军，物流网络就成为一个生产企业和物流企业多方位、纵横交叉、互相渗透的协作有机体。此外，由于先进信息技术的应用，当加入物流网络的企业增多时，物流网络的规模效益就会显现出来，整个社会的物流成本会由此大幅度下降。

5.1.3　物流一体化的层次

物流一体化分为三个层次：物流功能一体化、微观物流一体化和宏观物流一体化。

（1）物流功能一体化是指将运输、仓储、配送、信息管理等各物流活动要素作为一个整体，进行整合、协调与系统化运作。

（2）微观物流一体化是物流企业提高竞争优势，将主体物流业务延展的企业发展战略。顺丰云仓、EMS云仓等由物流快递企业所建立的云仓，就是为了实现仓配一体化。

（3）宏观物流一体化是物流业发展到一定水平，为实现规模效益，将国内外物流资源进行充分整合，形成完整高效的社会物流网络。

一体化物流服务（Integrated Logistics Service）是根据客户需求对物流项目进行全过程、多功能的服务。

物流一体化的基本特征是：物流业高度发达，物流系统完善，物流业成为社会生产链的领导者和协调者，能够为社会提供全方位的物流服务。

与传统物流单一的功能性服务方式相比，一体化物流在服务方式上更具灵活性、长期性和交互性。第三方物流以一体化物流服务为发展方向，不是单纯提供运输、仓储、配送等多个功能性物流服务的组合，扮演物流参与者角色，而是将多个物流功能进行整合，对客户物流运作进行总体设计和管理，扮演的是物流责任人的角色。

例如，京东云仓是京东物流向商家和物流企业开放的第三方物流供应链服务平台，以区域化中小物流企业为主体，为其输出技术、标准和品牌，为合作伙伴提供"仓、运、配"一体化合作共赢模式。

5.2　第三方物流企业战略联盟

视频 5-1
物流联盟

　　美国管理学家彼得·德鲁克在 1995 年指出：工商业正在发生的最伟大的变革，不是以所有权为基础的企业关系的出现，而是以合作伙伴关系为基础的企业关系的加速发展。21 世纪的企业有别于 20 世纪的企业的根本之处，就是用"网状的、相互依存的"公司替代"纵向一体化"型的企业，用开放性、适应性和整体性意识进行管理。如果竞争能带来活力与效率的话，那么合作则会带来和谐与效率。这种合作是两个或两个以上的经济组织为实现特定的物流目标而采取的长期联合与合作。

5.2.1　物流联盟的定义和分类

1）第三方物流企业战略联盟的定义

　　（1）企业联盟，从资源集合体的角度界定，是指参与企业根据各自已有资源的异质性，本着互利互惠的原则，结合资源的互补性，追求共同利益的行为。

　　（2）物流联盟（Logistics Alliance），是以物流为合作基础的企业战略联盟，它是指两个或多个企业之间，为了实现自己的物流战略目标，通过各种协议、契约而结成的优势互补、风险共担、利益共享的松散型网络组织。

　　物流联盟通过统一系统、统一结算、统一品牌、统一服务、统一产品、统一管理，力图使作为整体的系统产生更高的效率。例如，2023 年 5 月，在江苏南通召开的危险品运输企业行业沟通会议上，福建胖虎物流有限公司、江苏桐宇运输有限公司、广州本洪物流有限公司等物流企业决定共同组成物流联盟，千城联盟由此诞生。

小资料 5-1

　　2020 年 6 月 23 日，传化物流联盟正式起网，联盟从成都、青岛、深圳、苏州、杭州五城起网，聚合全国 18 个核心城市大专线。以青岛传化物流联盟为例，目前联盟已经吸纳 20 多家优质专线企业，以区域网络共建、统一揽收供应链业务等形式，提升了前端揽收能力、平台整合溢价能力；末端落地配送集约化整合；联盟系统实现一单到底，系统统一结算支付并自动形成数据报表统计；联盟成员凭借前期系统业务数据记录，还可向平台申请 20 万～500 万元有竞争力的传化金融服务，增加企业资金流。

　　资料来源　中国经济网. 传化物流联盟今日正式起网 [EB/OL]. (2018-06-23). http://www.ce.cn/xwzx/gnsz/gdxw/201806/23/t20180623_29511676.shtml.

2）第三方物流企业战略联盟的分类

　　第三方物流企业战略联盟包括多种形式，既包括强强对等企业之间的合作，也包括强弱企业、弱弱企业之间的合作；既包括非股权参与型的松散合作，也包括股权参与型的紧密合作；既有长期稳定的战略联盟，也有临时动态的物流联盟。按联盟内各企业的业务构成分为以下合作方式。

　　（1）纵向合作经营。纵向合作经营是指物流业务系统中的第三方物流企业，因不存在同类业务的市场竞争，而与上游或下游第三方物流企业之间形成的分工合作关系。纵向合作经营的基础是物流业务互补前提下的资源共享。纵向合作经营最典型的模式是专门从事运输业务的企业与专门从事仓储业务的物流企业之间的合作。纵向合作经营使社会物流资源得以整合，第三方物流企业分工更专业化。

（2）横向合作经营。横向合作经营是指彼此相互独立地从事相同物流业务的第三方物流企业之间的合作经营关系。横向合作经营的基础是地域市场划分前提下的资源共享。

（3）网络化合作经营。网络化合作经营是指物流企业间既有纵向合作也有横向合作的全方位合作经营模式。网络化合作经营有着纵向和横向合作各自的特点，是最常见的合作经营方式，一般不完全资产型第三方物流企业都采用这种合作方式。

5.2.2　物流企业联盟的优势、风险与对策

1）物流企业联盟的优势

（1）市场共享。企业之间的竞争主要体现在对市场的竞争，一旦同业竞争者为了整体的竞争力，按各企业特点合理地进行市场划分，实现资源互补，合作体内每个企业独立开发的市场便是合作体内所有企业的市场。这是因为，合作经营使这部分市场中的自由竞争被按区域或业务能力合理划分所代替，合作体内的企业所获得的利润高于自由竞争的利润，合作体市场规模效应对想进入合作体市场的其他第三方物流企业起到一定的壁垒和威慑作用。

（2）技术共享。合作体内每个第三方物流企业都有自己的技术特点，合作经营的结果使得合作体内各种技术特点相互取长补短，形成了合作体共同的、比较全面的物流技术体系优势，既降低了企业的技术开发费用，也增强了企业的技术竞争力，扩大了企业的市场竞争范围。

（3）业务能力共享。在合作体内，当某一企业因季节性或临时性业务量较大时，可以花费合理而低廉的费用，使用合作体内其他第三方物流企业的业务资源，进而使合作体内部的投资更合理，如中国物资储运集团等物流公司基本能系统化地满足物品投递到户以前诸多环节的物流配送，而投递到户则主要依靠各种零散的社会资源。

总之，物流联盟运作，合作经营，搭建信息共享平台，整合各企业的核心能力，可以扬长避短，优势互补。众多物流企业以物流联盟形式求得多赢，进而以期提高市场竞争力。然而，运作的协同性、网络的互补性、运行的开放性、文化的认同性、合作的持久性，合作体内外部环境的不确定性和复杂性，也会给物流企业带来一定的合作风险。

2）物流企业联盟的风险

（1）法律风险。关系合作的法律合同、文书，从设备到运作流程，从服务标准到服务质量，从价格到市场，都有十分全面和硬性的要求，如果权责不清，可能会引发合作体内的法律纠纷。

（2）经营风险。合作经营伙伴若选择不当，各方在企业文化、合作目的、经营能力等方面差异较大，在合作经营过程中便会表现出合作体内部矛盾冲突多，物流系统总体运作能力不均衡，有可能造成合作各方不欢而散，合作经营失败，使参与合作的第三方物流企业蒙受损失。加盟者自身核心竞争力不明显的弱势企业，在合作经营过程中，往往处于被动地位，有被强势企业兼并的风险；自身具备核心优势的企业，加

入合作体后，在合作过程中，有可能无意中将自身的核心技术或市场知识转移给其他成员，其独特的竞争优势会被弱化，甚至消失，在未来新一轮竞争中将处于十分不利的地位。

（3）信誉危机。一些本身有实力、守信用、重质量的企业会因合作伙伴方面出现服务质量上的问题而对其商誉造成损害，其结果往往是图了一时之利，失掉整个未来。

3）联盟风险防范对策

（1）为了避免合作体内法律纠纷，保障合作各方的权益，必须在合同中对加盟者各自享有的权利和应该承担的责任加以明确和规范。

（2）慎重选择合作经营伙伴，加强各合作企业间的沟通和协调，营造良好的合作氛围。

（3）合作体成员企业在互利互惠的前提下，学习合作企业的先进经验，尽量保持并强化自身的核心竞争力，保持相对独立性，确保竞争中的平等地位，提升企业抗经济风险的能力。

竞争中有合作，合作中有竞争，处理好合作与竞争的关系是现代物流企业发展的关键。

互动课堂 5-1

分小组讨论物流联盟运作的利与弊。

5.3　第三方物流企业连锁经营

5.3.1　连锁经营的定义

连锁经营是一种商业组织形式和经营制度，是指经营同类商品或服务的若干个企业，以一定的形式组成一个联合体，在整体规划下进行专业化分工，并在分工基础上实施集中化管理，把独立的经营活动组合成整体的规模经营，从而实现规模效益。

连锁经营是现代工业化大生产原理在流通领域中的灵活运用。连锁经营有三种形式，即直营连锁经营、自由连锁经营和特许连锁经营。

（1）直营连锁经营，是指同一资本所有，经营同类商品和服务，由同一个总部集中管理领导，共同进行经营活动的组织化的企业集团。

（2）自由连锁经营，是指各加盟店在保留单个资本所有权的基础上实行联合，总部同加盟店之间只是协商、服务关系，集中订货和统一送货，统一制定销售战略，统一使用物流及信息设施。各加盟店不仅独立核算、自负盈亏、人事自主，而且在经营品种、经营方式、经营策略上各有很大的自主权，但要按销售额或毛利的一定比例向总部上交加盟费及指导费。

（3）特许连锁经营，美国商务部的定义为"主导企业把自己开发的商品、服务和营业的系统（包括商标、商号等企业象征的使用，经营技术、营业场所和区域），以经营合同的形式授予加盟店在规定区域的经销权和营业权。加盟店交纳一定的营业权使用费，承担规定的义务"。

自由连锁经营和特许连锁经营，是适合我国第三方物流企业经营实现社会化、网络化的选择。运用特许连锁经营理论，在核心企业的主导下，把组织化程度较低的、分散的物流企业组织起来，以总部名义统一拓展市场，以加盟企业分散操作，达到物流集约化经营的目的。

目前，中国快递业有直营、加盟和代理三种模式。采取直营模式的主要有中国邮政速递物流（EMS）、顺丰速运等企业，其网点都是由总部直接投资。近年来，随着快递业务的急速增长，大部分快递公司为了迅速拓展服务网点，多选择加盟的方式。

5.3.2　物流连锁网络与合作共赢

1）物流连锁网络的定义

物流连锁网络是指物流加盟企业相互合作，共同控制、管理和改进从供应商到用户的物流和信息流的多个相互联系和依赖的"经济利益共同体"网络。这个网络作为一个整体与其他物流企业或物流网络展开竞争。

建立物流连锁网络的核心是合作与信任，通过合作减少风险，提高整个物流过程的效率，排除空驶浪费和重复劳动，同时合作能带来更多机会，使业绩得到普遍改善，能为网络成员和货主赢得更多的利益。采取连锁形式开展物流经营活动需要注意连锁经营的地域范围、经营实力、服务水平以及规模效益等。

2）第三方物流企业连锁经营应具备的条件

（1）具有注册商标、商号、产品、专利品和独特的可传授的经营管理技术或诀窍，并有良好的经营业绩。

（2）具有一定的经营资源，如供应商资源和客户资源。

（3）具有一定的物流业务网络。

（4）建立了物流信息网络。

（5）具备向被特许者提供长期经营指导的能力。

（6）具备提供长期合同规定的服务能力。

（7）具备提供长期的教育和培训的能力。

（8）具备完善的服务质量管理控制体系（能力），对被特许者的经营活动能够进行有效监督，以确保特许体系的统一性和产品服务质量的一致性。

（9）具备完善的管理体系，并能向被特许者提供经营手册。

（10）拥有独具特色的企业文化。

（11）具备完善的企业识别系统（CIS），包括企业理念识别（MI）、企业行为识别（BI）和企业视觉识别（VI）。

（12）具有一定的品牌价值，包括知名度和美誉度。

3）物流连锁网络的共赢机制

以供应链理论和特许连锁经营理论作为指导物流连锁网络建设的理论基础，以行业核心企业（主要投资者、集约管理者）为主导，以资本为纽带，与各主要经营区域（或城市）的骨干公路运输企业（微量投资者）按现代企业制度联合组建有共同战略目标的物流连锁企业实体（集团公司即连锁总部），并在各地成立集团公司的子公司，子公司由当地的加盟企业运作；集团公司负责提供统一的物流服务商标、商号、标志，以及统一的运作模式和服务规范，特别是负责提供统一的基于Internet的物流信息平台。总部、子公司和货主都在一个统一的信息平台上运作物流业务，这就是物流连锁网络的共赢机制。其目标是通过合作促进共赢。

共赢机制的核心有三点：

（1）利用社会零散物流资源，通过物流连锁运作提高整体运作效率和能力，这也是物流连锁网络的驱动力。

（2）建立总部、加盟企业、货主共同受益的利益分配机制，使各方都有动力维护合作，共同建立紧密型战略合作伙伴关系。例如，各子公司以集团公司的名义开展揽货，并将所揽货源的至少1/3优先分配给加盟企业的返程车辆，总部对返程车辆运费提取30%，由总部、加盟企业、货主企业共同受益。

（3）建立新的事故处理机制和责任追究制度，由总部统一对货主承担事故责任，而本质上仍是由事故车辆所属加盟企业承担责任，这既没有增加也没有减少加盟企业的现有责任。但总部的对外承诺是提高信誉和承担承揽货物的基础责任，没有这一承诺，网络就没有可信度。

5.3.3 第三方物流连锁网络的运作模式

物流连锁网络的初期是以运输为基础，以降低运输成本为竞争手段，以回程配载为切入点，通过利益机制巩固网络，与货主形成战略伙伴关系，并在此基础上寻求机会，进一步为货主提供综合物流服务。

1）核心企业

以资金雄厚、有实力、有规模、有技术的"鼠标+车轮"型大型公路运输企业为核心，以全国主要经济区域（或城市）的骨干公路运输企业为连锁加盟企业，多方按照现代企业制度共同出资组建一个全国性公路物流网络企业。

2）加盟企业

加盟的公路运输企业一般都有相对固定的营运区域、范围，其营运活动主要在这个区域的运输市场内进行。在这个运输市场内，加盟企业应有相对稳定的大宗货源，并基本掌握货源的流量、流向、流时变化的规律，进行科学预测，这是物流连锁企业相互为对方车辆配载货源的基础。

3）统一营销

以核心企业为主导，建立集团公司统一的物流服务商标、商号、标志和经营模式，建立统一的服务标准、服务规范，采取统一的营销策略和培训内容，各加盟企业在统一的业务模式下从事经营活动。

4）当地运作

在各加盟企业所在地成立集团公司的子公司（以下简称"子公司"）或分公司，子公司的负责人应为加盟企业的法人代表，其运作由加盟企业负责。

5）信息系统

集团公司的建立基于Internet的EDI物流资源管理系统，这是物流网络运作极为关键的环节。总部、加盟企业的各项业务和货主企业的所有外购物流业务都在网上操作，所有的业务操作对总部都是透明的。初期功能应以运输业务为主，远期系统应能扩展至仓储、库存控制、配送等业务。

6）运输车辆

子公司负责筛选符合条件（车辆技术状况、全保险、双驾驶员等）的加盟企业的车辆加入集团公司的车辆数据库，参与全国运输。

7）运输货源

在集团公司统一的营销策略和促销活动下，各加盟企业应以集团的名义下力气争取与货主企业签订运输合同，通过签订运输合同的办法组织运输业务，既为运输规模生产创造了良好条件，也为连锁企业之间相互配载提供了基础。物流连锁企业签订的运输合同可以显著地提高物流连锁企业的经济效益和运输服务质量，获得货主的赞誉和信任，为进一步扩大货源开创了广阔的前景。

8）回程配载

货主企业的货源上网，子公司负责本地货源的配载，这里的关键是子公司必须在货源较紧张的情况下，至少将本地货源的1/3为外地加盟企业来本地的车辆进行回程配载，其他货源可分配给本企业车辆。

9）共赢的利益分配机制

（1）维持目前的市场价格体系不变，稳定加盟企业和货主的基本业务。

（2）对本地车辆的运输按目前的方式操作，其收益归当地子公司及车主。

（3）对外地加盟企业的回程车辆配载收取服务费，回程车辆配载收益的70%归外地加盟企业，当地子公司和集团公司各取10%的收益，另10%的收益作为返还货主企业的运输折扣。

这种利益机制若运作良好，不但可以降低货主企业的运输成本，而且可以增加各加盟企业的收益，因此这是一个共赢的机制。在利益的驱动下，货主企业会积极与总部一起推动回程配载运输，形成良性循环。为了平衡各利益主体，有利于物流连锁网络的发展，对利益分配比例可根据情况作适当调整。

10）事故处理机制和责任追究制度

（1）总部必须明确向所有货主承诺事故的最后赔偿责任，所有与子公司有关的运输责任都由总部承担。只有这样才能消除货主的担心，这也是物流连锁网络最重要的机制之一。

（2）总部与子公司明确各自的责任，并相互提供担保。

（3）由子公司推荐本企业的车辆加入物流网，该车辆必须达到二级以上的技术状况、足额缴纳保险、配备双驾驶员等。此外，所有加盟车辆均由子公司统一组织向总部交纳事故风险抵押金，如车辆无事故且退出物流网，总部负责全额返还抵押金，不计利息。

（4）总部将自身收益的2%用来建立风险补偿基金，作为重大事故的最后责任补偿。

（5）子公司指派其所属车辆承运货物发生的交通事故或货运质量事故，由子公司负责全权处理并赔偿。但由本地子公司为外地子公司回程车辆配载货物所发生的事故，就必须由总部负责处理。

（6）总部对于子公司承运超过保险额的贵重货物、危险货物等特种货物，要予以明确的限制和约束，并建立相关机制进行规范。

（7）对于特别重大的损失，总部要动用车辆事故风险抵押金、风险补偿基金、总部利润等多种筹资途径以理赔货主损失，取信于货主。总部的损失最后要依据连锁协议，通过追究事故车辆所属加盟企业的责任来补偿。

11）制约机制

在物流连锁网络发展的过程中，加盟企业由于各种原因可能产生离心力，想另立体系独立。为了减少和避免这种现象，一是要利用利益机制拉住加盟企业，二是要增加离心力成本。要求各加盟企业以总部名义揽货是增加这种成本的一个举措。若加盟企业要求脱离网络，则总部应迅速派出得力人员接管子公司的货源，以直营连锁或另选加盟企业的方式继续经营。

> **互动课堂 5-2**

从物流核心企业角度分析直营连锁、自由连锁和特许连锁各自的优势与劣势。

5.4　第三方物流企业轻资产运营战略（模式）

5.4.1　轻资产运营战略（模式）

视频 5-3

轻资产运营

"轻资产运营"（Asset-Light Developing Strategy）是麦肯锡管理顾问公司特别推崇的资本战略，主张企业利用"杠杆原理"，充分利用外界资源，集中自身资源在产业链利润最高部分发展，以最低的投入实现股东价值最大化的战略管理，来提高企业的盈利能力。资产的轻重是个相对的概念。

工商企业物流功能的轻资产是第三方物流产生并发展的直接动因。

1）轻资产运营战略（模式）的特点

（1）投入小、产出大。作为轻资产运营模式的典型，凡客诚品 2007 年以最初的 475 万美元成立，不到 4 年创造出市值 32 亿美元的成绩，不得不使人惊叹。当然，这得益于良好的市场细分，同时市场空间足够大。

（2）产品必须具有高附加值。由于在轻资产公司一般都需要在迅速占领市场的同时获得市场认可，而传统品牌都是通过数年积淀在公众心目中留下印象，所以，轻资产运营模式下的公司在产品方面必须要有自己的特色，并且有高附加值，才能得到社会的认同。

（3）品牌价值要高。品牌价值是一个企业的灵魂。塑造一个好的品牌需要多年的时间，而轻资产模式下的品牌在很短的时间内就可以让一个企业广为人知，而品牌知名度的打开并不代表该产品具有很高的品牌价值。

2）轻资产运营条件和运作方式

轻资产运营企业是核心能力的集合体，各独立企业均具有专门的功能。目前，轻资产企业主要出现在高科技领域及服务领域，无形资产以品牌、知识及管理为核心，构成了企业的轻资产，通过建立良好的管理系统平台，促进企业的生存和发展。

轻资产企业的基本运行平台有四个：信息网络、知识网络、物流网络和契约网络。

轻资产企业的基本运作方式是合作经营。

轻资产企业的一大特点是相对劣势功能的轻资产化。在强化企业核心能力的同时，以社会契约关系为基础进行广泛的企业间的合作，整合社会优质资源，弥补传统企业功能的不足。

轻资产运营使企业运作过程简单化，有利于企业对市场需求做出快速反应，提高了运行效率，减少了企业外部运营成本。其深层价值在于促进专业化分工发展，实现规模经济，减少资源浪费。

3）轻资产运营战略（模式）可能出现的问题

（1）产品质量缺乏有效控制。

（2）形成对外包商的依赖。

（3）存在损失战略信息的风险。

（4）培养潜在竞争对手，被迫进行价格战。

（5）弱化企业服务能力，使品牌形象打折扣。

5.4.2　第三方物流轻资产运营

1）轻资产物流企业的含义

轻资产物流企业是由功能合理分配的、信息和运作一体化的、利益共享的以及对于社会物流需求而言又是整合众多原先物流各环节承担者所组成的物流共同体。轻资产物流企业的实质是供应链信息集成平台，它是以获取物流领域的规模化效益为纽带，以先进的信息技术为基础，以共享供应链的信息为目的而构建的物流企业动态联盟。

利用社会物流服务资源，在未进行大规模资本投入的情况下增加物流服务品种，扩大物流服务的地理覆盖面，为客户提供集海运、河运、公路运输、铁路运输于一体，一个系统一张单负责到底的物流服务，这已成为许多具有一定实力的物流企业的发展战略，如图5-1所示。

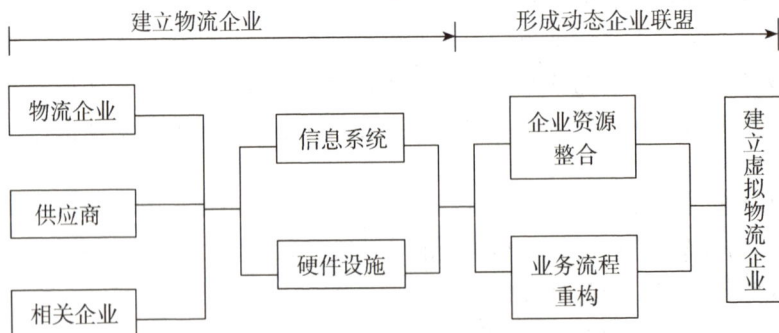

图5-1　物流企业发展战略

小资料5-2

2019年9月6日，交通运输部、国家税务总局联合发布《网络平台道路货物运输经营管理暂行办法》（以下简称《办法》）。《办法》将"无车承运"更名为"网络平

视频 5-4

网络货运

台道路货物运输经营"（即"网络货运"）。"无车承运人"的试点工作已于 2019 年 12 月 31 日正式结束，《办法》自 2020 年 1 月 1 日起正式实施。

"网络货运"是指经营者依托互联网平台整合配置运输资源，以承运人身份与托运人签订运输合同，委托实际承运人完成道路货物运输，承担承运人责任的道路货物运输经营活动。

据交通运输部网络货运信息交互系统统计，截至 2023 年 6 月底，全国共有 2 818 家网络货运企业（含分公司），整合社会零散运力 685.7 万辆，整合驾驶员 577.3 万人。上半年共上传运单 5 292.8 万单，同比增长 23.5%。

物流网络平台企业运作如图 5-2 所示。

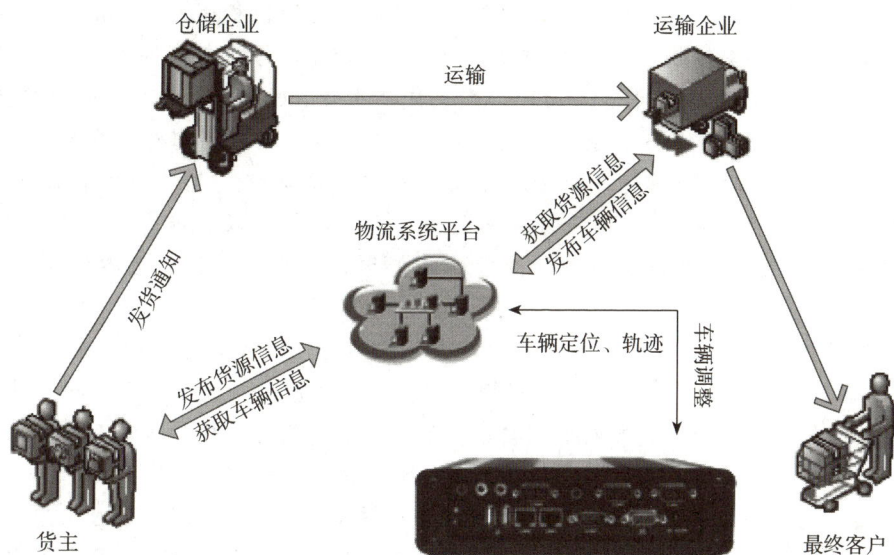

图5-2　物流网络平台企业运作示意图

2）第三方物流企业的轻资产运营

第三方物流企业的轻资产运营，一是必须拥有自身的核心竞争力；二是慎重选择合作伙伴（单个组织或实现功能互补或实现优势互补）；三是努力减少摩擦，以"虚"务"实"，逐步建立现代意义上的大型企业。

物流产业发展初期，小型物流企业纷纷涌现，形成物流企业林立的局面。随着电子商务的发展，在市场、成本与服务三大外在压力之下，物流企业开始形成基于信息共享的动态联盟，即我们所说的轻资产物流企业。随着全球经济一体化和信息技术的发展，国家之间、区域之间、城市之间、企业之间的合作日益加强。在这些合作中，大量的物资和信息在频繁地交换和转移，供应商、生产商、分销商、零售商及用户通过供应链连成一个复杂的网状结构，因此轻资产物流企业、动态物流联盟成为指导我国物流企业合作的新方向。由于现代化物流的含义已不局限于运输与仓储领域，还包括上游的采购职能和下游的配送、销售职能以及对反向物流的处理职能，因此，轻资产物流企业不仅要协调运输与仓储这两个供应链过程中的基本环节，还要实现对贸易职能的整合。在实际的轻资产企业操作中，节点之间是动态的连接关系，不存在绝对的连接。各个节点表示轻资产物流企业的成员伙伴，各个节点之间的连线表示信息技术的连接。每一个伙伴可以根据自己的战略发展方向和策略空间随时进入或退出轻资产物流企业，各个合作伙伴之间合作的基础是动态合同。

互动课堂 5-3

分小组讨论，物流企业轻资产运营的前提条件有哪些？

小案例 5-1

华为智慧物流：为市场注入万物互联新动能

位于中国东莞的松山湖以坐拥 8 平方公里的淡水湖和 14 平方公里的生态绿地闻名于世，但在这风景宜人的自然生态圈中却隐藏着一个占地面积达 25 000 ㎡ 的现代化自动物流中心——华为松山湖供应链物流中心。该物流中心采用射频（RF）、电子标签拣货系统（PTL）、货到人挑选（GTP）、旋转式传送带（Carrousel）等多种先进技术，集物料接收、存储、挑选、齐套、配送功能于一体，是华为重要的样板基地之一。

华为松山湖供应链物流中心按功能模块分成不同区域，包括栈板存储区及料箱存储区、货到人拣选区、高频物料拣选区、集货区等，以多位一体的先进模式，实现物流端到端业务可视及决策性业务智能处理，极大提升了物流各环节协同运作效率。

栈板存储区及料箱存储区，可覆盖华为公司所有 PCBA 单板原材料管理；中心仓+线边仓的物料供应模式，实现了超期管理、潮敏管理、在线循环盘点和自动补货等功能；多维度、多层次的物料管理模式，满足了业务高可靠性、高复杂性需求。

货到人拣选区为中低频物料拣选，采用货到人的作业模式，降低了人工作业劳动强度，其二级缓存库实现了全自动出入库作业。不仅如此，该区域还通过采用 PTL 技术、播种式拣选、自动关联条码打印，实现了可同时处理多个订单，以及全面作业质量管控和条码追溯。

高频物料拣选区采用小型堆垛机和流利式货架，实现了自动存储和补货作业，打造了存储、补货、拣选三位一体的立体作业模式。订单由系统进行自动下发和任务关联，通过 PTL/RF、接力式拣选，可高效处理相关任务。

集货区根据交付对象设置不同区域，并配有多个滑道，按任务指令分滑道进行齐套，配合 AGV 无人智能送料小车，直接供应生产线，实现库房与产线无缝对接。自动物流日均可处理 10 000 个订单行，日均出库 16 000 个 LPN（注册容器编码）。

松山湖的自动物流中心，是华为全球物流供应网络中的典型代表，也是华为供应、物流体系，从被动响应走向主动感知，向敏捷供应、智慧物流转型的结晶之一。

资料来源　华为智慧物流：为市场注入万物互联新动能［EB/OL］.［2023-11-26］. https：// www.huawei.com/cn/huaweitech/cases/smart-logistics.

物流人物专栏

其美多吉，男，藏族，1963 年 9 月出生，现任中国邮政集团四川省甘孜县分公司长途邮车驾驶员、驾押组组长。

四川省甘孜藏族自治州境内有一条全长604千米、平均海拔3 500米以上的雪线邮路，这条线路地理环境艰苦、气候条件恶劣、交通运输状况差。

甘孜邮政分公司的藏族邮运驾驶员其美多吉，承担川藏邮路甘孜到德格段的邮运任务。30年如一日，驾驶邮车在这条雪线邮路上运送邮件，他爱岗敬业，累计行驶里程140多万千米，相当于绕赤道35圈。他驾驶的邮车从未发生过责任事故，圆满完成了每一次邮运任务。他意志坚强，遭遇歹徒袭击时挺身而出，用鲜血和生命守护邮件安全，身负重伤后坚持康复锻炼，以坚韧不拔的毅力重新走上工作岗位。他以螺丝钉精神紧紧钉在川藏线上，将来自党中央的声音、祖国四面八方的邮件送往雪域的各个角落，用真情奉献为促进藏区经济社会发展做出了积极贡献，被群众誉为"雪线邮路的幸福使者"。

2019年2月18日，其美多吉获得"感动中国2018年度人物"荣誉称号。

资料来源　李丹．飞雪带春风！其美多吉获"感动中国2018年度人物"荣誉［EB/OL］．［2020-12-15］．https://www.163.com/dy/article/E8B4UIQ405149V0C.html.

▱基本训练 ▱

□知识题

1.单项选择题

（1）物流一体化分为物流功能一体化、（　　　）和宏观物流一体化三个层次。

A.微观物流一体化　　　　　　　　B.业务一体化

C.系统一体化　　　　　　　　　　D.管理一体化

（2）（　　　）是指相同地域或者不同地域的服务范围相同的物流企业之间达成的协调、统一运营的物流管理系统。

A.纵向物流联盟　　　　　　　　　B.横向物流联盟

C.混合型物流联盟　　　　　　　　D.网络化物流联盟

（3）连锁经营起源于（　　　）。

A.商品零售业　　　B.服务业　　　C.制造业　　　　D.物流业

2.多项选择题

（1）物流企业联盟运作的风险有（　　　）。

A.法律风险　　　　B.信誉危机　　　C.经营风险　　　D.缺货风险

（2）物流一体化的形式包括（　　　）。

A.垂直一体化物流　　　　　　　　B.管理一体化物流

C.水平一体化物流　　　　　　　　D.物流网络

（3）第三方物流企业战略联盟分为（　　　）。

A.纵向合作经营　　　　　　　　　B.横向合作经营

C.外包经营　　　　　　　　　　　D.网络化合作经营

3.简答题

物流联盟运作的优势和风险有哪些？

▬ 综合应用 ▬▶

☐ 案例分析

案例一：

奥铃北极熊智慧冷链联盟成立 共同解决冷链"断链"难题

2020年11月4日上午，冷藏车"一哥"中国奥铃携旗下智慧冷链新旗舰奥铃北极熊等冷藏车，亮相全亚冷链展，并举办了"中国奥铃智慧冷链解决方案发布会暨北极熊智慧冷链联盟成立仪式"。

在会上，中国奥铃邀请10多家来自冷链物流行业上下游的合作伙伴，共同组建中国奥铃北极熊智慧冷链联盟。通过统筹装备方、改装厂、物流公司乃至个体单元等各方力量，保持一致目标，规范行业标准，提升装备水平，创建统一的管理平台等，共同为国内冷链物流行业超越欧美日赋能。

随后，红宇、新宏昌天马、宇通、松川等10多家知名改装厂与中国奥铃现场签约，订单近8 000台，尽显对中国奥铃品牌和产品的信赖。相信未来各方也将继续保持密切合作，为冷链物流市场带去更多优质产品，为用户带去更高效、可靠、智能的冷链运输体验，为联盟解决冷链物流业"断链"问题打下了良好基础。

面对冷链物流蓝海市场，不论是发布智慧冷链解决方案，还是成立北极熊智慧冷链联盟，未来中国奥铃必将紧抓行业发展机遇，在冷链物流领域持续发力，为市场打造更多高端智能、高效可靠的产品；同时也将携手更多合作伙伴，立足冷链物流行业痛点，发挥各自优势，共同助力国内冷链物流行业转型升级。

问题：导致冷链断链的主要原因是什么？冷链联盟的优势有哪些？

案例二：

日日顺供应链与京东物流

日日顺是海尔集团旗下孵化的子公司，成立初期主要用于服务海尔的客户。公司在独立运营后，开放承接第三方业务，目前业务已经从家电领域拓展至汽车、快消等多个行业。日日顺是海尔整体战略中重要的一环，甚至早年业内曾传言，它是海尔创始人张瑞敏梦想中的"下一个海尔"。张瑞敏最初思考海尔应该如何面对互联网的颠覆，以及如何建立一种摆脱价格战给用户提供真正价值的商业模式时，最先想到的就是商品物流的交付环节，并将其称之为"流量的入口"。

家电物流一直都被业界认为是一门"苦差事"，相比其他快递企业而言，"又苦又累又不赚钱"。在业内人士看来，日日顺与顺丰、通达系明显的不同之处在于，日日顺孵化于实体企业，距离实体也是最近的。日日顺对于配送的货品更为了解，其他物流品牌可能主要关注配送，日日顺不仅有配送，还有服务，并构建了独特生态。

日日顺在众多物流企业中从家电行业切入，运输大件物流，链接工厂，直接触达消费端。它也将自己定位为"供应链管理解决方案及场景物流服务提供商"。罗戈研究报告显示，按照2020年的收入统计，日日顺已经是中国第三大端到端的供应链管理服务提供商。日日顺的收入主要由供应链管理服务、基础物流服务、生态创新服务构成，其中供应链管理服务带来的收入是日日顺最大的营收来源，占比七成左右。

京东物流为客户提供全方位覆盖各个业务的供应链解决方案和物流服务，与日日顺定位非常相近，都是从企业内部物流公司转变为独立的第三方物流公司。

但与京东物流有所不同的是，日日顺主要采取轻资产运营的模式，不以自有运力为主，通过与外部运力、仓储服务、服务网点合作的形式，为客户提供服务。这种模式的优劣势也非常明显。优势在于，日日顺不需要承担过高的固定资产购置费用，可以根据客户的需求调整物流、仓库和配送方案。为此，日日顺的应收账款和应付账款周转率都比较低。2019 年至 2020 年上半年，其应收账款账面价值占比分别为 28%、23.15%、20.72% 和 22.7%。应收账款周转率也基本维持在 5 次以下。而采用重资产运营模式的京东物流的应收账款周转率相对更高一些，2019 年该数据还是 20.47 次，目前也下降到了 2022 年上半年的 8.96 次。

但是，日日顺在仓储资源、运力资源和服务网点等方面也存在着巨大的不确定性。如若出现第三方服务商延误、损毁或丢失等情况造成的索赔，就会影响日日顺的声誉及与客户的关系。一旦仓储、运输和网点服务变成了卖方市场，日日顺的运营模式也会陷入困境当中。

资料来源　杨俏．阿里看中"下一个海尔"，年入171亿元的日日顺要做家电物流第一股 [EB/OL]．[2023-11-21]．https: //finance.sina.com.cn/tech/internet/2022-11-24/doc-imqqsmrp7387617.shtml.

问题：对比日日顺供应链与京东物流，两者各存在哪些优势和劣势？

□ 实训题

我国民营快递公司以"三通一达"为代表的加盟型快递，采取的是松散的加盟方式，每个加盟商都是独立法人，这种方式的优点在于可以迅速扩张，把企业做大，以低价格获得电商业务；缺点在于难以做强，服务品质不佳，且容易导致管理危机。针对这一问题，制作一份快递公司特许加盟策划书。

第6章
第三方物流企业经营管理

学习目标

□ 知识目标：
　明确目标管理的原则，物流质量、物流成本的构成。

□ 能力目标：
　掌握物流作业、物流质量、物流成本管理控制的具体方法和技能，具备物流具体业务的计划实施和控制能力。

□ 素养目标
　强化学生法治与安全意识，培养团队合作精神。在物流经营管理中树立服务宗旨，增强成本、质量、效率意识。

6.1 第三方物流企业目标管理

马云在2017年全球智慧物流峰会上提出,"要为物流行业定个小目标,相信一天10亿包裹很快就会达到,5~8年一定会实现。希望所有的物流公司高度投入技术研发,这将是未来所有物流公司的利润来源"。在一年后的2018年全球智慧物流峰会上,马云再次强调了这一挑战,"菜鸟必须为这样的未来做好准备"。10亿包裹的挑战,如期而至,2018年11月11日23时18分钟09秒,物流订单超过10亿,全天达10.42亿单。

6.1.1 第三方物流企业目标管理体系

1)目标管理体系的定义

目标管理是以目标为导向,以人为中心,以成果为标准,使组织和个人取得最佳业绩的现代管理方法。

目标管理体系是企业一定时期战略目标的层层分解与落实。纳入目标管理的下属各部门以至每个员工根据上级制定的目标和保证措施,制定部门或个人的工作目标,进而形成一个目标体系,并把目标完成情况作为考核的依据(如图6-1所示)。

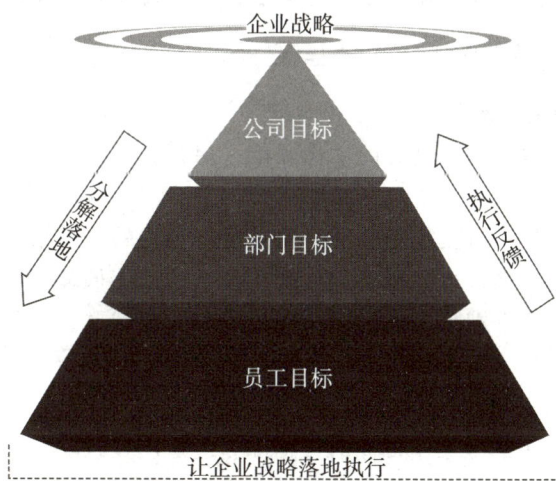

图6-1 第三方物流企业目标管理体系示意图

2)企业目标管理体系要解决的问题

一个优秀的目标管理体系要解决好以下8个问题:

(1)目标是什么?实现目标的中心问题、项目名称。

(2)目标应完成什么程度?达到的质、量、状态。

(3)谁来完成目标?负责人与参与人。

(4)何时完成目标?期限、预定计划表、日程表。

(5)怎样实现目标?应采取的措施、手段、方法。

(6)如何保证目标实现?应给予的资源配备和授权。

(7)是否达成了既定目标?对成果的检查、评价。

(8)如何对待完成情况?与奖惩安排的挂钩、进入下一轮目标管理循环。

3）企业目标设立的SMART原则

目标对企业每个阶层、每个部门、每个人既是希望也是挑战，目标明确才有正确的工作指引作用。

Specific（S）：目标应清晰明确。

Measurable（M）：目标要可量化。

Attainable（A）：目标具挑战性，具可达性。

Relevant（R）：目标要将组织与个人相结合。

Time-Table（T）：目标要有时间表。

互动课堂6-1

李某作为中远物流业务员，有一次向一家日本汽车制造企业介绍公司的沿海集装箱运输服务，强调本公司的运输速度有多么快，两天到上海，四天到广州黄埔。但是，客户听了很生气，说道：我们不要快船，我们要求四天到上海，七天到黄埔，不能多也不能少。原来客户企业为了实现零库存的目标，要把运输的集装箱当仓库，JIT要求准，不要求快。

讨论：如何看待第三方物流企业目标与客户目标的关系？

6.1.2 第三方物流企业目标管理设定

1）目标实现的前提条件

第一，为目标的实现创造良好的工作环境，保证企业在目标责任明确的前提下形成团结互助的工作氛围。

第二，充分发挥员工自我控制的能力，同时将领导的充分信任与完善的自检制度相结合，保证企业具有进行自我控制调整的积极性和制度保障。

第三，保证信息及反馈渠道的畅通，以便及时发现问题，采取措施，必要时适当修正目标。

2）目标达成的基本原则

（1）授权原则，在执行工作目标的过程中，应适度授权。

（2）协助原则，应提供有关信息及协助，排除执行障碍。

（3）训练原则，目标执行的同时也是自我训练的过程。

（4）控制原则，目标管理具有时程性，在一定时段应加以检查控制及协助矫正。

（5）成果评价原则，成果评价时应做到公开、公平、共享三个原则。

3）目标的实施与控制

目标的实施与控制是企业实行目标管理的核心内容，要求目标设置具有时间限制，根据工作任务的权重、事情的轻重缓急，拟定出完成目标项目的时间要求，定期检查项目的完成进度，及时掌握项目进展的变化情况，以方便对下属进行及时的工作指导，以及根据工作计划的异常情况变化及时地调整工作计划。

4）目标的评定与考核

第一，坚持标准，严格考核，采用科学方法，上下结合，使考核结果有说服力。考核评定目标实施结果，是承认、区别部门和个人绩效、贡献的过程，对于调动员工积极性，改进管理工作有极其重要的意义，因而要严肃、认真地进行。

第二，实事求是，重在总结。考核、评定工作，不仅是肯定成绩、区分功过，更是分析总结，改进工作。在考核、评定过程中，要认真分析主观原因和客观原因，总结经验教训，为下一轮目标管理创造有利条件。

第三，奖惩结合，鼓励为主。奖惩分明，才能鼓励先进，鞭策后进，因此考核评定必须伴之以奖惩。但目标管理的指导思想是人们愿意承担责任和有所成就，倡导自我控制、自我评价、自我鞭策，因而坚持对先进给予肯定表扬，对后进重在帮助分析原因，制定改进措施，而不是重惩。

6.2　第三方物流企业作业管理

第三方物流企业作业管理是物流企业对物流作业活动的计划、组织、协调和控制，即通过科学的方法对物流企业的活动要素（如运输、储存、装卸、搬运、包装、流通加工、配送等）进行管理。

6.2.1　第三方物流企业作业内容及作业流程

1）第三方物流企业作业内容

（1）运输作业，是指运输主体借助运输工具，按客户要求将商品（如成品、半成品、原料、辅助配件等）从供应地运送到需求地的过程。

（2）仓储作业，是指以仓库为中心实施的商品管理作业，包括商品进、出库作业和在库养护管理作业。

（3）配送作业，是指在经济合理区域内，根据用户要求，对物品进行拣选、加工、包装、分割、组配等作业，并按时送达指定地点的物流活动。

（4）装卸搬运作业，是指在一定区域范围内，改变产品的存放状态和空间位置的活动。

（5）流通加工作业，是指在商品从供方向需方转移的过程中，根据客户需要，在流通环节某一物流节点（如配送中心）对其进行包装、分割、计量、分拣、组装、价签粘贴、标签粘贴等简单操作的过程。

（6）包装作业，是指在商品流通过程中，为保护产品、方便运输、促进销售，按一定技术方法采用容器、材料及辅助用品对产品进行外部包装操作的过程。

2）第三方物流企业作业流程

这里以综合性物流中心为例介绍第三方物流企业主要作业流程。

（1）订单处理作业。物流中心的交易起始于客户的咨询、业务部门的报表，而后根据订单的接收，以及业务部门查询出的货品存货状况、装卸货能力、流通加工负荷、包装能力、配送负荷等来答复客户，而当订单无法依客户的要求交货时，业务部门要加以协调。由于物流中心一般均非随货收取货款，而是在一段时间后予以结账，因此在订单资料处理的同时，业务人员可依据公司对该客户的授信状况查核是否已超出其授信额度。此外在特定时段，业务人员可统计该时段的订货数量，并予以调货、分配出货程序及数量。退货手续亦在此阶段予以办理。另外，业务部门可制定报表核算方式，做报表历史资料管理，确定客户订购最小批量、订货方式和订购结账截

视频 6-1

快递业中的
"暴力分拣"

止日。

（2）采购作业。自交易订单接受之后，由于供应货品的要求，物流中心要从供货厂商或制造厂商处订购商品。采购作业的内容包括商品数量需求统计、供货厂商交易条件查询等，然后依据所确定的需求数量及供货厂商所能提供的较经济的订购批量，提交采购单。采购单发出之后，则进行入库进货的跟踪运作。

（3）进货入库作业。采购单开出之后，入库管理员与采购人员一同进行进货入库跟踪催促，之后即可依据采购单上预定的入库日期，做入库作业排程、入库站台排程。在商品入库当日，做入库资料查核、入库品检验，查核入库货品是否与采购单内容一致，如品项或数量不符即做适当修正或处理，并将入库资料记录建档。入库管理员可依一定方式指定卸货及栈板堆叠。对于由客户处退回的商品的入库也要经过退货品检验、分类处理后记录入库。

一般商品入库堆叠于栈板之后有两种作业方式。一种是商品入库上架，储放于储架上，等候出库，需要时再予以出货。商品入库上架，由电脑操作人员或管理人员依照仓库区域规划管理原则或商品生命周期等因素来指定储放位置，或于商品入库之后登录其储放位置，以便于日后的存货管理或出货查询。另一种即为直接出库，此时管理人员依照出货要求，将货品送往指定的出货码头或暂时存放地点。在入库搬运的过程中，由管理人员选用搬运工具，调派工作人员，并做工具、人员的工作时程安排。

（4）库存管理作业。库存管理作业包含仓库区管理及库存数量控制两个方面。仓库区管理包括对货品在仓库区域内的摆放方式、区域大小、区域分布等的规划，还包括对容器的使用与容器的保管维修方面的管理。货品进出仓库的控制应遵循先进先出或后进先出的原则。进出货品的方案包括：货品所用的搬运工具、搬运方式；仓储区储位的调整及变动。库存数量控制则依照一般货品出库数量、入库所需时间等来确定采购数量及采购时点，并建立采购时点预警系统。还要确定库存盘点方法，在一定期间内印制盘点清册，并依据盘点清册的内容清查库存数、修正库存账册并制作盘亏报表。

小词典

现场管理"5S"

现场管理"5S"是整理（Seiri）、整顿（Seiton）、清扫（Seiso）、清洁（Seiketsu）和素养（Shitsuke）这5个单词的缩写。"5S"活动起源于日本，因为这5个日语单词的罗马拼音的第一个字母都是"S"，所以简称为"5S"。开展以整理、整顿、清扫、清洁和修身为内容的活动，称为"5S"活动。"5S"活动的对象是现场的"环境"，它对生产现场环境的全局进行综合考虑，并制订切实可行的计划与措施，从而达到规范化管理的目的。

（5）补货及拣货作业。通过查看客户订单资料，即可知道货品真正的需求量。在出库日，当库存数足以供应出货需求量时，即可依据需求数印制出库拣货单及各项拣货指示，做拣货区域的规划布置、工具的选用及人员调派。出货拣取不只包含拣取作业，还应注意货架上商品的补充，使拣货作业得以流畅而不至于缺货，这个过程包含了补货水准及补货点的确定、补货作业的排程、补货作业人员的调派。

（6）流通加工作业。商品由物流中心送出之前可于物流中心做流通加工处理。在物流中心的各项作业中，流通加工最易提高货品的附加值。流通加工作业包括商品的分类、过磅、拆箱重包装、贴标签及商品的组合包装。欲达成完善的流通加工，必须做好包装材料及容器的管理、组合包装规则的制定、流通加工包装工具的选用、流通加工作业的排程、作业人员的调派等工作。

（7）出货作业处理。完成货品的拣取及流通加工作业之后，即可执行商品的出货作业。出货作业主要包括：依据客户订单资料印制出货单据，制定出货排程，印制出货批次报表、出货商品上所需要的地址标签及出货检核表。由排程人员决定出货方式、选用集货工具、调派集货作业人员，并决定所需运送车辆的载重量大小与数量。由仓库管理人员或出货管理人员决定出货区域的规划布置及出货商品的摆放方式。

（8）配送作业。配送商品的实体作业是指将货品装车并实时配送，而达成这些作业目标则须事先划分配送区域、安排配送路线，由配送路径选用的先后次序来决定商品装车的顺序，并在商品配送途中做好商品的追踪及控制、意外状况的处理。

（9）运输作业。运输是多数物流企业的核心作业，在商品采购入库、出库配送等环节都涉及运输计划、调度、装车、在途跟踪、回单、结算等运输作业。在货运业务中，通过对运输作业的全程组织、控制与管理，保证物流企业高效运作。

良好的物流中心运作更要基于上层的管理者通过各种考核评估来达成物流中心的效率管理，并制定良好的营运决策及方针。为更好地进行营运管理和绩效管理，可以由各个工作人员或中级管理层提供各种资讯与报表，包括：出货销售的统计资料，客户对配送服务的反馈报告，配送商品次数及所用时间的报告，配送商品的失误率、仓库缺货率分析，库存损失率报告，机具设备损坏及维修报告，燃料耗材等使用量分析，外雇人员、机具设备成本分析，退货商品统计报表，作业人力的使用率分析等。

6.2.2 第三方物流企业作业管理目标

第三方物流企业作业管理目标是物流企业作业管理活动所要达到的效果的具体体现。物流作业管理强调低成本、高质量和快速响应。第三方物流企业作业管理目标具体如下：

1）快速响应

这是企业物流作业目标中最基本的目标。快速响应能力关系到一个企业能否及时满足客户的服务需求，客户能否与企业建立稳定的供求关系。快速响应要求企业将物流作业从传统上强调根据预测和存货情况做出计划转向以小批量运输的方式对客户需求做出反应，快速响应要求企业具有流畅的信息沟通渠道和广泛的合作伙伴。

2）最低库存

这是企业物流仓储作业追求的最核心目标。最低库存的目标同资产占用和相关的周转速度有关。最低库存越少，资产占用就越少；周转速度越快，资产占用也越少。因此，在物流系统中存货的财务价值占企业资产的比重也就越低。在一定时间内，存货周转率与存货使用率相关。存货周转率高，意味着投放到存货上的资产得到了有效利用。

企业物流要以最低的存货满足客户需求，从而实现物流总成本最低。随着物流企业将注意力更多地放在最低库存的控制上，类似"零库存"之类的概念已经从理论走向现实。当存货在制造和采购中达到规模经济时，就能提高投资回报率。

3）集中运输

集中运输是在企业物流作业中实施运输成本控制的重要手段之一。运输成本与运输产品的种类、运输规模和运输距离直接相关。许多具有一流服务特征的物流系统都采用高速度、小批量运输，这种运输通常成本较高。为降低成本，可以将运输能力整合。一般而言，运输量越大、距离越长，单位运输成本就越低。不过，集中运输往往降低了企业物流的响应时间。因此，企业物流作业必须在集中运输与响应时间方面综合权衡。

4）最小损失

这里的损失是指突发事件带来的损失。在物流企业作业过程中，破坏系统作业的突发事件可以发生在物流作业的任何地方。比如，空运作业因为天气原因受到影响，铁路运输作业因为地震等灾害受到影响。为此，传统的解决办法是建立安全存货，或是使用高成本的运输方式。不过，上述两种方式都会增加物流成本。为了有效控制物流成本，目前多采用信息技术以实现主动物流控制，使突发事件的影响在某种程度上可以降到最低。

5）保证质量

物流作业本身就是在不断地寻求客户服务质量的改善与提高，因为一旦货物质量出现问题，就要重新审视物流的运作环节。比如，运输出现差错或在运输途中出现货物损坏，企业不得不对客户的订货重新操作，这样一来不仅会导致成本大幅增加，还会影响客户对企业服务质量的评价，因此，企业物流作业对质量的控制不能有半点马虎。

6）生命周期支持

绝大多数产品在出售时都会标明其使用期限，若超过这个期限，厂商必须对渠道中的货物或正在流向顾客的货物进行回收。物流企业作业管理就是要有效减少作业环节，缩短作业周期，避免资源浪费，及时、高质量地提供物流服务。

物流服务的价值是在一系列的物流作业活动中形成的。物流企业通过连续的物流作业活动为客户创造和提供价值，同时实现自身的价值增值。

6.2.3　第三方物流企业作业管理职能

1）第三方物流企业作业计划

作业计划是一个包括环境分析、目标确定、方案选择的过程。法约尔认为，计划工作是管理的基础。西蒙认为，计划工作是管理职能中的首要任务，是评价有关信息资料、预估未来的发展、拟订行动方案的建议和说明的过程。第三方物流企业作业计划包括运输作业计划、仓储作业计划、配送作业计划、装卸搬运及流通加工作业计划等。

2）第三方物流企业作业组织

第三方物流企业作业组织是指按照一定的物流作业组织形式，运用一定的机械及配套工具，遵照规定的技术标准和规范，按一定的操作过程，以合理和经济的原则完成物流作业的方法。消耗在物流过程中的时间在很大程度上与物流过程中组织和管理的方法有关。作业组织形式就是根据生产作业的需要，为不同岗位配备相应的职位和职员，做到人事相宜、人尽其才，保证作业效率。常见的第三方物流企业作业组织形式有工序制和班组制两种。

工序制是指在作业分工的基础上，为完成某项工作任务，把需要互相协作的有关人员组织在一起工作。这是由企业的客观条件和作业性质决定的，如运输企业，需要有司机和车辆修理维护、装卸搬运等工作人员，可将他们分成司机班、维修班和装卸班等一个个工作组，所以，工序制也叫工作组制。这种方法既可以发挥个人的专长，又可以发挥集体的力量。班组制是指物流企业在工作日内把不同作业任务的工作人员分成不同作业班次进行劳动的作业形式，也叫倒班制。班组制既可以增进企业内部的团结协作，又可以保证作业的连续性，从而提高企业作业效率，适合物流中心、超市等作业时间较长的企业。工序制是劳动分工在空间上的体现，而班组制则是劳动分工在时间上的体现。

第三方物流企业作业组织方法常用的是集装单元作业法。所谓集装单元，是指用各种不同的方法和器具，把有包装或无包装的物品，整齐地汇集成一个扩大了的、便于装卸和搬运，并在整个物流过程中保持一定形状的作业单元。以这样的集装单元来组织物资的装卸、搬运、存储、运输等物流活动的作业方式称为集装单元化作业，简称集装单元化。其包括集装单元化搬运、集装单元化运输、集装单元化储存。

3）第三方物流企业作业协调

第三方物流企业作业协调就是平衡作业过程中人与人、设备与设备和人与设备之间的关系，通过优化作业系统，降低作业总成本，使物流企业作业活动在投入最少的情况下效益最大化。其具体方法有：

（1）作业消除（Activity Elimination），即消除无附加价值的物流作业。企业必须首先确认不能实现价值增值的作业，进而才有可能采取有效措施予以消除。例如，厂商为确保产品是用优质的原料生产的，常对购入的原料进行检验，这就导致对产品进行拆箱和装箱的重复物流作业。如果企业选择高质量原料的供应商，即可消除检验作业，从而降低成本。

（2）作业选择（Activity Selection），即从多个不同的作业（链）中选择最佳的作业（链）。不同的物流策略通常会产生不同的物流作业，如不同的产品分销策略，会产生不同的分销作业，而作业必然产生成本。因此，不同的分销策略将会导致不同的物流成本，在其他条件不变的情况下，应优先选择物流成本最低的分销策略。

（3）作业减少（Activity Reduction），即以改善已有物流作业的方式来减少企业物流活动所耗用的时间和资源。例如，改善产品的包装作业，通过整合包装减少装卸次数及成本。

（4）作业分享（Activity Sharing），即利用规模经济提高相应物流作业的效率，也就是提高作业的投入产出比，以降低作业动因分配率和分摊到产品中的物流成本。例如，通过对多个零售店的共同配送，提高货车的重载率，就可减少单位产品的运输成本，进而降低总物流成本。

4）第三方物流企业作业控制

作业控制是保证计划目标得以实现的重要手段。作业控制要指出在作业过程中容易出错的地方，以引起注意。以一个配送中心作业系统为例，作业控制有四个关键控制点：

（1）货物遗失危害的关键控制点，易出现在暂存环节。货物遗失是指货物在作业过程中发生丢失或被盗窃等数量上的非正常减少。

（2）数据差错危害的关键控制点，易出现在到货预报、验收、订单处理和拣货环节。数据差错指的是在作业过程中的各种作业数据发生错误，如订单分类错误、储位信息错误、盘点错误、分拣货物种类错误。

（3）作业时间逾期危害的关键控制点，易出现在收货、订单处理和配送环节。作业时间逾期是指在作业过程中无法按照预定的时间完成计划的作业。

（4）货物损坏危害的关键控制点，易出现在搬运、装车和配送环节。货物损坏是指货物在作业过程中由于各种失误使质量变坏或变形而无法销售或造成其他损失。

第三方物流企业通过对这些控制点的有效控制，可以减少危害的发生，提高作业效率，减少损失。

互动课堂6-2

分小组讨论，物流作业主要围绕哪些核心作业展开？

6.3　第三方物流企业质量管理

6.3.1　质量管理与物流服务质量

1）质量管理

ISO 9000：2015关于质量管理的注释如下：质量管理包括制定质量方针和质量目标，以及通过质量策划、质量保证、质量控制和质量改进实现这些质量目标的过程。

第三方物流企业质量管理就是以同时满足商品供方和需方的物流服务要求为目标，通过制定科学合理的基本标准，运用经济的办法开展的物流质量策划、质量控制、质量保证和质量改进等所有物流管理活动的过程。

2）第三方物流服务质量的特征

第三方物流包括任何不直接生产物质产品的基本或辅助活动，或买方与卖方之间非实物商品部分的交易。与制造业中的质量特性相比，第三方物流服务的质量具有显著的特殊性：

（1）顾客的要求与性能水平常常难以界定与测量。这主要是因为这些都是由顾客来决定的，尽管提供服务的规范一样，但每一位顾客的要求不尽相同，且顾客在不同时点的判断也不一样。

（2）物流行业的"产品"定制化程度更高。第三方物流企业需要为自己的客户提供定制化服务，而在制造业中，标准基本上是一致的。

（3）第三方物流服务的质量必须等到事后方可知晓、评价、判断，所以在接受或提供服务以前，让顾客放心和产生信任是物流企业经营的关键，也是质量管理的关键。物流业要尽量地使物流的质量外化和延伸化。例如，良好的服务设施、规范化管理、优秀的物流环境、训练有素的物流从业人员、全方位标准化实施、有效认证、高质量培训、物流旅游开展、企业形象宣传、口碑传播、事先模拟演示等，都可以充分展示企业的质量特征，给顾客以放心感和安全感。

（4）人与人之间交往的融洽程度是决定服务质量的重要因素。

（5）第三方物流提供的是无形产品——服务。有形的低劣产品可以由制造商召回或更换，物流服务质量的高低只能根据顾客主观的、模糊的期望值以及以往的经验加以评判。对于被投诉的劣质服务只能采取道歉或赔偿的手段挽回声誉。

3）第三方物流服务质量评价的基本原则

（1）及时性原则：顾客等待时间的长短；当顾客需要时是否可以及时提供服务。

（2）完整性原则：是否可以提供全面的、完整的服务。

（3）系统性原则：是否可以提供一体化或一条龙式的服务。

（4）一致性原则：每次提供的服务是否都是一致的、无差别化的和不降级的。

（5）可得性原则：服务是否易于取得；服务是否在首次就操作正确。

（6）快速响应原则：服务人员能否对意外情况快速反应并迅速解决。

6.3.2　第三方物流企业质量管理的主要内容

第三方物流企业质量管理包括物流服务质量管理、商品的质量保证、物流工作质量管理、物流工程质量管理。

1）物流服务质量管理

第三方物流企业质量管理的核心是物流服务质量。物流服务质量一般包括物流技术质量和物流功能质量。

物流技术质量是物流服务的结果，一般可以用某种形式度量。物流功能质量是物流服务的过程，是客户对过程的主观感觉和认知。客户对物流服务质量好坏的评价，是客户所获得的物流服务效果和所经历的服务感受两者综合在一起而形成的完整的感受。

大部分企业将物流技术质量视为物流服务质量的核心，集中企业资源提高物流服务的技术质量，并以此作为企业竞争的主要因素。但随着竞争的加剧，企业同样应重视提供物流服务的过程，以提高物流服务的功能质量，并以此作为自己的竞争手段。

物流企业既要为现代企业生产经营过程服务，也要为现代企业产品和服务的顾客提供全面的物流服务。

物流质量因用户的不同而要求各异。在互联网时代，随着物流领域绿色物流、柔性物流等新的服务理念的提出，无人机、智能化分拣等技术的应用，物流服务也会形成相应的新的服务质量要求。

2）商品的质量保证

物流的对象是具有一定质量的实体，具有合乎要求的等级、尺寸、规格、性质、外观，这些质量是在生产过程中形成的，物流过程在于转移和保护这些质量，最后实现对顾客的质量保证。因此，对顾客的质量保证既依赖于生产，又依赖于流通。

小案例6-1

国家邮政局着力提高邮政快递服务质量

2022年以来，国家邮政局建立行业保通保畅工作机制，积极推动行业保通保畅各项工作，坚持分级分类分区推进，强化协同联动、运行监测、工作调度，及时应对医疗物资寄递需求上升、行业用工短缺、不通不畅等问题，打通了邮政快递干线和末端堵点卡点，疏解了大量积压邮件快件，有效满足了人民群众对医疗物资和民生物资的寄递需求。

为持续提升快递服务的运行能力和服务水平，今后的工作重点如下：

一是深入落实交通强国战略，实施国家"十四五"规划纲要邮政寄递工程，加强邮政快递分拨中心等基础设施建设，打造国际化现代化的市场主体。

二是完善市场准入、公平竞争、社会信用等法规制度，出台行业贯彻落实加快建设全国统一大市场意见服务构建新发展格局的实施方案。

三是发挥邮政快递业全程全网优势，妥善应对疫情等因素影响，畅通末端"微循环"，助力恢复和扩大消费。

四是扎实推进农村寄递物流体系建设，巩固"快递进村"三年行动成果，推动邮政快递业更好地服务全面推进乡村振兴。

五是落实修订后的《快递服务》国家标准，支持企业产品和服务创新，推出一批快递业与制造业深度融合典型项目，不断提高供给质量。

六是持续推广"三智一码"和自动化智能化设施设备，围绕绿色、安全、服务等重点领域加强标准研制。

七是巩固行业安全稳定的总体局面，不断提升治理能力现代化水平，为行业高质量发展提供坚实保障。

资料来源　乔雪峰. 畅通"微循环"着力提高邮政快递服务质量［EB/OL］.［2023-11-12］. http://finance.people.com.cn/n1/2023/0223/c1004-32629590.html.

3）物流工作质量管理

物流工作质量是指物流各环节、各工种、各岗位的具体工作质量。物流工作质量和物流服务质量是两个相关联但又不大相同的概念，物流服务质量水平取决于各环节工作质量的总和，所以工作质量是物流服务质量的某种保证和基础。抓好工作质量，物流服务质量也就有了一定程度的保证。同时，需要强化企业物流管理，建立科学合理的管理制度，充分调动员工积极性，不断提高物流工作质量。

4）物流工程质量管理

物流质量不仅取决于工作质量，还取决于工程质量。在物流过程中，将对产品质量发生影响的各因素（人的因素、体制的因素、设备因素、工艺方法因素、计量与测试因素、环境因素等）统称为"工程"。很明显，提高工程质量是进行物流质量管理的基础工作，能提高工程质量，就能做到以"预防为主"的质量管理。

6.3.3　第三方物流运作质量评价指标

衡量物流质量的主要指标是根据物流服务的目标确定的，即"目标质量"的具体构成内容。

1）物流目标质量指标

（1）服务水平指标

相对数指标：

服务比率=满足要求次数÷用户要求次数×100%

缺货率=缺货次数÷用户要求次数×100%

绝对数指标：

未满足用户要求数量=用户要求数量－满足要求数量

该指标等于零为最好，指标值越大，质量越差。

（2）交货水平指标

相对数指标：

交货比率=按期交货次数÷总交货次数×100%

绝对数指标：

交货期=规定交货期－实际交货期

以实际交货期与规定交货期相差日（时）数表示，正数为提前交货，负数为延迟交货。

（3）商品交货完好率指标

商品完好率=交货时完好的商品量÷物流商品总量×100%

缺损率=缺损商品量÷物流商品总量×100%

货差率=错装错卸量÷物流商品总量×100%

货损货差赔偿费率=货损货差赔偿费总额÷同期业务收入总额×100%

（4）物流费用指标

物流费用率（元／t）=物流费用÷物流总量

2）仓储质量指标

（1）仓库吞吐能力实现率

仓库吞吐能力实现率=期内实际吞吐量÷仓库设计吞吐量×100%

（2）商品收发正确率

收发质量：收发差错率=收发差错量÷期内吞吐量×100%

收发正确率=1－收发差错量÷期内吞吐量=（期内吞吐量－收发差错量）÷期内吞吐量×100%

（3）商品完好率

库存商品完好量=期内平均库存量－损坏、变质、损失量

商品完好率=（商品库存量－缺损商品量）÷商品库存量×100%

（4）库存商品缺损率

库存商品缺损率=商品缺损量÷商品库存量×100%

以上是以用户为对象，确定每批商品的质量指标。如果是对仓库总工作质量进行评定，其指标的计算应将"某批次"的数量改换为"期内"的数量。

（5）仓容利用率

仓容利用率=存货面积÷总面积×100%

（6）设备完好率

设备完好率=期内设备完好台数÷同期设备总台数×100%

（7）设备利用率

设备利用率=全部设备实际工作时数÷设备总工作能力×100%

（8）仓储吨日成本

仓储吨日成本（元／（t·天））=仓储费用÷库存量

3）运输环节质量指标

（1）正点运输率

正点运输率=正点运输次数÷运输总次数×100%

（2）满载率

满载率=车辆实际装载量÷车辆装载能力×100%

（3）实载率

实载率=一定时期内车船实际完成的货物周转量（以吨·千米计）÷（车船载重吨位×行驶千米）×100%

4）装卸搬运质量指标

装卸搬运损失率=装卸搬运损失量÷期内吞吐量×100%

视频 6-2

解决问题的
途径——
PDCA 循环

6.3.4   企业质量管理的基本方法和步骤

现代企业全面质量管理的基本方法是 PDCA 循环管理方法，是美国质量管理专家戴明博士首先提出的，又称为"戴明环"（如图 6-2 所示）。

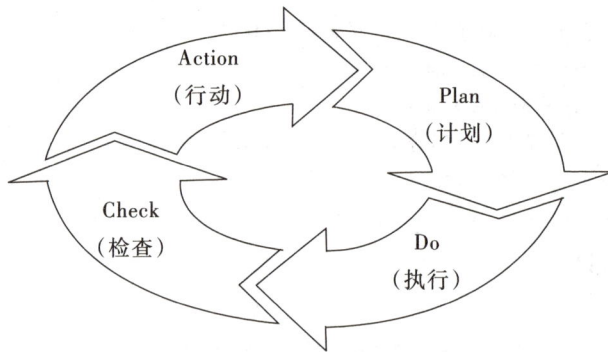

图6-2   PDCA循环管理（戴明环）

PDCA 循环的特点是：大环套小环，企业总部、分公司、班组、员工都可进行PDCA 循环，找出问题以寻求改进；阶梯式上升，第一循环结束后，则进入下一个更高级的循环；循环往复，永不停止。戴明强调持续改进质量，把产品和过程的改进看作一个永不停止的、不断取得小进步的过程（如图 6-3 所示）。

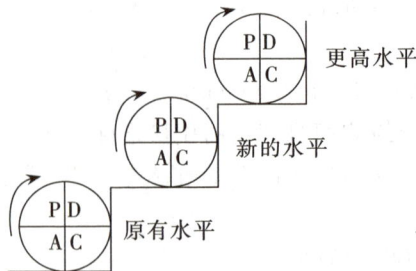

图6-3   PDCA循环上升

PDCA 的方法不仅适用于产品实现的过程，也适用于采购控制过程，还适用于运输过程和仓储过程等物流各环节的运作过程，其适用于质量管理体系的全过程。PDCA循环分为4个阶段和8个工作步骤（见表6-1）。

表6-1　　　　　　　PDCA循环4个阶段和8个工作步骤与所用管理工具

阶段	序号	方法步骤	质量管理工具
P	1	分析现状，找出质量问题	排列图法、直方图法、控制图法、工序能力分析、KJ法、矩阵图法
	2	分析产生质量问题的原因	因果分析图法、关联图法、矩阵数据分析法、散布图法
	3	找出影响质量问题的主要因素	排列图法、散布图法、关联图法、系统图法、矩阵图法、KJ法、实验设计法
	4	制订措施计划	目标管理法、关联图法、系统图法、矢线图法、过程决策程序图法
D	5	执行措施计划	系统图法、矢线图法、矩阵图法、过程决策程序图法
C	6	检查监测	排列图法、控制图法、系统图法、过程决策程序图法、检查表、抽样检验
A	7	调查效果	标准化、制度化、KJ法
	8	提出未解决的问题	转入下一个PDCA循环

6.3.5　第三方物流质量量化管理的基本工具

1）用数据层别法归类分析质量问题

数据层别法即数据分层法（Stratification），又称"分类法""分组法"，就是将性质相同、在同一条件下收集的数据归纳在一起，以便进行比较分析。例如，按不同时间进行分层，按不同班次进行分层，按使用设备的种类进行分层，按不同地点分层，按不同缺陷项目进行分层等。数据层别法经常与统计分析表结合使用。

数据层别法的使用应注意三点：第一，在收集数据前就应使用层别法；第二，可单独使用，也可与其他质量控制方法结合使用；第三，层别的对象具有可比性。

2）用帕累托（Pareto）图分析质量现状、找出问题

意大利经济学家V.帕累托（V.Pareto）于1897年在研究英国人财富和收益模式时，发现大部分所得均集中于少数人手中，而且在数学上呈现出一种稳定的关系。

帕累托图也称排列图，由两个纵坐标、一个横坐标、几个直方块和一条折线所构成，将一定时间内的质量数据按影响质量的程度大小排列，统计各项目的数据，即频数、频率、累计频率。由于影响产品质量的因素很多，通常按累计百分比将质量影响因素分为A、B、C三类。

图6-4即商品运输质量分析帕累托图。

频数（件）

100 频率（%）

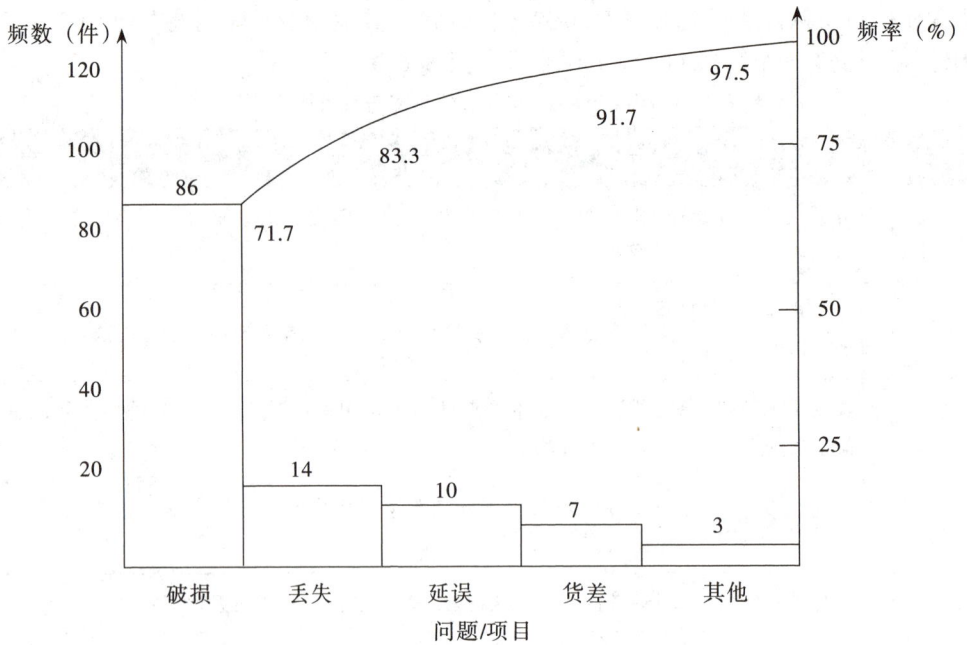

图6-4   商品运输质量分析帕累托图

帕累托图应用的注意事项：要做好因素的分类，主要因素不能过多；数据要充足；合理选择计量单位。

3）用因果图法分析影响质量问题的各种原因

因果图也叫特性因素图、鱼刺图、石川图，是整理和分析影响质量（结果）的各因素之间关系的一种工具。它形象地表示了探讨问题的思维过程，通过有条理地逐层分析，可以清楚地看出"原因-结果""手段-目标"的关系，使问题的脉络完全显示出来。

基本格式：由特性、原因、枝干三部分构成。首先找出影响质量问题的大原因，然后寻找到大原因背后的中原因，再从中原因找到小原因和更小的原因，最终查明主要的直接原因（如图6-5、图6-6所示）。

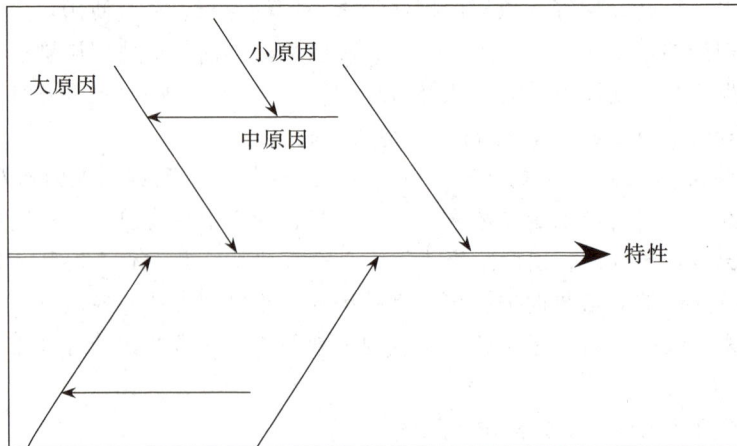

图6-5   因果图（1）

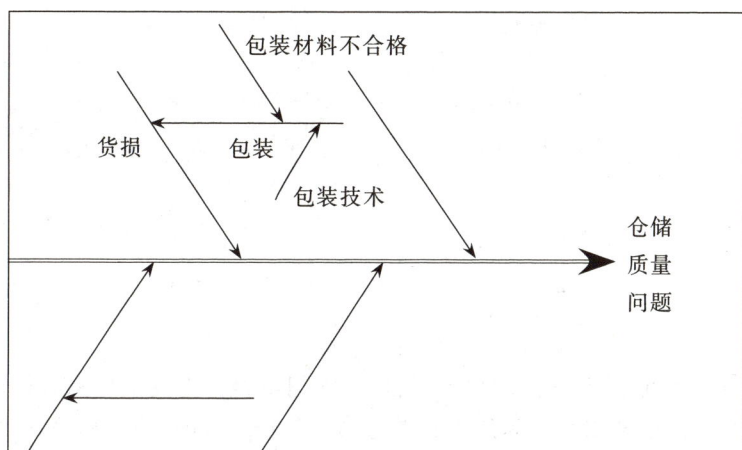

图6-6　因果图（2）

4）使用检查表实施质量检查记录

检查表又称调查表、统计分析表等。检查表以简单的数据、容易理解的方式，制成图形或表格，必要时标上检查记号，并加以统计整理，作为进一步分析或核对检查之用，目的是记录某种事件发生的频率。

检查表是质量管理七大工具中最简单也是使用最多的工具。

5）使用直方图检查效果，发现问题

直方图是一张坐标图，横坐标取分组的组界值，纵坐标取各组的频数。找出纵横坐标上点的分布情况，用直线连起来即成直方图（如图6-7所示）。

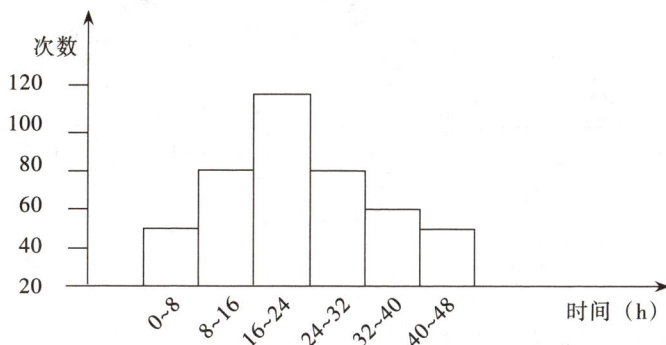

图6-7　某快递公司递送时间质量统计分析

6）用控制图分析质量波动，制定标准

控制图用来分析质量波动究竟是由正常原因引起的还是由异常原因引起的，从而判明生产过程是否处于受控状态。

如图6-8所示，图上一般有三条线，上面一条虚线叫上控制线，用UCL表示；下面一条虚线叫下控制线，用LCL表示；中间一条实线叫中心线，用CL表示。

7）使用散布图分析影响质量各因素之间的关系

散布图是分析、判断、研究两个相对应的变量之间是否存在相关关系并明确相关程度的方法。

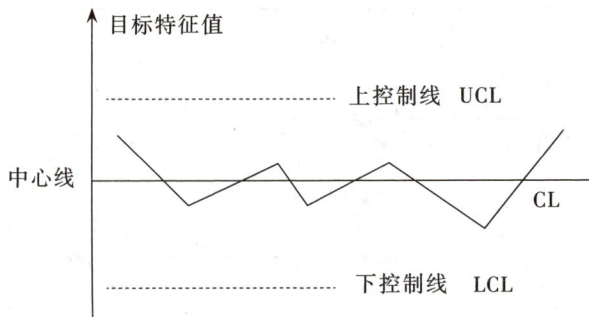

图6-8　控制图

散布图由一个横坐标 X 和纵坐标 Y 构成，根据测得数据画出坐标点，进行相关性分析。散布图可以发现属性之间的正相关（a）、负相关（b）或不相关（c）关系（如图6-9所示）。

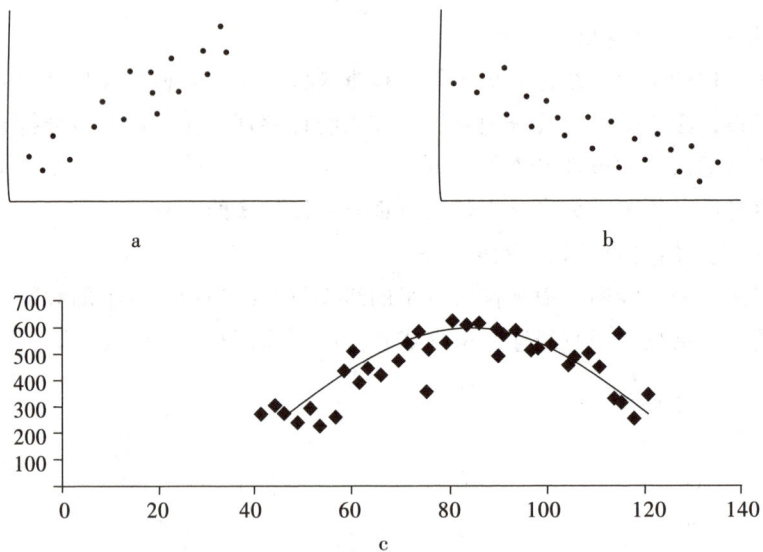

图6-9　散布图

互动课堂6-3

你认为物流企业推进质量管理的关键是什么？

6.4　第三方物流企业成本管理

物流成本通常被认为是在企业经营中较高的成本之一，继节约原材料是企业的"第一利润源泉"、降低人力资源成本是企业的"第二利润源泉"之后，降低物流成本被誉为企业的"第三利润源泉"，因此，成本管理对第三方物流企业尤为重要。

6.4.1　第三方物流企业成本构成

物流成本（Logistics Cost）是在物流活动中所消耗的物化劳动和活劳动的货币表现。

第三方物流企业成本包括：为支持企业物流运作而发生的所有费用、支出，包括企业综合管理费用。

第三方物流主要成本构成如下：

1）按成本费用发生的形态分类

（1）人工费用。人工费用是指为物流企业从业人员支出的费用，如工资、奖金及各种补贴。

（2）物品消耗磨损。物品消耗磨损是指物流作业过程中的各种物质消耗，如物料、制品、协作件的消耗，包装材料、燃料、电力等的消耗，商品等对象在物流作业中的合理损耗，车辆、设备、场地设施等的磨损与折旧。

（3）财务费用。财务费用是指用于物流企业各个环节占有银行贷款的利息支付等。

（4）管理费用。管理费用是指物流企业管理过程中发生的各种费用，如办公费、差旅费、业务招待费、咨询费等。

2）按成本费用发生的环节分类

物流企业成本分为库存费用、运输成本、流通加工费用和企业管理费用。

（1）库存费用。库存费用是指花费在保存货物上的费用，除包括仓储、残损、人力费用及保险和税收外，还包括库存占压资金的利息。把库存占压资金的利息加入物流成本，这是现代物流与传统物流费用计算的最大区别，它把降低物流成本与加速资金周转统一起来。

（2）运输成本。运输成本主要包括货物运输、装卸过程中发生的人工费用、设备折旧、营运费用和差旅费、相关税费等费用。

（3）流通加工费用。流通加工费用包括流通加工的设备费用、材料费用、劳务费用以及流通加工过程中耗用的电费、油费、管理费等费用。

（4）企业管理费用。企业管理费用是指企业行政管理部门为管理组织经营活动而发生的各项费用，包括公司经费、工会经费、职工教育经费、劳动保险费、待业保险费、董事会费、咨询费、审计费、诉讼费、绿化费、土地使用费、土地损失补偿费、技术转让费、技术开发费、无形资产摊销、开办费摊销、业务招待费、坏账损失、存货盘亏毁损和报废（减盘盈）损失，以及其他管理费用。

3）按成本费用与产品或服务的关系分类

（1）直接费用。直接费用是指车辆司机和助手、仓库管理人员的工资和福利费，为存储货物所支出的货物养护、保护费用，营运车辆运行过程中所耗用的各种燃料费、装卸搬运费。

（2）营运间接费用。营运间接费用是指设施的折旧和机械设备的折旧，用于设备、设施和运输工具的定期大修理费用，业务部门发生的办公费、人员培训费、差旅费、招待费、营销费、水电费等，货物损坏而需要物流企业赔付的费用等。

（3）营运期间费用。营运期间费用是指发生在一定会计核算期的企业行政管理部门为管理组织经营活动而发生的各项费用，包括公司经费、工会经费、职工教育经费、劳动保险费、待业保险费、董事会费、咨询费、审计费、诉讼费等。

小资料6-1

物流服务与成本的关系

日本学者菊池康也教授把物流服务与成本的关系归纳为四个方面：

（1）在物流服务水平不变的前提下考虑降低成本。不改变物流服务水平，通过优化物流系统来降低物流成本，这是一种追求效益的方法。

（2）为提高物流服务水平而不惜增加物流成本。这是许多企业在针对其特定顾客或其特定商品面临激烈竞争时采取的积极做法。

（3）在成本不变的前提下提高物流服务水平。这是一种追求效益的办法，也是一种有效地利用成本性能的办法。

（4）用较低的成本来实现较高的物流服务。这是增加销售、效益，具有战略意义的办法。

资料来源　菊池康也. 物流管理［M］. 丁立言，译. 北京：清华大学出版社，2002.

6.4.2　第三方物流企业成本管理内容

成本管理的内容有成本预测、成本决策、成本计划、成本控制、成本核算、成本分析（如图6-10所示）。

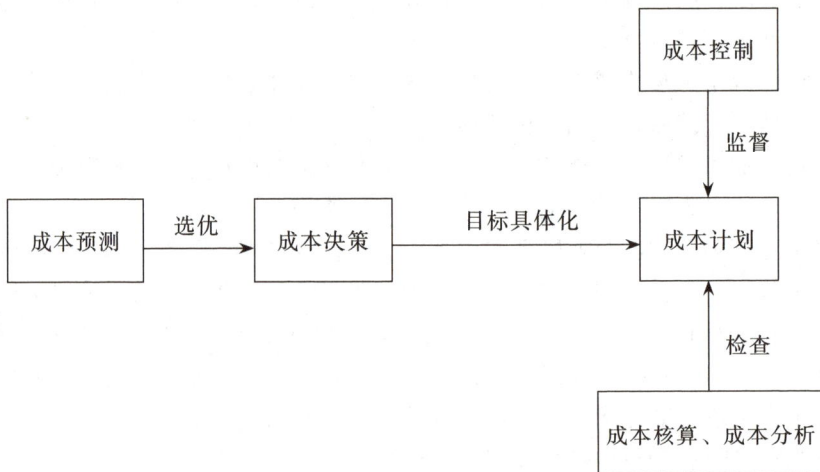

图6-10　成本管理

1）成本预测

成本预测是指根据有关成本数据和企业的具体发展情况，运用一定的技术方法，对未来的成本水平及其变动趋势做出的科学估计。

成本费用的高低是企业生存发展的关键，降低成本费用是编制成本费用预算的基本要求，先进合理的消耗定额是编制成本费用预算的重要基础。

2）第三方物流企业成本控制

在物流管理活动中，企业必须控制物流计划的执行情况，把实际数据同原定的目标、计划、预算、标准、定额进行对比，找出偏差，从中发现问题或潜力，采取措施加以纠正或修订计划，以提高物流活动的经济效益。

第三方物流企业常用的成本控制方法主要有标准成本控制法和作业成本控制法。

标准成本控制法是指以事先制订的标准成本为依据，对生产运营中实际发生的费用进行全面的控制和考核的一种成本控制方法。作为比较有效的成本控制方法，其应用较为广泛，如货物运输企业针对不同车辆、货物、路况等相关因素制订的油耗标准。

作业成本控制法是以生产作业为基础计算和控制成本的方法。它的实施前提是作业成本的合理归集，如货物同城配送包括分拣、包装、装卸、运输派送等作业耗费。

3）成本核算的方法

成本核算方法是指将与成本核算对象相关的费用归集并分配至该成本核算对象的具体方法。成本核算方法的不同将会对费用的归集及分配路径产生重大影响，进而影响成本核算对象的最终成本数据。第三方物流企业的成本核算方法主要有营运成本法和作业成本法。

（1）营运成本法。

营运成本法是源于我国传统交通运输企业的成本核算方法。在交通运输业，通常将运输、装卸等生产经营业务统称为营运业务，将运输、装卸等业务成本统称为营运成本。鉴于第三方物流企业业务活动与交通运输企业业务活动之间的密切联系，按照现行成本核算原则和方法，我们将第三方物流企业物流成本核算的方法界定为"营运成本法"。

营运成本法对企业经营物流业务所发生的能够直接归属于某一物流业务（或具体业务订单）的各项费用，包括运输费、仓储费、装卸费、增值服务费、保险费、税费、事故损失与违约赔偿费等，按成本受益对象和成本项目归集，直接计入某一项物流业务的成本中。

企业作业职能部门主要负责物流业务合同签订后各个物流业务环节的具体运作，因承担物流业务而发生的费用，属营运间接费用。这部分费用需要通过选择合适的分配标准分别计入不同的物流业务成本，如仓库管理费用、运输设备维护费用等。

物流企业管理职能部门发生的费用，如员工培训费、办公费等，计入管理费用。

（2）作业成本法。

作业成本法以作业为中心，通过不同作业环节作业成本的确认和计量，对所有作业活动进行追踪和动态反映，清晰地说明物流成本增加的具体原因，明确降低物流成本的责任部门，从而尽可能消除"不增值作业"并改进"可增值作业"，为降低物流成本提供思路，提高决策、计划、控制的科学性和有效性，以促进企业管理水平不断提高。

小案例6-2

比亚迪全新纯电动重卡再领浪潮

物流产业作为我国各大产业中名副其实的"污染物排放大户"，向来是政府推动绿色环保发展的重点治理对象。据生态环境部统计，2019年全国货车氮氧化物、颗粒物排放量分别为519.6万吨、6.2万吨，占汽车排放总量的83.5%、90.1%，而重型货车的氮氧化物、颗粒物排放量分别为460.7万吨、3.6万吨，占货车排放总量的74%、52.4%。

　　从以上数据可以看出，若想推动我国物流行业绿色化转型，首先要解决的就是重卡污染排放问题。其实近年来，我国已经在重卡排放治理方面出台了诸多政策法规，效果最为显著的无疑是国Ⅴ排放标准以及国Ⅵ排放标准。但国Ⅵ排放标准也只是我国实现碳达峰、碳中和目标的一个过渡阶段，最终目标还是要推动物流行业向新能源方向发展。可见，新能源重卡的广泛应用对于降低行业整体排放至关重要。

　　也许很多人会认为新能源重卡距离广泛应用还很远，其实不然，我国新能源重卡制造技术近几年发展迅速，大有跻身世界一流之势。据了解，国产新能源重卡已经在港口物流、场内物流、城际干线物流等中短途场景得到广泛应用，并获得大量物流企业的高度认可。

　　比亚迪作为全球领先的电动车制造行业领导者，在电动卡车方面早有布局，是全球最早一批投入新能源卡车研发的企业。截至目前，比亚迪已交付纯电动卡车及专用车超过1.3万台，进入了北京、深圳、西安、杭州等国内城市和美国、加拿大、巴西、澳大利亚等海外市场，领先国际主流品牌2~3年时间。

　　当前，在我国大力推动碳达峰、碳中和的背景下，物流行业很有可能会迎来更为严格的二氧化碳及污染物排放法规。从中短期来看，这些举措无疑加重了物流企业运营成本，甚至会淘汰部分濒临危机的企业；从长期来看，对于改变物流行业"以环境代价换经济增长"的现状具有重要作用，也符合国家长远发展利益。新能源重卡作为物流行业绿色化转型的攻坚利器，应用前景一片大好。比亚迪作为全球领先的电动车领导者、纯电重卡的先行者，相信未来也能够凭借技术优势获得更多物流企业的认可，在帮助企业实现绿色化转型的同时完成企业降本增效的目标。

　　资料来源　中国物流与采购网．物流行业绿色化转型正当时，比亚迪全新纯电动重卡再领浪潮[EB/OL]．[2022-01-12]．http：//www.chinawuliu.com.cn/zixun/202104/27/547545.shtml.

　　4）成本分析方法

　　成本分析法（Cost Analysis），是利用成本核算及其他有关资料，分析成本水平与构成的变动情况，研究影响成本升降的各种因素及其变动原因，寻找降低成本的途径的分析方法。其主要有两种方法：

　　（1）比较分析法。

　　①横向比较。横向比较是指把企业的不同部门、不同作业环节的成本费用分别计算出来，然后进行横向比较，看哪部分发生的费用最多，查明原因，改进管理方法，以便降低企业成本。

　　②纵向比较。纵向比较是指把物流企业当年的费用与历年的各项费用加以比较，如果当年的费用增加了，就分析一下为什么增加，在哪个地方增加了，增加的原因是什么。若增加的是无效费用，则立即改正。

　　③计划与实际比较。计划与实际比较是指把企业当年实际的成本费用与原来编制的成本费用预算进行比较，如果超支了，就分析一下超支的原因，在什么地方超支。这样便能掌握物流企业在管理中的问题和薄弱环节。

　　（2）排除法。

　　在物流成本管理中有一种方法叫活动标准管理，英文缩写为ABM（Activity Based Management）。其中一种做法就是把与物流相关的活动划分为两类：一类是有附加价值的活动，另一类是无附加价值的活动。例如，在商品流通过程中，如果能采用直达送货的话，则不必仓储，排除或尽量减少在物流过程中的非增值作业，节约物流费用，提高成本的直接追溯性。

互动课堂6-4

试分析第三方物流如何均衡成本与服务之间的关系。

6.4.3　第三方物流企业降低成本费用的途径与方法

物流合理化是降低物流成本费用的根本途径。

（1）运输批量的合理化：减少运输次数、提高装载效率、设定最低订货量限额、实施计划运输、推进共同运输。

（2）库存量的合理化：加强库存管理、适当配置库存量。

（3）物流作业的合理化：机械化、集装箱化、托盘化。

（4）确立物流信息系统的合理化。

企业降低物流成本费用的合理对策和具体方法参见表6-2。

表6-2　　　　　　　　　　　降低物流成本费用的途径与方法

费用种类	降低物流成本费用的途径与方法
规划设计	（1）合理进行物流运营网络规划设计，线路及节点选择设置利于物流资源整合； （2）以标准化、信息化、自动化、智能化提高整体效率，降低作业成本
运　费	（1）商物分离，缩短物流距离，加大由工厂直接发送货物的力度，缩短运程； （2）减少运输次数、加大运输量、提高车辆的装载效率，达到规模效应； （3）推进共同运输，干线运输与支线及末端配送结合
仓储费	（1）减少库存量； （2）排除无用的库存； （3）提高仓储设施设备利用率
包装费	（1）使用低成本环保包装材料； （2）包装简单化，可循环使用为首选； （3）包装作业机械化

在物流功能之间，一种功能成本的削减会使另一种功能成本增加，即物流效益背反规律。因为各种成本之间互相关联，必须考虑整体的最佳成本。

企业对物流的控制和管理，实际上就是成本与服务之间的一种均衡，而且在市场经济环境下，服务甚至比成本更重要。应该说，只要企业客户服务水平的提高所带来的效益大于其成本支出，这种决策就是可取的。

物流人物专栏

何林竹，男，汉族，1967年1月出生，浙江义乌人，大学专科学历。现任浙江巨化物流有限公司工务车间线路班班长，铁路线路工技师。连续4次获集团技术大比武冠军和"技术能手"称号，连续5年获"巨化集团优秀员工"称号；2017年度被评为巨化集团劳动模范。该同志从业以来，一直从事铁路专用线线路养修工作。36载坚守，践行初心，带领团队精准养修，创新管理，先后参与研究并完成路基道床等技术革新，消除了道岔线路关键病害多处。该同志带领的"劳模创新工作室"先后攻克多项技术难题，主持的QC成果多次获得全国石化优秀成果奖，以该同志名字命名的C1道岔成为道岔养护的标杆。疫情暴发期间，为确保战"疫"物资运送和集团生产物流保障，该同志无惧风雨，当好了铁路专用线的"守护神"和"逆行者"。

2020年10月，何林竹被授予"浙江省物流行业劳动模范"荣誉称号。

资料来源　浙江省发展改革委服务业处.关于全国物流行业先进集体、劳动模范和先进工作者拟表彰名单的公示［EB/OL］.［2020-12-15］. http://fzggw.zj.gov.cn/art/2020/10/9/art_1599544_58922658.html.

●■基本训练■●▶▶

□ 知识题

1.单项选择题

（1）通过对多个零售店的共同配送，提高货车的装载率，减少单位产品的运输成本，我们称之为（　　）。

A.作业分享　　　　　B.作业增值　　　　　C.作业选择　　　　　D.作业消除

（2）（　　）是应用最为广泛和有效的一种成本控制方法。

A.标准成本控制法　　B.作业成本控制法　　C.质量成本控制法　　D.ERP成本控制法

（3）把物流企业当年的费用与历年的各项费用加以比较分析的方法是（　　）。

A.横向比较法　　　　　　　　　B.纵向比较法

C.计划与实际比较法　　　　　　D.排除法

2.多项选择题

（1）存货仓储成本包括（　　）。

A.仓储设施成本　　　　　　　　B.仓储服务管理成本

C.存货资金成本　　　　　　　　D.存货风险成本

（2）仓库管理和操作指标体系包括（　　）。

A.库存准确率　　　B.入库准确率　　　C.出库准确率　　　D.仓储破损率

3.简答题

（1）物流企业作业管理的内容和目标是什么？

（2）简述第三方物流质量管理的主要内容。

●■综合应用■●▶▶

□ 案例分析

一个瓦楞纸制成的快递纸箱，售价最低仅0.2元，却在电商平台百亿交易量的加持下，给快递行业和环境同时带来重压。

在2017年10月16日举行的苏宁易购O2O购物节发布会上，苏宁易购宣布，"双11"期间，苏宁物流将投放20万个共享快递盒，用于3C、母婴、快消易碎商品的自提、送货上门服务，预计将覆盖包括北京、成都、南京、广州等13座城市。

据悉，苏宁易购目前使用的漂流箱由普通PP材料制成，单个制作成本约为25元，平均每周可循环6次，预计单个快递盒使用寿命可达1 000次以上。苏宁易购总裁侯恩龙介绍："如果全行业排名前列的快递公司全部使用共享快递盒，那么在此次'双11'期间，快递行业可以为中国省下46.3个小兴安岭。"

资料来源 吴文治，曲英杰．纸箱成本增加 共享快递盒能否减压［N］．北京商报，2017-10-18.

问题：降低物流包装成本的方法有哪些？

□ 实训题

1.从图6-11中找出违规作业。

图6-11 违规作业示意图

2.某配送中心4月份配送商品总计2 000件，总重300吨，收入300 000元，成本150 000元，发生缺损4件，错送错卸8件，赔偿客户1 500元。

计算分析4月份的以下数据：

（1）商品完好率。

（2）货差率。

（3）货损货差赔偿率。

（4）商品缺损率。

（5）物流费用率。

3.某仓库库容设计200 000立方米，月吞吐量1 000 000立方米，4月平均实存商品4 000立方米，入库3 000立方米，出库2 000立方米。

计算：（1）仓容利用率。

（2）吞吐能力实现率。

第7章
第三方物流企业合作关系管理

学习目标

□ 知识目标:
　　了解第三方物流企业合作关系构成, 供应链成因, 明确物流合作伙伴选择的基本原则和选择流程。

□ 能力目标:
　　掌握物流企业绩效考核指标的具体计算方法、物流运作资源整合的具体方法; 具备选择、评估、管理第三方物流企业合作伙伴的能力。

□ 素养目标
　　培养学生供应链一体化管理思维和行为习惯, 贯彻资源共享、合作共赢理念, 在市场竞争与合作的协调中, 提升社会责任感。

7.1 第三方物流企业合作关系管理概述

7.1.1 物流合作关系管理

1）物流企业合作关系定义

广义的物流企业合作关系是指物流企业为实现经营目标，与相关企业或个体建立起的各种经济合作关系。狭义的物流企业合作关系仅指围绕物流相关业务形成的基于物流供需的合同关系或基于物流市场共同利益最大化的联盟关系。

2）物流企业合作关系构成

第三方物流企业合作关系的构成如图7—1所示。

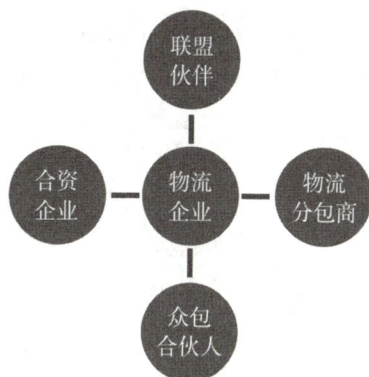

图7-1 第三方物流企业合作关系示意图

联盟伙伴，是在资源共享、风险共担、利益共享的基础上建立的一种定制化商业关系。双方（或多方）为了共同的利益，建立广泛的合作，创造竞争优势，产生比单一公司更大的绩效。

合资企业，是股权参与型合资，是由合作走向一体的深度合作关系。

物流分包商，是物流企业之间最常见的基于合同、职责分明的物流服务供需关系。众包则是物流分包的极致形式。

3）物流企业合作关系管理

第三方物流企业合作形式多样，管理重点在以业务外包为特征的物流服务供应商管理。

第三方物流核心企业将物流部分功能外包应纳入物流供应链管理范畴。

国家标准《物流术语》将供应链（Supply Chain）定义为生产及流通过程中，围绕核心企业的核心产品或服务，由所涉及的原材料供应商、制造商、分销商、零售商直到最终用户等形成的网链结构。

物流是产品制造与流通供应链上重要组成（链条）部分，伴随产品供应链的发展，作为为客户提供劳动服务的第三方物流核心企业以各种服务功能性、地域性业务外包合作，形成第三方物流服务供应链。

供应链管理就是从供应链整体目标出发，对供应链中采购、生产、销售各环节的商流、物流、信息流及资金流进行统一计划、组织、协调、控制的活动和过程。

物流企业合作关系管理是指认识、选择物流合作伙伴，建立物流合作关系，通过资源调配、业务流程再造等，达到降低运营成本及提高企业收入的目的。

小资料7-1

罗宾逊物流于1905年在北美成立，商业模式是轻资产的第三方物流模式，即以合同形式为客户提供供应链解决方案以及其他相关增值服务。其分布在全球的6万个运输服务供货商提供了卡车运输、铁路运输、空运运输和海运运输等服务，核心航线包括跨太平洋东向航线、亚洲至大洋洲航线、亚洲至欧洲航线及跨太平洋西向进口航线。

全球领先的第三方物流市场研究机构 Armstrong & Associates 联手 Transport Topics 公布2023年北美物流100强名单。在这份名单中，罗宾逊物流以总收入238.74亿美元位列第一。

小词典

合伙人

合伙人模式是生态上的协同关系，其有多种存在模式，如股权分配式、资源互补式，分工协同式、平台聚合式，但无论哪种模式，都基于优势互补，达到风险最小化、利益最大化的目的。

第三方物流企业合伙人就是指提供物流作业运作资源保障的企业或个体，包括但不限于：各种类型的运输企业或车主，仓库业主，装卸设备、包装设备拥有者，物流IT企业等。

7.1.2　物流合作关系成因

通常物流合作关系成因有3个：驱动（Driver）因素、促进（Facilitator）因素和组成（Component）因素。3个因素促使预期目标达成，如图7-2所示。

1）驱动因素：推动双方合作的根本因素

（1）双方对资产、成本效益的衡量：这种合作关系有利于降低成本或提高资产利用率，包括资产节约及配送、搬运、包装、信息处理等成本的降低和管理效率的提高等。

（2）服务水平：这种合作关系有利于提高客户服务水平，促进及时性、准确性服务，提高订单满意率等。

（3）对利润稳定增长的预期：这种合作关系有利于营销，包括新市场的进入、联合开发新产品和新品牌、产品（服务）销售地理覆盖范围的扩大、市场份额的稳定、销售规模扩大、供应保证、利润增长等。

2）促进因素：促进合作关系发展的环境支持因素

（1）文化兼容性：合作企业在稳定发展的价值观、战略计划和目标等方面的一致性。

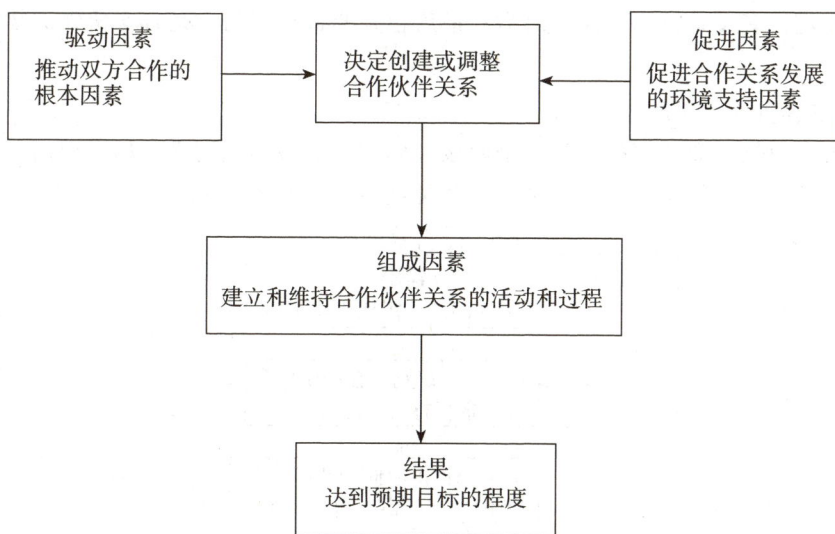

图7-2 促成合作伙伴关系的因素

（2）管理理念和技术的可融合性：合作企业在组织结构、TQM的使用情况、激励机制等方面融合的可能性。

（3）相互性：双方管理者是否能站在对方的立场考虑问题，是否能考虑对方的利益，是否能告知对方自己的目标，是否持有长期合作的观念。

（4）对称性：实力对等性，包括各自在行业中的市场份额、财务能力、品牌形象、声誉、技术先进性。

3）组成因素：建立和维持合作伙伴关系的活动和过程

合作企业共同制定运作规划，共同进行运作控制，保证实时的信息沟通等。

4）结果：达到预期目标的程度

良好的物流合作关系不仅能提高企业的物流服务水平，降低物流成本，而且可以加强合作双方企业的市场竞争力，改善经营绩效，实现双赢。

7.2 第三方物流企业合作伙伴选择

第三方物流企业的服务质量在很大程度上取决于其物流供应商的服务水平。如何选择物流服务供应商，整合分散的中小型物流分包供应商将是考验第三方物流企业管理能力的主要方面。

7.2.1 合作伙伴的选择

1）选择合作伙伴的基本原则

合作伙伴选择的基本原则是"QCDS"原则，也就是质量、成本、交付与服务并重的原则。

在这四者中，质量因素是最重要的，首先要确认合作伙伴是否建立了一套稳定有效的质量保证体系；其次是成本与价格，通过双赢的价格谈判实现成本节约；再次是在交付方面，需确认合作伙伴是否具有物流所需的特定设施设备和运作能力，人力资源是否充足，有没有扩大产能的潜力；最后也是非常重要的，是合作伙伴的物流服务记录。

2）选择合作伙伴的流程

物流企业供应商的选择分为五个阶段，即初始准备、识别潜在的供应商、供应商初选和精选、建立供应商关系以及供应商关系评估（如图7-3所示）。

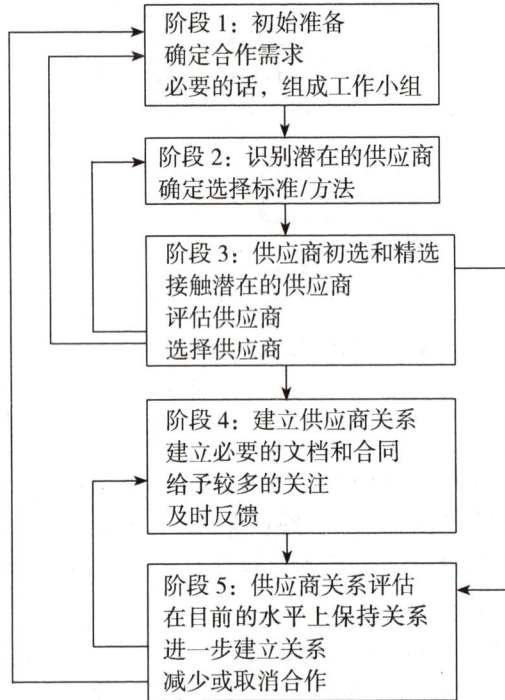

```
┌─────────────────────────────┐
│ 阶段1：初始准备              │
│ 确定合作需求                │
│ 必要的话，组成工作小组      │
└─────────────────────────────┘
              ↓
┌─────────────────────────────┐
│ 阶段2：识别潜在的供应商      │
│ 确定选择标准/方法           │
└─────────────────────────────┘
              ↓
┌─────────────────────────────┐
│ 阶段3：供应商初选和精选      │
│ 接触潜在的供应商            │
│ 评估供应商                  │
│ 选择供应商                  │
└─────────────────────────────┘
              ↓
┌─────────────────────────────┐
│ 阶段4：建立供应商关系        │
│ 建立必要的文档和合同        │
│ 给予较多的关注              │
│ 及时反馈                    │
└─────────────────────────────┘
              ↓
┌─────────────────────────────┐
│ 阶段5：供应商关系评估        │
│ 在目前的水平上保持关系      │
│ 进一步建立关系              │
│ 减少或取消合作              │
└─────────────────────────────┘
```

图7-3　第三方物流企业合作伙伴的选择流程

7.2.2　合作伙伴的信息收集与分析

1）合作伙伴的信息收集

第三方物流企业可以通过各种公开信息和渠道得到合作伙伴的信息。这些渠道包括合作伙伴的主动问询和介绍，通过专业媒体广告、互联网搜索、行业会展等有具体指向性地收集合作企业或个人信息。在这个步骤中，最重要的是对合作伙伴做出初步的筛选。建议使用统一标准的合作伙伴情况调查表（见表7-1、表7-2、表7-3）来整理合作伙伴提供的信息。这些信息应包括合作伙伴的注册地、注册资金、主要股东结构、生产场地、设备、人员、主要产品、主要客户、生产能力等。

2）合作伙伴的信息分析

企业可以评估合作伙伴的运作能力、供应的稳定性、资源的可靠性及综合竞争能力。在这些合作伙伴中，剔除明显不适合进一步合作的企业后，就能得出一个合作伙伴考察名录。然后派出由相关人员组成的团队对其进行现场审查和详细认证，并从不同方面进行列表评估（见表7-4），得出选择结果。

表7-1　　　　　　　　　　合作伙伴调查表——公司情况介绍

企业基本情况	公司名称				成立时间	
	法人代表		注册资金		经济性质	
	公司地址					
	经营范围					
	优势业务					
	营运执照	注册号			有效期	
	道路经营许可证号					
	海洋运输代理许可证号					
	航空运输代理许可证号					
	其他证件					
联系方式	办公地址				邮政编码	
	联系人			电话	传真	
	电子邮件				企业网址	
企业文化	经营理念					
	质量方针					
	企业目标					
经营现状	人员构成	总数		管理人员		操作人员	
		本科以上		本科		专科	
	质量认证	体系名称		通过时间		有效期至	
		若没有实施认证体系，则计划实施认证时间为					
	信息系统	系统名称		实施时间		开发单位	
		系统功能					
	运输能力	车辆数量			总吨位		
	仓储能力	仓库数量			总面积		
	主要客户						
	盈利水平	年营业额		万元人民币	利润水平（%）		
		运输收入		万元人民币	仓储收入	万元人民币	
		其他收入			万元人民币		

表7-2   **仓储能力调查表**

仓库名称一				
仓库地址				
交通情况				
仓库占地面积	库房建筑面积	库房幢数	叉、吊车台数	叉、吊车吨位
配送车辆名称	型号	数量	购入日期	
仓库名称二				
（同上）				

仓库总面积：＿＿＿＿＿＿平方米

仓库性质：＿＿＿＿＿＿合同仓库

仓库主要储存货品：＿＿＿＿

仓库主要设施（主要指硬件）：＿＿＿＿

铲车数量：＿＿＿＿＿超重吨位：＿＿＿＿

液压手拖车数量：＿＿＿＿

是否可提供集装箱车装卸货平台：   是   否

（如列示不详请在下面继续填写）

仓库人员是否经过适当培训：   是   否

是否建立了标准作业程序：   是   否

请简单陈述进库和出库控制程序：

是否用计算机进行结账和存货控制：   是   否

如是，使用＿＿＿＿＿＿＿＿＿（填写仓库管理软件名称）

材料搬运设备是否制定了相应的预防性维修规划：   是   否

仓库是否有防止商品被窃和变质的安全系统或措施：   是   否

仓库对货物是否有保温设施：   是   否

表7-3　　　　　　　　　　　　　　　　运输能力调查表

陆运能力调查						
车辆情况	车　　型	品　牌	吨　位	容　积	数　量	使用年限
	总　　计					
网络情况	长途运输网络					
	长途运输网络的网点					
	使用的主流车型及数量					
	市区配送网络					
	具备配送能力的城市及网点情况					
	配送的主流车型及数量					
跟踪手段	GPS/GIS 使用率					
	司机手机使用					
	其他跟踪手段					
	信息反馈手段					
	水运能力调查					
线路						
	空运能力调查					
线路						

表7-4　　　　　　　　　　　　合作伙伴的评估标准表

评估指标	合作伙伴评级 低→高（1 2 3 4 5）	×	该指标对公司的重要性 （0 1 2 3 4 5）	加权综合得分 0~25
合作伙伴A				
质量				
价格				
可得性				
……				
合作伙伴A总分				
合作伙伴B				
质量				
价格				
可得性				
……				
合作伙伴B总分				

7.3　物流运作资源整合

物流运作资源是产业资源的另类形态，具体包括仓储资源、运力资源、人力资源、信息资源、管理资源等。

7.3.1　物流运作资源整合的含义和原因

1）物流运作资源整合的含义

物流运作资源整合是指将物流合作各方的各种资源集中在一个合作系统中进行统一设计和运用，在保持资源间有效衔接的前提下，实现资源成本的最低化和资源效益的最大化。

2）物流运作资源整合的原因

（1）物流市场优质大客户倾向于将供应链的主要物流环节外包给尽可能少的大物流公司，而建立一个高效综合型的物流企业所需投入的资本日益增加，集中物流优势资源，增强企业核心能力，外包非核心部分物流业务是第三方物流企业做大做强的有效途径。

（2）从一个企业资源的有限性与资本效益的最大化方面考量，物流运作地域广泛，业务繁杂。从经济效益角度考虑，企业没有必要也不可能拥有全部运作资源，如铁路车辆、货运飞机等。充分利用现有的物流设施、设备，通过外包、共享或购买服务等方式整合并合理利用社会存量物流资源，是我国迅速发展第三方物流的重要途径。

（3）第三方物流企业通过兼并和联合的方式来提高其服务能力，集中与整合是第三方物流企业的发展趋势。

7.3.2 运输资源整合

物流企业在物流操作业务执行和实施的过程中，经常需要外部不同的运输工具予以支撑和配合。运输资源整合就是要实现外部运输资源的可调用性、资源使用的有效性、服务质量的一致性和成本的可控制性。

1）运输设施整合

（1）合同式，即与具有集团作业能力的运输合作伙伴——承运商签署长期的运力供应合同，租用成建制的车队或铁路车辆、航空容器，以支持规模化的物流业务操作。这种形式的运输资源支持主要表现在物流企业与承运商之间在明确一定的基础条款（主要为结算条款）之后，承运商承诺为物流企业提供一定的运输能力支持，从而保证了运力在使用时的可及时调用。这些承运商一般均为有成建制的车队的独立企业，有较强的资源实力和业务操作能力，是物流企业稳定的合伙人。

采取此种方式整合运输资源，其保险责任及保险费用应事先明确。

（2）"化零为整"，即通过租赁的方式将社会零散运力资源组合在一起，形成具有较大规模的运作基础资源系统。这种方式的资源整合一般仅局限在公路运输中对个体零散汽车或其他机动车的整合。

表7-5为某物流公司的运作资源档案（已运作业务）。

表7-5 运作资源档案

车辆档案							
车辆牌号	驾驶员	车 主	车辆型号	核定载重	车辆尺寸	车况评价	其 他
运作实绩							
承运货品	货品数量	承运时间	起讫点	运输里程	结算运费	其他杂费	服务评价
附件：驾驶证、行驶证复印件（扫描件）							

物流企业通常通过向社会发布相关信息、对有意向的车主和车辆进行信誉度和业务水平的评估、与符合条件的车主签订作业协议等方式，吸引社会零散车辆，支持其物流运作。

采取此种方式整合运输资源，须以严格的档案管理为基础，既要保证车辆能在需要时被有效征用，又要防止不法车主可能会给企业带来各种损失。

小资料7-2

150万家企业客户，货拉拉靠什么服务

货拉拉于2017年12月面向企业用户推出了企业版货运服务，如今其企业客户超过50万家。能够服务如此量级的客户，货拉拉企业版在多个方面做足了准备。

截至 2022 年 4 月,其月活跃司机超过 62 万,不仅可以做到 7×24 小时随时响应,而且基本是 30 秒内响应,随叫随到。从车型上看,从面包车到 13 米货车,覆盖了超过 24 种车型,也能够匹配货主多样化需求。

货拉拉企业版扮演了承运人的角色,分别与货主、司机签订服务协议,在日常服务中也有调度人员负责居中协调。此外,货拉拉也会对司机进行客户服务标准的宣传以及督促司机保质保量完成运输服务,提高司机的服务意识。

资料来源　编者根据货拉拉官网资料整理。

2）运输线路整合

运输线路整合是指在物流企业业务量较大的两个或两个以上城市之间,以"定线、定班、定时"的方式开辟公路(或铁路、航空)的直达运输专线,一方面用于支持企业内部所需的业务运作,另一方面可以有效吸纳社会零散货源,以弥补固定货源不足,降低运作成本,提高运作效益。

专线运输包括公路专线运输、铁路专线运输和航空专线运输三种不同的方式,是物流企业针对其特定客户的货物交付需求和市场货物运输现状,实施资源整合的一种独特的形式。它不仅可以使物流企业的业务操作更具计划性和可控性,而且对物流企业来说其经济效益也是非常可观的。

受客户业务可能会出现波动和运输市场潜在变化因素的影响,固定业务和临时业务相结合是物流企业经常采取的操作方式之一。

3）运输方式整合

物流公司的运输资源整合还体现在对不同运输方式灵活而有效的运用上。利用公路、铁路、航空和水运等不同运输方式在运输时间、运输距离、运输质量和运输价格等方面的不同优势,实现货物运输在各种不同方式之间的最优匹配和衔接。例如,将对时间性和直达性要求不高的货物尽可能转移或"化零为整"集合到铁路运输(或水路运输),将部分适合公路运输的航空货物分解到公路运输以保持完全的直达性,这样充分利用各种运输方式的联运功能,以促进整个运输过程在时间和成本上的系统最优。

4）运输资源综合整合

不同承运工具在运输能力、装载数量上与货物种类、货物流量及流向相匹配和衔接。由于货物的重量、尺寸和流量、流向不尽一致,物流企业在承运货物时对运输工具的选择,以及在对同流向货物的搭配运输上均有很大的操作空间(见表 7-6)。

表 7-6　　　　　　　　　　　　　运输资源综合整合

整合点	主要方法	说　明	作　用
产品	低附加值+高附加值	薄利多销,加不确定性高利业务	
客户	大客户+小客户	以业务量大、稳定的大客户为主	
线路	去程+来程	避免空驶	提高资源利用率,降低成本,提高效率,增加利润
货种	重与轻搭配	货物体积和重量	
时间	"高峰与低谷"调节	运输、仓储时间交叉,业务均衡分布	

（1）轻重货的互补。

对同一线路的重货和轻货在不影响配载规定的前提下要合理搭配，充分利用车辆的载重能力和容积，以提高运输效益。

（2）均衡货流。

有目的地开发回程客户，以降低空载率，使货流相对均衡。

运输资源整合不是独立的概念，也不是一个单独的实施系统。运输资源整合应与相关操作环节紧密结合，使运输、仓储、中转、搬运、包装等物流作业系统达到整体最优化、综合最优化。

小案例7-1

F公司的物流新方案

某物流企业（代称F公司）在进行市场调查时发现，某著名电器生产商（代称X公司）生产的冰箱在往西南地区分销时基本采用公路运输，而同时具有大致相同运输线路的某食品生产企业（代称W公司）生产的儿童休闲食品也采用公路运输方式进行分销。F公司的市场人员对X公司的冰箱和W公司的儿童休闲食品均采用公路运输的方式提出了疑问，因为对于时间要求不是很高，且运输距离在800千米以上的运输，采用公路运输并不是一个最佳方案。详细的市场调查让市场人员大吃一惊：因为冰箱自身的特殊性，其在运输过程中只能立式放置，而铁路以路基为基础的限高不能超过5米，否则列车在涵洞和隧道中将不能通行（此为铁路部门规定）。冰箱加其外包装只能堆放一层，堆放两层即超高。这样一来，铁路运输的成本反而高了，且由于铁路运输的安全性和时间性难以保证，X公司放弃铁路走公路就不奇怪了。而同时，W公司的儿童休闲食品为易碎物品，在铁路运输过程中由于缺乏对运输质量的信心，也选择公路运输来进行分销。

F公司的市场人员敏锐地意识到其中蕴含着的商机。经过详尽分析，一个成熟的方案形成了：分别以X公司和W公司原公路运输价格的80%承接X公司的冰箱和W公司的儿童休闲食品的分销运输（在这两个公司看来，似乎它们都节约了成本），而在具体运作时却完全由铁路进行搭配运输，装载时先将X公司的冰箱以"立式"方式放置于铁路车皮下部，再将W公司的儿童食品堆放在冰箱上部，使儿童食品充分利用了冰箱上空余的空间，不仅使X公司和W公司均节约了成本，而且F公司自身也获得了较大的经济利益。

资料来源　江超群，董威. 现代物流运营管理［M］. 广州：广东经济出版社，2003.

7.3.3　仓储资源整合

仓储设施作为物流运作资源的重要组成部分，是物流的节点，是支撑和保障物流渠道运作的重要且关键的因素之一。由于仓储需求存在许多不确定性，因此大量的后备仓库资源是必不可少的。

1）仓储资源评估和选取

掌握仓储资源的有关数据和信息：

（1）仓库所在区域、详细位置；

（2）仓库周边道路交通状况，是否有铁路专用线接入；

（3）仓库业主、建筑性质和建筑结构；

（4）仓库的面积、空间高度、承载重量；

（5）仓库的安全性能及防火、防盗、防潮能力；

（6）仓库是否配备相应的装卸作业工具，作业机具的名称、型号及使用年限；

（7）仓库是否为立体仓库，货架数量及货物托盘配备数量；

（8）仓库租金及其支付形式，仓库内外形状的照片。

除特定客户专用仓库外，物流企业建设或承租仓库应考虑适应多数客户和货物的需要。

2）仓储资源整合的重点

仓储资源整合的核心是以最小的仓库使用成本支出，储存和保管最多的货物。在不同仓库、不同客户的货物之间进行存储地点、数量、时间等方面的调剂，以支持客户在当地的生产或销售，是仓储资源整合的出发点。合理地利用外部仓储资源，或物流行业资源，以实现资源的相互利用，调节由于时间、地点等因素导致的不均库存，使现有仓储资源得到充分、合理利用，提高效益，是仓储资源整合的目标。

仓储资源是许多物流企业共同关注的基础资源，这就关系到资源的可获得性问题。为保证资源的可获得性，可采用两种方法：一是扩大备选资源的数量；二是加强对优质资源的控制（如签订长期合约）。

7.3.4　客户资源整合

现代物流业运作强调物流服务个性化，但规模化经营也是现代物流业的一个重要特征，也是第三方物流的优势所在。多个不同的客户共享物流企业的运作资源，在资源的承载能力能予以支持的情况下，不同客户的物流业务整合运作更会给企业带来规模效益。

1）客户资源整合的范围

（1）不同产业客户资源的整合。目前，第三方物流的客户主要来自生产制造企业和商品流通企业。客户资源整合要考虑不同产业的客户业务的相互匹配和协调，不同产业物流需求的特点见表7-7。

表7-7　　　　　　　　　　　　不同产业物流需求的特点

产业	主要物流作业对象	物流需求的特点
生产制造业	日常消费品等	快速、大量易耗品行业，作业量大，运作频率高，利润空间小
	电器产品等	高附加值产品，业务量适中，运作频率平稳，利润空间相对较大
	机械、设备、车辆等	业务不均衡，运作利润与运作质量有较大的关系
商品流通业	生活日用品	面向超市、百货商场等，业务不均衡，对物流服务及时性的要求高

（2）不同区域客户资源整合。客户分布涉及企业物流资源的分布和延伸范围，物流资源的承载率、使用率关系到整个物流运作成本，因此，物流企业在发展客户时，应关注一个客户物流运作末端与另一客户物流运作起点相衔接的问题，尽量避免

空驶。

2）客户资源整合的方式

得益于网络科技的推动，第三方物流企业的客户资源整合已跨过了企业、行业、区域边界，以服务与效益为宗旨的客户资源整合更加灵活多样，日趋智能化。

客户资源整合方式、整合时点各异，有的企业在市场开发中就予以关注，有的企业则在具体业务操作中予以优化并实施，如有意识地选择季节性互补的客户，避免了淡季能力闲置、旺季能力不足的情况发生。客户资源整合的重点内容是运作资源和信息资源相匹配。共同配送是一种较为典型的客户资源整合方式。

近年来，农村电商提质升级，电商兴农不断深入。农村地区成为线上消费新的增长点，电商、直播带货等走进农村，打通了农特产品上行通道。另外，一些省市通过设立县城物流共同配送中心、乡镇物流驿站，将各家快递整合在一起，用同一个场地、同一套设备、同一帮人、同一个驿站，处理所有快递公司的包裹，节省了成本，解决了快递员派件难，用户取件难、寄件难的问题。

小案例7-2

物流公司的客户资源整合

一家上海民营物流公司在市区配送上很有优势，一开始其客户都是大型的食品企业，这些企业的共同特点是天热时食品销售进入淡季，随着天气转凉，销售量逐渐回升，因此，物流活动也有明显的季节性。鉴于天热时物流服务能力闲置，该物流公司有意识地选择一些夏季进入旺季的产品，经过市场调研，确定了啤酒和饮料企业作为营销主攻方向。由于这些啤酒和饮料企业正在为这种季节性波动造成的物流成本和管理问题发愁，双方一拍即合，很快签订了合同。该物流公司实现了全年物流业务量的相对稳定，取得了明显的经济效益。

企业客户资源整合的实质是系统优化，关键要素是系统观念和整体观念，客户资源整合以第三方物流企业整体效益最大化为前提，即考虑整个物流系统的优化。当企业局部或个案运作最佳方式选择与总体效益最佳发生冲突时，应以物流企业的整体利益为重。

资料来源　江超群，董威. 现代物流运营管理［M］. 广州：广东经济出版社，2003.

7.3.5　第三方物流企业物流运作信息共享

现在，信息资源已成为与材料和能源同等重要的战略资源，信息产业已发展成为世界范围内的朝阳产业和新的经济增长点。物流水平的提高离不开对信息技术及信息资源的充分利用。

1）运作资源信息的共享

物流企业的物流业务运作在时间和空间上基本上处于一种相对分散的状态。为使每一特定运作业务都能得到相应的运作资源的实时支持，就需要把公司掌握的所有运作资源置于公司既有信息网络中，以使这些资源在物流企业内部变成可运作的支持系统。

物流信息的来源，一是由物流企业内部负责物流信息收集的部门提供；二是与企业已完成的各项物流业务相关的资源信息，由具体作业人员按照企业提供的标准格式，将相关数据录入数据库中，成为备选资源。

在企业物流信息管理系统中，运作资源数据库是一个重要的组成部分，而且随着企业业务的增加、资源信息数据量的增大，它可以有效地借用企业现有的物流管理系统的网络空间和数据传输线路，实现所有运作资源信息在企业内部的完全共享。这对企业降低成本、提高物流服务水平有重要的作用。

2）客户资源信息的共享

组建物流网站，就能将原本散布于各地如同一盘散沙的优质运输仓储企业通过互联网这个载体组合成一个关系紧密的物流联盟，实现真正意义上的车辆、仓库、信息等资源共享，这直接增加了货源和运力匹配的成功率，减少空载和返空现象，帮助各成员单位节省能源消耗，扩大业务功效，规范有序地开展良性竞争。2024年3月，阿里云等发起成立"物流智能联盟"，以大模型助力物流行业降本增效。

上面这些只是最基本的益处。通过互联网组建物流联盟、实现异地服务链接还可大大丰富和扩充运输仓储企业的服务功能。一个物流企业没有必要，也没有能力在全国各个地方都建一个仓库，现在方便了，货物送到后，通过物流网络发布指令，联盟伙伴会链接下一道作业工序。在资源共享、信息互通的有利条件下，联盟成员单位还可以向客户提供诸如工业包装、订单处理、采购原料、需求预测等多项服务。如客户需要跟踪货物信息，需要查询货物在某地的销售情况，可直接上网查询，一目了然；物流网络成员企业也由原来的运输单一性、仓储简便服务型企业向着符合市场要求的现代化物流企业方向发展。

> **互动课堂 7-1**

以小组为单位，分析第三方物流利用社会资源的可行性、必要性和风险性。

7.4　物流绩效考核评估与流程再造

7.4.1　衡量物流效率的指标

绩效管理是针对知识、技能和人的管理。绩效管理既是企业典型的人力资源管理问题，又是企业战略管理（Strategic Management）一个重要的有机组成部分。衡量物流效率的指标可分为经济性指标、技术性指标、社会性指标。

1）经济性指标

该指标主要涉及成本和效益两个方面，能够全面反映企业实施第三方物流的经济性，具体表述为：固定成本，包括基建投资及车辆、仓库、办公用房等固定资产占用的资金；可变成本，包括人员薪金（如工资、津贴、奖金等），营运消耗（如燃油、材料消耗、物流设备折旧与维修等），物流企业外付费用（如港口费、养路费等），还包括事故损失、管理费开支及其他临时性物流费用支出；采用第三方物流服务模式后的直接经济收益；时间节约的经济效益；物流运作能力加强的经济效益。

2）技术性指标

该指标主要从技术上衡量第三方物流实施后各项指标的表现程度：快速性，是指物流过程的迅速程度；便利性，是指企业实施第三方物流后利用物流手段的方便程度；直达性，是指货物从起点出发，无须办理中转而直接抵达目的地的特性，它包括单一物流方式的单运直达和多种物流方式的联运直达；安全性，是指在物流过程中不发生意外，正常运达目的地的特征；舒适性，是指企业在接受物流服务过程中所感受到的舒适程度，这主要取决于物流方式、运载工具设备、运行时间长短及服务水平；灵活性，是指运载工具对物流线路的非依赖程度及采取某种临时性紧急措施的可能程度。

3）社会性指标

该指标主要从宏观的角度来衡量第三方物流的出现对整个社会的影响程度：社会节约程度，是指社会全部资源的整体优化配置程度；社会综合发展程度，是指第三方物流的出现与发展对社会整体综合发展状况的贡献程度；提高物流的整体服务质量，是指第三方物流的出现与发展对整个物流行业服务水平的提升程度。

7.4.2　物流绩效考核评估

1）物流能力考核指标

（1）库存周转率。

$$库存周转率 = \frac{年销售量}{平均库存水平} \times 100\%$$

库存周转率数值越高，反映企业的产品销售情况越好，库存占压资金越少。库存周转率主要考核的对象应该是企业的仓储、配送事业部。

（2）订货满足率。

$$订货满足率 = \frac{现有库存能够满足订单的次数}{客户订货总次数} \times 100\%$$

订货满足率是指对于客户订单中所要的货物，现有的库存能够履行订单的比率。各配送中心的存货应该达到95%的满足率。而在通过调货来补充配送中心库存的情况下，达到这个比率较难。

（3）订单与交货的一致性。

订单与交货的一致性无论是在生产性企业还是在服务性企业中都被认为是最重要的因素，主要的作业指标是无误交货率。

$$无误交货率 = \frac{当月准确按照客户订单发货次数}{当月发货总次数} \times 100\%$$

在实际操作中，物流企业应该保证能够正确地按照客户的订单来交货，客户最关心的也是这一点，所以没有按照客户的订单发货给企业服务形象造成的损害是很大的。因此，在发货前必须根据客户的订单反复审核所发货物是否符合客户的要求。配送中心有必要设专人从源头来跟踪并保证订单准确传输，以降低订单的出错概率，提高公司的服务水平。

（4）交货及时率。

$$交货及时率 = \frac{当月准时送达次数}{当月送货总次数} \times 100\%$$

很多产品目前的交货时间可以达到短途次日交货。解决方案是通过设立区域配送中心，针对重点城市和地区有能力接整车的一级批发商和二级批发商进行直运，在大区内其他省份通过设立二次分拨中心来支持县、乡、镇地区进行小批量的配送。

（5）货物破损率。

$$货物破损率 = \frac{当月破损商品价值}{当月发送商品总价值} \times 100\%$$

该指标用来衡量在向客户配送过程中货物的破损率，一般最高限额是5%，破损情况很多是在货物的装卸过程中发生的。在出货高峰期，由于没有足够的装卸力量，会导致发货速度慢以及较高的破损率，建议的解决方式是在销售旺季的出货高峰期，配送中心通过租用叉车来降低破损率，提高装卸速度。

（6）客户服务水平与投诉次数。

客户服务水平与投诉次数主要是针对直接接触客户的管理部门和运作组织的考核指标。

2）物流绩效考核评估指标

物流绩效考核可直接与产品事业部或分公司挂钩。作为一个利润中心，物流部门的绩效考核主要是在一定的物流费用率下针对物流销售收益和客户服务水平的考核。

（1）物流部门收益考核。它包括两个指标，即物流毛收益率和物流费用率。

$$物流毛收益率 = \frac{年物流服务收入总额}{年物流服务支出总额} \times 100\%$$

$$物流费用率 = \frac{年物流费用总额}{年销售额} \times 100\%$$

（2）运营费用比率。

$$运营费用比率 = \frac{所支付的仓库租金和汽运、铁路运费}{支出总额} \times 100\%$$

目前被广泛应用的绩效管理框架主要是关键业绩指标法（Key Performance Indicator Method）和平衡计分卡法（Balanced Score Card Method）。

7.4.3　第三方物流流程再造

1）流程再造概述

企业流程再造（Business Process Reengineering）是20世纪90年代由美国麻省理工学院（MIT）教授迈克尔·哈默（Michael Hammer）博士和CSC管理顾问公司董事长詹姆斯·钱皮（James Champy）提出来的。

企业流程是为满足客户的需求和实现企业自身目标，在企业的逻辑思维模式（企业与环境、企业内部等的逻辑关系）指导和现有资源条件下实现产品或服务的一系列活动的实际过程。

流程再造是指通过对企业业务流程的根本性再思考和彻底性再设计，获得在成本、质量、服务、速度等方面的大幅度业绩改善。

物流企业流程再造就是基于价值链的业务流程再造理论，将系统论和优化技术应用于物流企业的流程设计和改造，分析企业的核心流程，找出流程中的障碍，抓住重点重新设计，循序渐进地再造物流企业的业务流程，消除企业发展瓶颈，构建面向国际化的企业流程运作框架，建立现代物流企业。

2）流程再造的基本原则

从理论上讲，所有企业的最终目的都应该是提升客户在价值链上的价值分配。重新设计流程以代替原有流程的根本目的，就是以新的业务运作方式为客户提供这种价值增加，并提升这种价值增加的程度。具体反映到流程设计上，就是尽一切可能减少流程中的非增值活动以及调整流程的核心增值活动。

流程再造基本的原则就是 ESIA。

E：Eliminate（清除），主要是减少非增加价值活动。

S：Simplify（简化），针对复杂的物流活动，利用计算机与网络技术使之简化。

I：Integrate（整合），对充分简化后的各个独立流程进行整合，使之更加紧凑、顺畅。

A：Automate（自动化），配合上述三项措施的完成，可考虑采取自动化方式主要有数据的采集、传递和分析处理以及其他大量重复性的、机械性的工作。

小提示 7-1

"再造"不是自动化改造而是推倒重来。我们不应该往过时的流程里嵌入计算机系统，而应该抛弃旧流程，重新开始。我们应当"再造"业务：利用现代信息技术的力量，从根本上重新设计我们的业务流程，以显著提高绩效。

——迈克尔·哈默《再造：不是自动化改造而是重新开始》

3）流程再造的对象

选择恰当的流程进行再造，能起到牵一发而动全身的作用。由于对再造流程的选择是一项实践性很强的工作，因此根据流程再造的一般原则和思路，有必要将进行再造的流程划分为三类：

一是效率和效益低下的流程。这类流程一般不能产生预期的增值活动。当然这种增值并不只是限定在资金的使用效益上，还表现在服务方面。

二是重要的流程。不同的业务环节有不同的重要流程，如计划环节的重点是确保计划的可靠性和时效性；采购环节需要强化采购的准确性、经济性和及时性，并确保各项采购原则的贯彻；资金结算环节的核心在于数据的准确性和拨付过程的安全性等。总之，应该针对具体业务而定。

三是具有再造可行性的流程。流程再造需要具备一定的条件，如当前的技术水平、再造小组的整体素质、系统的风险承受能力等。因此，理论上需要再造的流程，若当前条件不成熟，也就不具备再造的可行性。

图 7-4 "配送中心物流流程"较好地体现了流程再造的一般原则和思路。

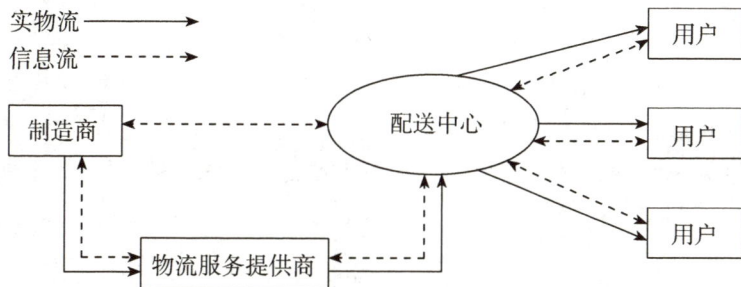

图7-4 配送中心物流流程

4）流程再造的操作程序

（1）营造适宜的环境。流程再造的对象是人们长期遵循的传统工作方式和程序，在其再造效益发挥出来之前，对这种新事物人们会存在一定的抵触情绪与行为，因此首先要营造适宜的环境。

（2）流程分析与设计。这是流程再造的关键环节。

（3）流程测试与切换。新设计的流程能否发挥预期效用，还需要在实际运行过程中加以检验。运行新流程，以检验其成效，及时发现不足并加以改进。同时，对有关硬、软件进行检测与调度，对人员进行新流程业务培训。最后，在充分试验和不断改进的基础上，按计划或渐进式地或跃进式地完成新旧流程切换。

（4）流程监控与评价。新的流程开始运转后，接下来就是对其实施运行监控和效能评价，以便一方面对流程再造成效进行考评，另一方面也为下一步的改进积累数据。这项工作在新流程投入运转的早期尤为重要，因为这正是新流程与所使用的信息技术及操作人员之间的"磨合"阶段，特别需要通过有效监控与客观评价进行指导。

互动课堂 7-2

分小组讨论，物流企业流程再造的目的是什么？

物流人物专栏

张青松，九州通医药集团物流有限公司总经理。疫情暴发后，他带领团队投身一线，连续 80 天无休，平均每天工作 14 小时以上。他协助武汉红十字会进行物资调配，承担火神山、雷神山医院的医疗物资配送任务。他临危受命，在关键时刻发挥了物流专业水平，彰显了物流应急能力。

资料来源　蒋李，陈雯蓓. 战"疫"一线，九州通做了什么［EB/OL］.［2020-12-15］. https：//baijiahao.baidu.com/s？id=1658483305044445375&wfr=spider&for=pc.

基本训练

□ 知识题

1.单项选择题

（1）在现代采购技术中，JIT 采购是指（　　　）。

A.订货点采购　　　B.准时化采购　　　C.供应链采购　　　D.电子商务采购

（2）物流供应市场是指物流服务（　　）的市场。

A.需求商　　　　　B.提供商　　　　　C.中间商　　　　　D.生产商

（3）物流供应商考评的最基本指标是（　　　）。

A.质量　　　　　　B.供应　　　　　　C.经济　　　　　　D.支持与配合

2.多项选择题

（1）选择第三方物流企业合作伙伴的基本准则是"QCDS"原则，也就是（　　　）并重的原则。

A.质量　　　　　　　　B.成本　　　　　　　　C.交付

D.规模　　　　　　　　E.服务

（2）运输服务的考核指标包括（　　　）。

A.发货及时率　　　　B.交货及时率　　　　C.急单完成率　　　　D.货物破损率

3.简答题

（1）选择第三方物流企业合作伙伴的标准是什么？

（2）物流公司绩效考核评估的主要方法有哪些？

综合应用

□ 案例分析

作为丰田汽车公司（以下简称"丰田汽车"）供应链体系中的关键一环，丰田物流有限公司（TFL）自丰田汽车在中国成立合资公司并设厂之日起，就开始跟随丰田汽车的脚步，全面介入中国区物流业务。目前，TFL已成为丰田汽车在中国最主要的零部件物流商，同时也承担着丰田汽车的部分整车进出口通关等综合业务，合计占丰田汽车在中国物流业务总市场份额的75%以上。

丰田汽车的供应链管理模式来源于丰田生产方式（TPS），TPS是一种精益生产方式，即在必要的时间生产出必要数量的必要产品。这种由订单和需求驱动的生产方式，致力于通过消除供应链上下游一切形式的浪费，包括订单处理的浪费、运输的浪费、谈判的浪费、库存的浪费，以及由零部件质量不合格或交货期不准所产生的浪费等，达到降低成本的最终目的。

TFL一直在TPS的基础上，为丰田汽车提供天津、河北、大连、北京等多个区域的物流服务。

"零库存"作为一种物流管理理念，并不是指实际库存为零，其真正含义是没有多余的库存。在占地面积为5 600多平方米、每天运作能力达500多立方米的泰达第三仓库里，TFL中国综合物流部副部长李增轶向记者介绍："这个中转基地的库存是不断流动的，每批货物的存放时间最长也只有4个小时。只有在冬季天气异常导致交通或运输不畅等极少数情况下，这个中转基地才会保持一至两天的存货，以保障丰田汽车正常生产。"

不过，在异常情况下的备库数量也是有依据的。李增轶进一步阐释了"零库存"理念在丰田物流体系中的应用："这种计划精准到什么程度呢？比如遇到冬季下大雪的天气，天津工厂需要广州的汽车零部件，就需要提前按照广州和天津之间的运输时间，计算出最少量的零部件备库。"总之，丰田汽车的供应链管理模式所强调的"零库存"理念要求最大限度地降低库存。无论是整车、零部件还是补给品（售后备件），TFL都同样遵循"零库存"的理念，在生产下线后以最快的速度送达下游客户手中。

记者了解到，丰田汽车要求TFL的物流成本每年下降3%～5%。"事实上，从大的环境来看，物流成本在逐渐提高，柴油价格、人员工资、仓库价格、水电价格等费用都在不断攀升。"唐志忠介绍说，"TFL对此主要通过改革流程、提高效率、降低油耗等方式来达到丰田汽车的成本降低要求。"

然而，丰田汽车的供应链管理模式在中国的应用，因受环境影响亦存在一些"中国式"浪费。"从目前情况来看，中国的企业还难以和员工建立起完全相互信赖的关系，因此货物出入库时都需要核准数量，不然很可能会出现丢失或损坏，而这个环节在日本的仓库是完全可以省去的。"李增轶指出，"随着一些大学生开始愿意接受基层操作的工种，工人素质正处于不断提高的过程中，这种浪费现象也会随之不断改良。"

资料来源 罗文丽. 丰田供应链武器 [J]. 中国物流与采购，2010（6）：40-42.

问题：（1）什么是丰田精益生产方式？丰田精益生产方式的最终目标是什么？

（2）丰田物流有限公司的库存管理理念是什么？

□ 实训题

列出对运输服务提供商的绩效考核指标。

第8章
第三方物流企业客户关系管理

学习目标

□ 知识目标：

了解客户关系管理的含义；明确物流增值服务的主要内容。

□ 能力目标：

掌握客户满意度衡量指标的计算方法、物流企业绩效考核的方法，具备物流企业客户开发、客户维系、客户服务管理的综合能力。

□ 素养目标

强化服务意识，培养有效规范的客服行为习惯，通过自觉、主动、热情的工作态度，客户满意的沟通方式，全面展现优秀的职场礼仪。

8.1 客户关系管理

8.1.1 客户关系管理的含义和内容

1）客户关系管理的含义

客户关系是指企业为达到其经营目标，主动与客户建立起的某种联系。这种联系可能是单纯的交易关系或者通信联系，也可能是为客户提供一种特殊的接触机会，还可能是为双方利益而形成的某种买卖合同或联盟关系。

客户关系具有多样性、差异性、持续性、竞争性、双赢性的特征。

客户关系管理（Customer Relationship Management，CRM）是企业为提高核心竞争力，利用相应的信息技术以及互联网技术来协调企业与顾客间在销售、营销和服务上的交互行为，从而改进其管理方式，向客户提供创新式的、个性化的客户服务的过程。其最终目标是吸引新客户、保留老客户以及将已有客户转为忠实客户，增加市场份额。

客户关系管理是一种致力于实现与客户建立和维持长久、紧密合作伙伴关系，旨在改善企业与客户之间关系的管理模式。

客户关系管理是选择和管理有价值的客户以及与其关系的一种商业策略，CRM要求用以客户为中心的商业哲学和企业文化来支持有效的市场营销、销售与服务流程。CRM的概念由美国Gartner集团率先提出。我们认为，CRM是辨识、获取、保持和增加"可获利客户"的理论、实践和技术手段的总称。它既是一种国际领先的、以"客户价值"为中心的企业管理理论、商业策略和企业运作实践，也是一种以信息技术为手段，有效提高企业收益、客户满意度、雇员生产力的管理软件。

CRM是一种手段，它的根本目的是通过不断改善客户关系、互动方式、资源调配、业务流程和自动化程度等，达到降低运营成本以及提高企业销售收入、客户满意度和员工生产力的目的。

随着各种现代生产管理方式和现代生产技术的发展，产品的差别越来越难以区分，产品同质化的趋势越来越明显，因此，通过产品差别来细分市场从而创造企业的竞争优势也就变得越来越困难。CRM是以下两个管理趋势转变的体现：企业从以产品为中心的模式向以客户为中心的模式转移；企业之间的竞争迫使企业管理的视角从"内视型"向"外视型"转换。

2）客户关系管理的内容

（1）如何建立客户关系。建立客户关系是指对客户的认识、选择、开发（将目标客户和潜在客户开发为现实客户）。

（2）如何维护客户关系。维护客户关系是指对客户信息的掌握，对客户的分级，与客户进行互动与沟通，对客户进行满意度分析，并想办法提高客户的忠诚度。

（3）在客户关系破裂的情况下，应该如何恢复客户关系，如何挽回已流失的客户。

（4）如何建设、应用CRM软件系统，应用呼叫中心、数据仓库、数据挖掘、商务智能、因特网、电子商务、移动设备、无线设备等现代化技术工具来辅助客户关系管理。

（5）基于客户关系管理理念，如何进行营销、客户服务与支持的业务流程重组，如何实现CRM与其他信息化技术手段（如ERP、OA、SCM、KMS）的协同与整合。

8.1.2　第三方物流企业与客户关系的构成和客户维系的层次

1）第三方物流企业与客户关系的构成（如图8-1所示）

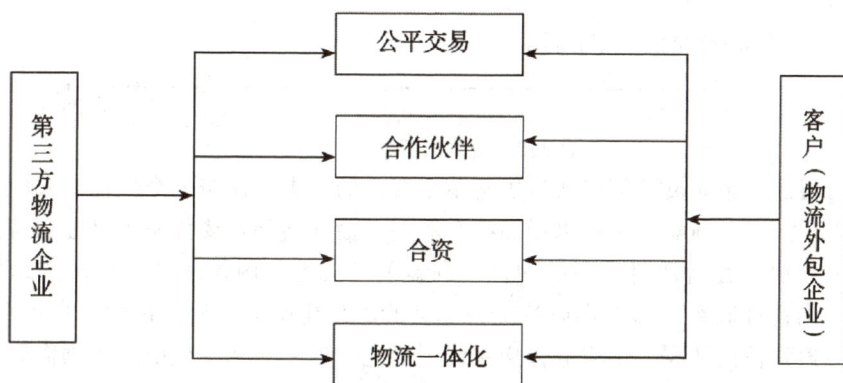

图8-1　第三方物流企业与客户关系的构成

（1）公平交易关系。这是物流企业与客户之间最常见的关系，双方根据合同进行业务往来，职责分明，当交易结束后，这种关系也就随之结束了。物流企业通常以标准的条款和条件同时为多个客户提供标准化的物流服务。功能性物流服务通常采用与客户"一单一结"的交易服务方式，物流企业与客户之间是短期的交易关系。

（2）合作伙伴关系。这是在相互信任、公开、资源共享、共担风险、共享利益的基础上建立的一种定制化商业关系。与普通交易关系不同，合作伙伴关系的双方职责不再有明确的边界，双方为了共同的利益，将在很大程度上参与对方的经营决策。从传统的商品交易到商品开发、市场战略、销售或促销，从在库计划管理到店铺货架的摆放，双方建立了广泛的合作关系。这种关系会创造竞争优势，产生比单一公司更高的绩效。

（3）合资关系。这是指股权参与型合资，客户保留配送设施的部分产权，并在物流作业中保持参与。对客户而言，与第三方物流企业的合资为其提供了注入资本和获得专业知识的途径，同时保持了对物流过程的有效控制。这种形式在汽车、电子等高附加值行业较为普遍，如RYDER物流公司与通用汽车公司（GM）的合作。

（4）物流一体化关系。这是以物流系统为核心，由供应商、生产商、分销商组成的整体化和系统化的供应链，是对物流客户长期的优化配置。例如，通过存货调整和产品安装等为供应链下游服务。

2）客户维系的三个层次

在行业形成、发展的不同时期，客户维系的方式表现为由低层次的价格刺激向高层次的以技术为基础的客户化服务演变，如图8-2所示。

第一层次，维系客户的手段主要是利用价格刺激来增加客户关系的财务利益。在这一层次，客户乐于和企业建立关系的原因是希望得到优惠或特殊照顾。

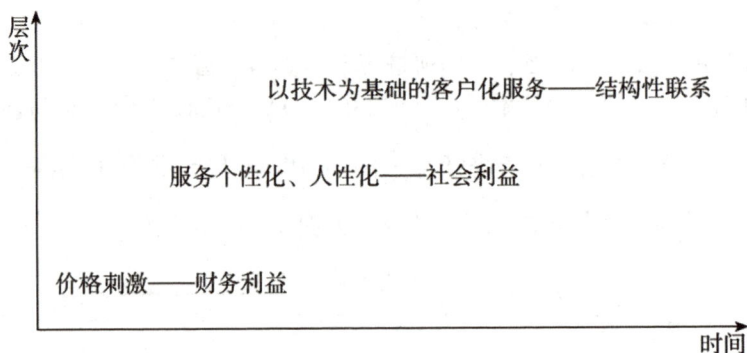

图8-2　客户维系的三个层次

第二层次，企业员工可以通过了解单个客户的需求，使服务个性化、人性化，这样既可以增加财务利益，又可以增加社会利益，而社会利益要优先于财务利益。

第三层次，在增加财务利益和社会利益的基础上，附加了更深层次的结构性联系。所谓结构性联系，即提供以技术为基础的客户化服务，从而帮助客户提高效率。这类服务通常被设计成一个服务传递系统，而竞争者要开发类似的系统则需要花上几年时间，因此不易被模仿。

互动课堂8-1

分小组讨论，物流企业应加强哪个层面的客户维系？为什么？

8.2　第三方物流客户服务

第三方物流客户服务水平直接影响企业的市场份额，进而影响企业的整体利润，改进客户服务是创造持久竞争优势的有效手段。

8.2.1　第三方物流客户服务的内涵和层次

1）第三方物流客户服务的内涵

客户服务（Customer Service），主要体现了一种以客户为导向的价值观，它整合及管理在预先设定的最优成本-服务组合中的客户界面的所有要素。广义而言，任何能提高客户满意度的内容都属于客户服务的范围。

物流的本质是服务，它本身并不创造商品的形质效用，而是产生空间效用和时间效用。物流中的客户服务是物流企业的产出，是一个以最优化成本为供应链提供显著附加价值的过程。

2）第三方物流客户服务的层次

（1）基本物流服务（仓储、装卸、运输和配送）。

（2）增值物流服务（订单处理、货物验收、仓库再包装/加工、代理货物保险、送货代收款、货物回收/替换）。

（3）高级物流服务（库存分析报告、库存控制、建立分销中心、设计供应链）。

中国物流企业营收的85%来自基本物流服务，其中运输服务收入占53%，仓储服务收入占32%，而增值服务和物流信息服务与支持物流的财务服务的收入只占15%。

8.2.2　客户服务要素

1）从物流服务质量的角度分类

物流服务质量（Logistic Service Quality）是用精度、时间、费用、顾客满意度等来表示的物流服务的品质，因此，从物流服务质量的角度看，客户服务包括四个传统要素：时间、可靠性、沟通与灵活性。这些客户服务因素也是在物流领域中建立客户服务表现标准的基础。

（1）时间（订货周期）。订货周期从卖方的角度看是指从收到客户的订货单直到货物到达客户收货地点所需要的时间；而从买方的角度看则是指从客户开始订货到收到产品或接受服务需要的时间。影响订货周期的因素有订单传送时间、订单处理时间、订单准备时间、货物发送时间等。

（2）可靠性。可靠性即卖方公司和物流服务提供商在供货时间、质量、数量上的保证。对某些客户来说，可靠性比备货时间更重要。如果备货时间确定，客户可以使存货最小化，不需要用安全存货来防止由于备货时间不确定所造成的缺货。可靠性具体体现在以下方面：订货周期可靠；安全交货；订单正确。

（3）沟通。与客户的沟通对于监控与可靠性相关的客户服务水平来说是非常重要的。与客户的沟通和交流是基本的物流客户服务要求。信息交流渠道必须保持畅通。

（4）灵活性。灵活性是指对客户非常规物流服务需求的反应能力。

2）从物流服务的时间顺序角度分类

从物流服务的时间顺序来看，物流服务三要素可分为事前要素、事中要素和事后要素，如图8-3所示。

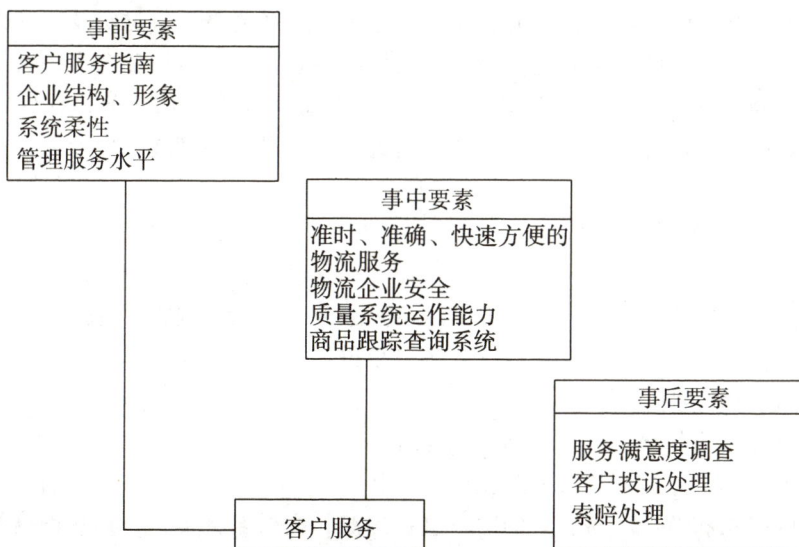

事前要素
客户服务指南 企业结构、形象 系统柔性 管理服务水平

事中要素
准时、准确、快速方便的物流服务 物流企业安全 质量系统运作能力 商品跟踪查询系统

事后要素
服务满意度调查 客户投诉处理 索赔处理

客户服务

图8-3　物流服务三要素

（1）事前要素。事前要素对于客户满意度有重要的影响。事前要素包括：①客户服务指南，它使客户知道可以期望哪些服务，并告知客户如何反映情况；②企业结构、形象，它使客户能方便地与公司内部相关部门和人员联系；③系统柔性，它使组织能成功地应对不可预见的事件；④管理服务水平，如免费培训、咨询、专题讨论等，可以针对客户提供帮助，改进库存管理和订货等。

（2）事中要素。事中要素与客户服务紧密相连，包括准时、准确、快速、方便的物流服务，物流企业安全、质量系统运作能力，商品跟踪查询系统等。

（3）事后要素。事后要素是在客户得到商品和服务后，提供商品或服务支持，这是容易被忽视的部分，具体包括服务满意度调查、客户投诉处理、索赔处理等。

8.2.3　增值物流服务

增值物流服务（Value-added Logistics Service）是在完成物流基本功能的基础上，根据客户需求提供的各种延伸业务活动。创新、超出常规、满足客户需要是增值物流服务的本质特征。

目前国内物流企业已有的几种增值物流服务包括：

1）承运人型增值服务

承运货物运输的快运公司、集装箱运输公司，最适宜从事此类增值服务。例如，提供从收货到递送的货物全程追踪服务；提供电话预约当天收货服务；提供车辆租赁服务；对时间敏感的产品提供快速可靠的服务（含相关记录报告）；对温度敏感的产品提供快速可靠的服务，如冷藏、冷冻运输服务（含相关记录报告）；对配合产品制造或装配的零部件、在制品提供即时交付（JIT）服务；对被客户退回的商品提供回收运输服务；提供运输设备的清洁或消毒等卫生服务；信誉好的承运人甚至可以为客户提供承运人的评估选择、运输合同管理等服务。

2）仓储型增值服务

拥有大型仓储设施的仓储物流企业可以考虑下列增值服务：材料及零部件的到货检验；材料及零部件的安装制造；提供全天候收货和发货窗口；配合客户营销计划进行制成品的重新包装和组合，退回商品的存放并协助处理追踪服务；提供客户的食品、药品类产品的低温冷藏服务，并负责先进先出，最大限度地方便商家，是一项前景很好的增值服务。

3）货运代理型增值服务

其包括：订舱、租船、包机、包舱、托运、仓储、包装；货物的监装、装卸、集装箱拼装拆箱、分拨、中转及相关的短途运输服务；报关、报检、保险；内向运输与外向运输的组合；多式联运、集运（含集装箱拼箱）。

4）信息型增值服务

以信息技术为优势的物流服务商可以把信息技术融入物流作业安排当中。例如，向供应商下订单，并提供相关财务报告；接受客户的订单，并提供相关财务报告；利用对数据的积累和整理，对客户的需求进行预测，提供咨询支持；运用网络技术向客户提供在线的数据查询和在线帮助服务。

5）第四方物流增值服务

第四方物流增值服务是指向客户提供全面的供应链解决方案；对第三方物流企业的管理和技术等物流资源进行整合优化，对物流作业流程进行再造，甚至对其组织结构进行重组；为客户物流决策提供咨询服务等。

小资料8-1

物流服务成功的关键因素

Michael F.Corbett & Associates 公司归纳出物流服务商与客户建立良好关系的十大关键因素为：

A.沟通（Communication）：物流服务商应与客户建立良好的沟通机制，增强相互理解，及时发现并解决问题；

B.灵活性（Flexibility）：物流服务商应对客户的需求变化时应具有灵活性；

C.创新（Innovation）：物流服务商应不断创造新的增值服务项目，改进对客户的服务；

D.诚信（Integrity）：物流服务商应以与客户实现双赢为目标，努力与客户建立相互信任的关系；

E.个性化服务（Personal Service）：物流服务商应为客户提供量身定制的个性化服务；

F.生产效率（Productivity）：物流服务商应努力提高物流运作效率，降低物流成本，缩短供货周期；

G.关系管理（Relationship Management）：物流服务商在合作关系的建立直到维护与发展中应自始至终保持与客户的良好合作；

H.响应度（Responsiveness）：物流服务商应对客户的服务要求表现出良好的响应度；

I.技术竞争力（Technical Competence）：物流服务商应采用先进的物流与信息技术，为改进客户服务提供支撑；

J.价值（Value）：物流服务商应主动参与客户物流合理化空间的发掘，不断为客户创造新的价值。

资料来源 田学军. 国外物流市场运作模式及其启示 ［J］. 中外物流快讯，2002（2）.

8.2.4 第三方物流服务策略

1）服务水平差别化

根据20/80法则，公司80%的业务都集中在20%的顾客手中，公司应密切关注那些正在给公司或将会给公司带来大笔业务的顾客，跟踪这些重要顾客的顾客满意度数据。优先考虑对这些顾客满意度的改进，能帮助企业更好地集中资源，提高企业效益。例如，宝供物流在创办初期，联合利华公司的业务几乎占到其业务量的95%以上，宝供物流集中所有企业资源，不断对联合利华不满意的地方加以改进，保持了联合利华的持续满意度，使联合利华与宝供物流的合作维持了相当长的一段时间，正是这关键的起步阶段的业务，成功地帮助宝供物流跻身国内一流物流企业行列。

对相对稳定、业务量大的客户群采用更及时、更优质和多样化的服务有利于加强供应商与服务商的联系与长期合作关系，为物流企业带来稳定的利润源，同时增加其客户价值。

互动课堂 8-2

　　分小组讨论，为什么物流服务水平要差异化而不是一视同仁？

2）服务形式的多样化与差异化

　　（1）服务形式的多样化，即根据物流服务需求方的企业形象、销售政策、业务流程、产品特征、顾客需求特征、竞争需求等方面的不同要求，提供有针对性的物流和其他增值服务。

　　（2）服务形式的差别化，即与其他企业物流服务相比具有鲜明的特色，这是保证高服务质量的基础，也是物流服务战略的重要特征。要实现这一点，就必须重视了解和收集竞争对手的物流服务信息。

小词典

第四方物流

　　第四方物流（4PL）是 1998 年由美国埃森哲咨询公司率先提出的，它将第四方物流定义为："第四方物流是指一个供应链的整合者以及协调者，调配、管理组织本身与其他互补性服务所有的资源、能力和技术来提供综合的供应链解决方案。"

小案例 8-1

北京快行线食品物流有限公司市场经理王萌谈冰淇淋配送

　　冰淇淋产品主要分三个档次，其物流也分为三种状况。

　　第一档次的产品如哈根达斯等，主要依靠自己的专卖店销售，而且对物流的要求相当高，要求全程冷链不断。这个档次的产品只有少量进入超市，收货过程类似于超市的进口商品，收货部只是点数，数量核对后通知卖场里的销售人员直接拉走，没有收货部进行扫码、打单等耗时的过程，但是货物还得从收货部通过，只是时间快一些，因此还是会出现断链的现象，只是不严重而已。

　　第二档次的产品如雀巢、八喜、和路雪等，其中一部分是通过专卖店销售，但主要还是依靠超市、大卖场等商业渠道销售。这个档次的产品价格也不便宜，也要求全程冷链，产品在仓储运输过程中不能变软，更不能融化。因为这些产品的含奶量和含糖量较高，一旦变软再冻结，口感就会发生变化。与第一档次的产品相比，这个档次的产品对物流的要求相对没有那么苛刻。

　　我们公司对这一档次的冷饮产品更新了配送方式。以前的老冷库达不到这个档次产品的要求，因为货物从冷库出来到装车是在一个敞开的站台上进行的，工人一箱箱往车厢里装货，即使速度再快，至少也要 20 分钟，这时货物无论如何都暴露在室外，导致冷链中断。我们公司的新冷库采用了封闭式月台，每一个出货口都装有门封，倒车时海绵门封把车厢门四周包住，此时装货环境就和冷库环境一致了，冷链也就不会中断。

　　第三档次的产品如众多其他国内品牌的产品，虽然有部分高端产品进入超市，但主要销售渠道还是通过批发市场发往各个街边小摊、零售专柜等网点。这个档次产品的运作模式还是以过去的冷冻储运模式为主，不太注重温度和对产品的保护，而是注重低价格。通常状况是三五辆车直接把产品从厂家仓库拉到批发市场，再由批发商发给各个零售商。

资料来源　佚名．探寻乳品冷链终端配送最佳模式——访北京快行线食品物流有限公司市场经理王萌 [J]．物流技术与应用，2008（8）．

客户服务水平可理解为衡量物流系统为某种商品或服务创造时间和空间效用好坏的尺度。面对日益激烈的国际、国内市场竞争和消费者价值取向的多元化，客户服务水平也将成为物流企业的核心竞争能力之一。提供令客户满意的服务，或处理客户抱怨的高明手法则是企业区别于竞争对手、吸引客户的重要途径。保证具有优势的物流服务水平对一个企业来说是至关重要的，它可以在适当的物流成本下提供最优的物流服务，从而实现企业利润的最大化。

物流服务水平不是一成不变的，它应随着市场与企业经营状况的变化作相应的调整，因此，合理物流服务水平的确定是一个动态的变化过程，它主要包括以下几个步骤（如图8-4所示）：

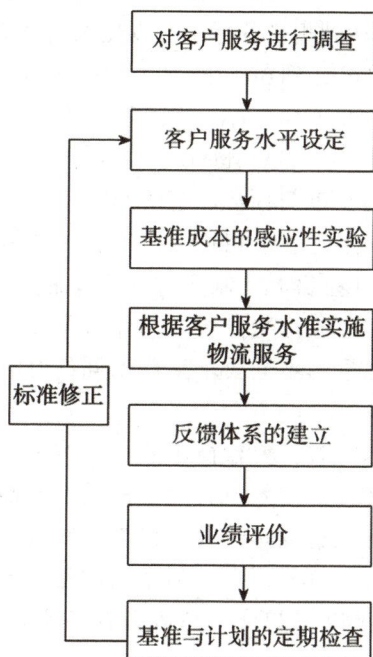

图8-4　物流服务水平的确定步骤

（1）对客户服务进行调查。应通过问卷、专访和座谈，收集物流服务的信息；了解客户关注的服务要素，客户对现行服务的满意度，企业的物流服务水平与竞争对手相比是否具有优势。

（2）客户服务水平设定。应根据对客户服务调查所得出的结果，对客户服务的各环节的水准进行界定，初步设定服务水平标准。

（3）基准成本的感应性实验。基准成本的感应性是指客户服务水平变化时成本的变化程度。

（4）根据客户服务水准实施物流服务。

（5）反馈体系的建立。客户评定是对物流服务质量的基本测量，而客户一般不愿意主动提供自己对服务质量的评定，因此必须建立服务质量的反馈体系，及时了解客户对物流服务的评价，这可以为改进物流服务质量提供帮助。

（6）业绩评价。在物流服务水平试行一段时间后，企业的有关部门应对其实施效果进行评估，检查有没有索赔、迟配、事故、破损等情况。通过客户意见了解物流服务水平是否已经达到标准，成本的合理化达到何种程度，企业的利润是否增加，市场份额是否提高等。

（7）基准与计划的定期检查。物流服务标准不是一个静态标准，而是一个动态过程，也就是说，最初客户物流服务标准，并不是一成不变的，而要经常定期核查、变更，以保证物流服务的高效率。

（8）标准修正。应对物流服务标准的执行情况和效果进行分析，如存在问题，需要对标准做出适当修正。

对物流服务的实施情况，应根据市场形势、竞争对手状况、顾客的需求、商品特性等的变化，定期进行评估。检查有无索赔，有无误配、迟配、事故、破损等现象发生，了解当前服务水平是否达到规定的标准，以便做出相应的改进。

理想的物流服务水平要求达到6R，即适当的质量（Right Quality）、适当的数量（Right Quantity）、适当的时间（Right Time）、适当的地点（Right Place）、好的印象（Right Pression）、适当的价格（Right Price）。

3）在合理设定物流服务标准方面应注意的问题

（1）服务应与客户的特点、层次相符。由于客户的需求处在不断发展和变化之中，在确定物流基本服务的基础上，制定多个等级的物流服务或服务组合势在必行。企业在决定物流服务时，应把物流服务当作有限的经营资源对待，根据客户的经营规模、类型和对服务水平的不同要求采取不同的对策，按客户的层次确定服务标准。

（2）在确定物流服务标准时，要权衡服务、成本和企业竞争力之间的关系。由于物流服务与物流成本之间存在"效益背反"的关系，高水平的物流服务必然导致较高的成本，如通过用空运代替汽车运输可以降低客户的存货水平，存货水平的降低是由于空运的时间短缩短了订货周期，但空运的运输成本将高于汽车运输。合理的物流服务标准，应与物流成本和公司总收益保持平衡，以实现物流服务的整体最优。

小资料8-2

根据《第三方物流服务质量及测评》（GB/T 24359—2021），第三方物流主要服务质量指标及计算方法如下：

A.1　订单处理正确率

它是指统计期内，无差错订单处理数占订单总数的比率。按公式（A.1）计算：

$$R_{oa} = \frac{0_a}{0} \times 100\% \tag{A.1}$$

式中：

R_{oa}——订单处理正确率；

O_a——无差错订单的数量；

O——订单总数。

A.2　订单按时完成率

它是指统计期内，按时完成客户订单数占订单总数的比率。按公式（A.2）计算：

$$R_{ot} = \frac{O_t}{O} \times 100\% \tag{A.2}$$

式中：

R_{ot}——订单按时完成率；

O_t——按时完成订单的数量；

O——订单总数。

A.3　账货相符率

它是指统计期内，库存物品账货相符的笔数占库存物品总笔数的比率。按公式（A.3）计算：

$$R_{cc} = \frac{S_c}{S} \times 100\% \tag{A.3}$$

式中：

R_{cc}——账货相符率；

S_c——库存物品账货相符的笔数；

S——库存物品总笔数。

注：同一品种、规格（批次）为一笔。

A.4　货差率

它是指统计期内，物品累计差错数量占交付物品总数的比率。按公式（A.4）计算：

$$R_{ce} = \frac{Q_e}{Q} \times 100\% \tag{A.4}$$

式中：

R_{ce}——货差率；

Q_e——物品累计差错数量；

Q——交付物品总数。

A.5　货损率

它是指统计期内，物品累计损失数量占交付物品总数的比率。按公式（A.5）计算：

$$R_{cl} = \frac{Q_l}{Q} \times 100\% \tag{A.5}$$

式中：

R_{cl}——货损率；

Q_l——物品累计损失数量；

Q——交付物品总数。

A.6　信息传输准确率

它是指统计期内，准确地向客户传输信息的次数占信息传输总次数的比率。按公式（A.6）计算：

$$R_{ia} = \frac{N_{ia}}{N} \times 100\%$$　　　　　　　　　　（A.6）

式中：

R_{ia}——信息传输准确率；

N_{ia}——准确地向客户传输信息的次数；

N——信息传输总次数。

A.7　信息传输准时率

它是指统计期内，准时地向客户传输信息的次数占信息传输总次数的比率。按公式（A.7）计算：

$$R_{it} = \frac{N_{it}}{N} \times 100\%$$　　　　　　　　　　（A.7）

式中：

R_{it}——信息传输准时率；

N_{it}——准时地向客户传输信息的次数；

N——信息传输总次数。

A.8　客户有效投诉率

它是指统计期内，客户有效投诉订单数占订单总数的比率。按公式（A.8）计算：

$$R_{oc} = \frac{O_c}{O} \times 100\%$$　　　　　　　　　　（A.8）

式中：

R_{oc}——客户有效投诉率；

O_c——客户有效投诉订单数；

O——订单总数。

注：有效投诉指因第三方物流服务供方引起，经查证确属供方过失的客户投诉。

A.9　客户有效投诉处理办结率

它是指统计期内，在规定时间内处理办结的有效投诉订单数占客户有效投诉订单数的比率。按公式（A.9）计算：

$$R_{ct} = \frac{O_{ct}}{O_c} \times 100\%$$　　　　　　　　　　（A.9）

式中：

R_{ct}——客户有效投诉处理办结率；

O_{ct}——在规定时间内处理办结的有效投诉订单数；

O_c——客户有效投诉订单数。

A.10　订单满足率

它是指统计期内，实际发货数量与订单需求数量的比率。按公式（A.10）计算：

$$R_{of} = \frac{Q_d}{Q_n} \times 100\%$$　　　　　　　　　　（A.10）

式中：

R_{of}——订单满足率；

Q_d——实际发货数量；

Q_n——订单需求数量。

A.11　紧急订单响应率

它是指统计期内，有效响应客户紧急需求的订单数占客户紧急需求订单总数的比率。按公式（A.11）计算：

$$R_{ur} = \frac{O_{ur}}{O_{un}} \times 100\% \qquad\qquad (A.11)$$

式中：

R_{ur}——紧急订单响应率；

O_{ur}——有效响应客户紧急需求的订单数；

O_{un}——客户紧急需求订单总数。

8.3　客户满意度指标体系与客户投诉处理

营销大师科特勒对客户满意的定义为：客户满意是指客户对事前期望和使用可感知效果判断后所得的评价，它是可感知效果和期望之间的差异函数。客户满意度就是客户满意的量化测评，它与客户的忠诚度有着密切的关系。

8.3.1　客户满意度指标体系

客户服务可以用定量或定性的方法来衡量。

1）客户满意度指标构成

第三方物流企业客户满意度指标构成见表8-1。

表8-1　　　　　　　　　　第三方物流企业客户满意度指标构成

仓库管理和操作指标体系	运输服务指标体系	数据录入人工评价指标体系	进出口业务评价指标体系	费用结算评价指标体系
库存准确率 入库准确率 出库准确率 仓储破损率	发货及时率 到货及时率 返单及时率 客户投诉率 客户满意度 货物破损频率 订单完成率 急单完成率	数据录入及时率 数据录入准确率	报关及时率 单证处理及时率 订单处理正确率	费用结算及时率 费用结算准确率

2）物流客户流失率指标

（1）绝对数指标。

绝对数指标包括当期客户流失数量，计算方法如下：

当期客户流失数量=期末客户数量-当期新增客户数量-期初客户数量

得数为负数时表明有客户流失，并且流失的数量就是该得数。也可以用统计的方法计算当期顾客的流失数量。

（2）相对数指标。

相对数指标包括客户流失率和合同到期客户再续约数量比例，计算方法如下：

客户流失率=一定时期内的客户流失量÷期初客户数量×100%

合同到期客户再续约数量比例=客户再续约数÷合同到期总客户数量×100%

3）评价当前的服务和能力与客户要求之间的差距

（1）检查企业提供的服务与客户需求之间的差距，找出差距产生的原因。通过与客户进行及时沟通能及时掌握客户实际接受的服务水平与企业所提供服务的差距，而且客户的评价有时也会偏离企业的实际运作。同时，通过分析客户需求，企业还可以通过提供给客户其尚未意识到的服务进行某些服务质量的弥补。

（2）充分考虑竞争对手的客户服务水平，识别潜在的改进方法和机会。在考虑竞争对手的服务水平，结合更加详尽的客户调查与物流企业自身服务能力的分析之后，企业管理层通过对比能制定更加完善的客户服务策略，提高物流企业的客户服务能力与竞争能力。

作为企业客户服务一部分的物流服务，最终要通过客户的满意度体现出来。客户对于物流服务的评价主要体现在商品的库存保有率、订货周期和配送水平等方面。

4）同步改进，持续提高服务水平

（1）原始信息收集。客户需求的变化由众多原因引起，包括新产品、新分销渠道、新竞争对手、新客户的需求。通过信件和电话调查、面谈甚至小组会议进行的周期性接触，了解客户对服务的评价，适时做出改进，避免客户满意度降低。

（2）持续性接触。持续的、专门的客户交流对主要客户很重要，客户拜访及其他交流方式的讨论为评估客户满意度提供了迅速的反馈信息，通常客户满意度如呈现下降趋势则表明客户需求正在变化，即新的需求要没有得到满足。持续性接触可以预先觉察到客户需求的变化，可以尽早改进服务，使双方受益。

（3）周期性调整。必须周期性地检查满足客户需求的能力，如果需要，则做出必要的调整。通过持续性接触，了解上次接触后客户要求的变化，再做出周期性调整，持续提高对客户的服务水平。

视频 8-1

第三方物流
客户投诉处
理流程

8.3.2　客户投诉处理程序

在第三方物流企业服务过程中，差错和意外是不可避免的，对这些差错和意外的管理，有时比正常的服务更能显示一个公司的能力和素质。为了处理物流服务中的意外情况，一般物流公司都设有专门的客户服务部门，对意外情况进行处理。

客户服务部门一般负责以下工作：记录、处理和跟踪客户投诉，并提出改进服务的建议；进行客户满意度调查；组织召开客户服务协调会；建立并完善客户服务体系。客户投诉处理程序如图8-5所示。

（1）投诉受理。在"客户投诉登记表"上登记受理时间、投诉事项。

（2）投诉调查。在客户投诉发生后，即刻对投诉内容进行调查，填写"客户投诉处理表"，写明客户投诉事项和初步调查结果。

（3）填写处理意见。一般性投诉，由客户服务经理在"客户投诉处理表"上填写处理意见，对于引起严重后果的投诉，将填写好的"客户投诉处理表"交给项目经理填写处理意见。处理意见一般包括消除影响的各种补救措施。填写完毕后交相关人员办理。

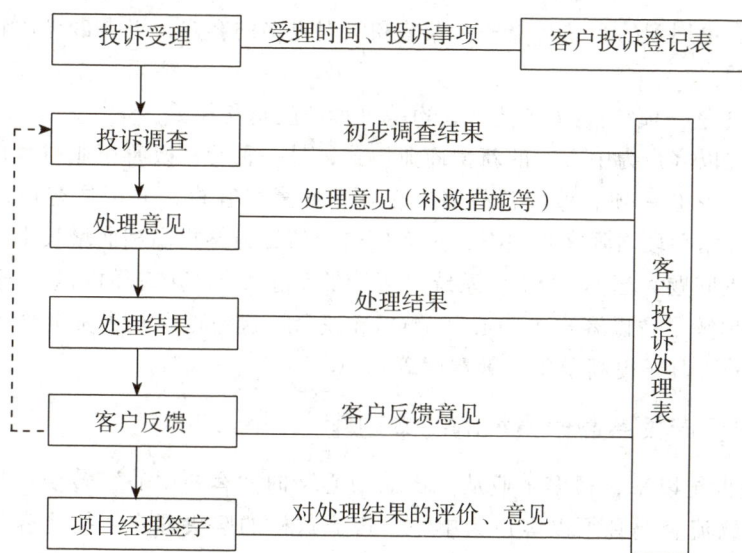

图8-5　客户投诉处理程序

（4）填写处理结果。在跟踪处理过程的基础上，在客户投诉处理表上填写事故处理的结果。

（5）调查客户反馈。客户投诉处理完毕后，通过电话或现场走访的方式，调查客户对处理结果的意见，并如实填写客户投诉处理表上的客户反馈栏（如客户对处理结果提出异议，则应视情况重新进行调查，并拿出处理办法）。

（6）项目经理签字。投诉处理完毕，交项目经理审核客户投诉处理表，填写对处理结果的意见，意见必须对处理结果是否达到要求做出明确的评价，此意见结合客户的反馈意见，将作为对客户服务经理绩效考核的依据。

在客户投诉处理的每个阶段，都需要在客户投诉处理表上登记投诉处理的进程。

互动课堂8-3

分小组讨论，如何提升客户忠诚度？

8.4　客户关系管理系统

8.4.1　客户关系管理系统概述

客户关系管理系统（CRM）是以客户数据的管理为核心，利用现代信息技术、网络技术、电子商务、智能管理、系统集成等多种技术，记录企业在市场营销与销售过程中和客户发生的各种交互行为，以及各类有关活动的状态，提供各类数据模型，从而建立一个客户信息的收集、管理、分析、利用的系统，帮助企业实现以客户为中心的管理模式。

1）CRM是一种基于Internet的应用系统

它通过对企业业务流程的重组来整合用户信息资源，以更有效的方法来管理客户关系，在企业内部实现信息和资源的共享，从而降低企业运营成本，为客户提供更经济、更快捷、更周到的产品和服务，保持和吸引更多的客户，以求最终达到企业利润最大化的目的。

2）CRM 是一项综合的 IT 技术，也是一种新的运作模式

它源于"以客户为中心"的新型商业模式，是一种旨在改善企业与客户关系的新型管理机制。它是一项企业经营战略，企业据此赢得客户，并留住客户，让客户满意。它通过技术手段增强客户关系，进而创造价值，最终提高利润增长率，是客户关系管理的焦点问题。当然，CRM 系统是否能够真正发挥其应有的功效，还取决于企业是否真正理解了"以客户为中心"的 CRM 理念，这一理念是否贯彻到了企业的业务流程中，是否真正提高了用户满意度等。

8.4.2　客户关系管理系统的基本功能

进入 21 世纪以来，很多企业从"产品中心"向"客户中心"转变。物流业是服务性行业，物流企业必须以客户为中心，遵循这样的解决程序：接受客户的特殊需求—分析整理—进行应对，因此，建立客户数据库是建立客户关系管理体系的前提，是实施客户关系管理的基础。建立综合、系统的客户数据库，可以促使企业更加合理地分配、利用各种资源。服务质量是实施客户关系管理的重点，目的是取得竞争优势，留住老客户，争取新客户，保持并提高同客户的合作关系。

（1）帮助记录、管理所有企业与客户交易与交往的记录，并通过分析辨别哪些客户是有价值的，以及这些客户的特征等。

（2）实现自动化管理，动态地跟踪客户需求、客户状态变化，记录客户意见。

（3）通过自动的电子渠道，如短信、电子邮箱、网站等承担对客户进行自动化管理的任务。客户关系管理在物流企业的应用主要包括市场调研与分析、销售支持、客户服务和客户忠诚度管理。

▷ **物流人物专栏**

把平凡的工作做精做优是我终身的追求

沈涛，现任浙江省杭州市邮政分公司揽投部经理、高级工。作为一名大学本科毕业的邮政新业态一线揽投员，沈涛在平凡的投递岗位上已经坚守了 15 年。工作以来，作为滨江区泰安路揽投部的一名投递员，沈涛一直严于律己，积极要求进步。他有意识地把投递技能竞赛的相关内容，如快件收寄派送、安全管理等理论知识，以及包裹开拆、接收下段、异常邮件登记、归班监控、智能快件箱操作等融入日常工作中。2017 年沈涛参加第五届全国邮政通信特有职业技能竞赛暨浙江省选拔赛和杭州市选拔赛（邮政投递），均获得"个人全能第一"的好成绩，并荣获"浙江省技术能手"荣誉称号。在做好本职工作的同时，沈涛又利用业余时间钻研营销知识，2022 年通过邮政营销员高级工的考核，随后又获得杭州市高层次人才（D 类）称号。在他 10 余年的投递职业生涯里，总计处理邮件 100 万余件，累计行程 10 万余公里，从未发生过错投、漏投和客户投诉，让用户感受到"人民邮政为人民"的服务宗旨。

2022 年，沈涛又全身心投入到逆行者的队伍中，第一时间为用户提供生活用品

和防疫物资运输服务，关键时刻牢记"人民邮政为人民"的初心使命，展现出"国家有需要，邮政在行动"的国企担当。

资料来源 甘皙．平凡快递小哥 不凡全能"先锋"[N]．工人日报，2023-11-24（7）．

基本训练

□ 知识题

1.单项选择题

（1）顾客满意度是指顾客对其要求已被满足的程度的感受。如果可感知效果与顾客期望相匹配，顾客就会（ ）。

A.满意　　　　　　　B.高度满意　　　　　　C.抱怨　　　　　　　D.忠诚

（2）大量的、隐藏的客户属于（ ）。

A.普通客户　　　　　B.潜在客户　　　　　　C.实际客户　　　　　D.骨干客户

（3）确定客户服务水平的一个流行方法是将（ ）作为标杆。

A.优质服务水平　　　　　　　　　B.竞争对手的服务水平

C.企业竞争战略　　　　　　　　　D.国际先进标准

2.多项选择题

（1）客户关系管理在物流企业的应用主要包括（ ）。

A.市场研究与分析　　　　　　　　B.销售支持

C.客户服务　　　　　　　　　　　D.客户忠诚度管理

（2）物流企业与客户的关系分为（ ）。

A.连锁经营关系　　　　　　　　　B.合作伙伴关系

C.物流一体化关系　　　　　　　　D.公平交易关系

3.简答题

（1）简述物流服务客户满意度指标体系的构成。

（2）客户最关注的物流服务要素有哪些？

综合应用

□ 案例分析

案例一：

2007年9月18日下午，辛女士拨通了东北风快运公司的电话，业务员徐峰上门服务。辛女士要托运两盒山参、一个蜂制品礼盒，她反复叮嘱徐峰：托运的人参是经过国家中医药管理局鉴定的山参，蜂制品礼盒中的蜂胶、蜂蜡等也非常珍贵，是易碎品，不能倒置、挤压，同时要求徐峰在人参盒、蜂制品礼盒外加一层厚纸盒包装，这些徐峰都答应了下来，承诺9月19日下午即可把货物送到北京收件人的手中，并收了40元费用。

9月20日下午，收件人卢女士等来了快运公司的送货人员，她打开一个破烂的塑料袋子，里面的蜂制品礼盒已经被挤变形，而装人参的木盒包装已经散开，两棵山参已被压碎。当天卢女士未接收被损坏的货物，同时与东北风快运公司的工作人员取得了联系。

9月21日，徐峰答复：已把事情汇报给公司李总，李总说9月22日会给辛女士答复。

直到9月27日，辛女士也未等到回复，于是又拨通了东北风快运公司的电话，对方称此事已交由张经理负责，辛女士的朋友多次与张经理沟通，事情拖到了国庆节假期后，当再次拨通东北风快运公司的电话时，接电话的司机说："张经理回家了，啥时候回来不清楚，有事和我说就行。"

10月9日，东北风快运公司一名姓宋的经理回复："业务员操作不规范，给辛女士造成了损失，公司可以退回辛女士的40元费用，最多赔付2倍的邮费80元。"

10月12日，记者在浩月大路288号见到了宋经理，宋经理称，取辛女士包裹的业务员回公司未说清楚，结果把辛女士的三个礼盒与一堆东西放在了一个编织袋里，用火车托运到北京。宋经理把赔偿金额提到了150元，他的解释是："（人参）虽然断了，拿回家照样炖。"

资料来源 曹光宇. "东北风快运"压碎两棵珍贵山参 [N]. 东亚经贸新闻，2007-10-31.

问题：（1）公司业务员应如何处理此业务？

（2）公司客户服务人员接到客户投诉后应如何处理此事？

（3）作为公司总经理，此事发生后应采取什么举措？

案例二：

美国市场调查公司数据显示，美国目前大约有7 500家快递公司，行业总利润约900亿美元，在过去几年内一直稳步发展。

在这7 500家快递公司中，UPS和FedEx居于领先地位，所占市场份额分别为19%与13.5%。

与国内的快递公司重视个人客户与短途运输不同，美国快递公司，尤其像UPS和FedEx这类巨型国际快递物流公司，主要侧重于与大客户的长期稳定合作，企业间合作相对成熟。它们往往与亚马逊（Amazon）和沃尔玛（Walmart）等电商巨擘签订长期合同，集中负责特定区域的快递业务，通过自身物流网络和成熟的交通线路，结合电商的大规模仓储，一次性投递大量包裹，确保高效率运营。如此一来，针对个人用户的客户服务往往要让步于此类大规模投递，因此无法像国内一样派专门的快递人员驾驶小型交通工具上门取货，此举虽然牺牲了客户的私人化服务质量，但是最大限度地保证了这类大型物流公司的效率，维持了高利润，同时控制了人工成本。

"我开的这辆货车里有大约200个包裹，"UPS在纽约的快递员伊索·杰瑞斯对记者表示，"每天我都会送大约这个数量的包裹，一大早从仓储点出发的时候，我会拿到一个路线图，然后按部就班地送货就行，运气好的话还能休息一下。"伊索说，以纽约上西区为例，每天大约有5辆类似的快递货车在进行投递，这还只是一家公司的车辆。"我们拿不到客户的联系方式，所以不可能联系他们，"伊索说，由于美国的隐私保护相关法律十分健全，用户的联系方式属于隐私范畴，"投递路线都是安排好的，也不需要联系啊。要是实在没人送不了，我们会在大门上贴个通知，客户必须要主动联系我们才行。"由于美国大型物流公司与大型购物平台的成熟合作，美国快递服务已经慢慢演变为购物平台区分客户层级的手段。以亚马逊为例，快递服务往往分为当日送达、两日快递送达与基础送达。基础送达服务往往免费或者收取很低廉的费用，但是快递时间通常需要一周到两周，而另外两种服务的费用则明显高出很多，费用差甚至可以达到 10 美元。

　　资料来源　佚名. 美国快递这么慢 为何跻身全球物流竞争力前十 ［EB/OL］. ［2020-08-15］. http://www.chinawuliu.com.cn/zixun/201708/15/323893.shtml.

　　问题：美国快递为什么能够跻身全球物流竞争力前十名？

　　□ 实训题

　　利用节假日到物流企业体验 2 天客服工作。

第9章
互联网环境下的第三方物流

学习目标

☐ 知识目标：

了解智慧物流；明确电子商务的模式，电子商务的含义及其与物流的关系。

☐ 能力目标：

掌握常用电子商务技术及物流管理信息系统的应用方法；具备第三方物流电子商务化作业与管理能力。

☐ 素养目标

激发学生对智慧物流的探索欲和求知欲，形成自我学习提升的好习惯，增强科技创新意识。

9.1　电子商务与第三方物流

在以网络为业务核心推动力的新经济时代，全球经济企业发展向数字化商业模式转变并向网络模式转型。从电子商务和全渠道零售，到机器人、人工智能和导航技术等创新成果不断涌现。

9.1.1　电子商务概述

1）电子商务的概念

电子商务（Electronic Commerce）是随着计算机网络、通信技术的迅速发展，特别是互联网的普及而出现并迅速发展起来的一种崭新的商务运作方式。它是对信息技术的高级应用，是一种以信息为基础的商业构想的实现。电子商务通过电子方式加强贸易伙伴之间的商业关系，引发了交易方式的创新，提高了贸易过程的效率。

电子商务是在技术、经济高度发达的现代社会里，由掌握信息技术和商务规则的人系统化地运用电子工具，高效率、低成本地从事以商品交换为中心的各种活动的总称。

1997 年 11 月，在巴黎举行的世界电子商务会议（The World Business Agenda for Electronic Commerce）上，到会专家对电子商务作了权威阐述：电子商务，是指在实现整个贸易过程中各阶段的贸易活动的电子化。电子商务交易各方是以电子方式而不是以当面交换或直接面谈方式进行商业交易的。

广义的电子商务，可定义为使用各种电子工具从事的商务活动。这些工具包括从初级的电报、电话、广播、电视、传真到计算机、计算机网络，再到 NII（国家信息基础结构——信息高速公路）、GII（全球信息基础结构）等现代系统。狭义的电子商务，可定义为主要利用 Internet 从事的商务活动。

电子商务的业务范围包括：信息交换、售前售后服务、销售、电子支付、运输、组建轻资产企业、公司和贸易伙伴可以共同拥有和运营共享的电子交易平台等。

小资料 9-1

1999 年 4 月，阿里巴巴正式上线，主营 B2B 业务。

2004 年，京东开辟电子商务领域创业试验田，京东多媒体网正式开通。

2014 年，京东和阿里巴巴双双上市，它们共同占据了当年中国线上零售 85% 的市场份额。

2023 年"双 11"期间，全网交易额达 5 882 亿元，天猫 402 个品牌成交破亿元，京东超过 60 个品牌销售破 10 亿元。"双 11"期间（11 月 1 日—16 日）全国邮政、快递企业累计揽收快递包裹约 77.67 亿件，同比增长 25.7%；累计投递快递包裹约 75.09 亿件，同比增长 30.9%。

2）电子商务的分类

（1）根据电子商务交易双方主体的不同，可将电子商务划分为四类：

① B to B（Business to Business），即企业对企业的电子商务。这是电子商务活动的主流，其中以企业通过专用网或增值网（VAN）采用 EDI 方式进行的商务活动尤为

典型。

② B to C（Business to Customer），即商业组织对消费者的电子商务。这种模式在企业与消费者之间进行，主要是企业借助于 Internet 开展在线销售活动，典型的如美国亚马逊在线销售图书。这种模式的电子商务发展很快，拥有巨大潜力。

③ C to C（Customer to Customer），即消费者对消费者的电子商务。这种模式是个人与个人之间的网上交易，采用这种模式的典型代表是淘宝网。

④ B to M（Business to Manager），是商业组织对线下经理人（为其销售产品或提供服务）的电子商务。这是一种全新的电子商务模式，其目标客户群不是最终消费者，而是商业企业的线下经理人。

（2）根据电子商务交易对象的不同，可将电子商务划分为两类：

① 有形商品或服务的电子商务，它仍然需要线下支持完成商品送达或服务。电子商务的物流配送会通过第三方物流企业来完成，如邮政服务和商业快递送货等。

② 无形商品或服务的电子商务，可在网上完成交易，无须线下作业支持，如计算机软件、数码产品、数字娱乐内容的网上订购、付款和交付。

（3）根据电子商务实现程度不同，电子商务可分为两个层面：

① 表层电子商务，如企业建立内部网络进行信息共享和一般商务资料的储存和处理；在 Internet 网上建立网页，宣传企业形象，发布电子商情、开展电子贸易、签订电子合同等。

② 深层电子商务，是利用 Internet 网络能够进行全部的贸易活动，即在网上将信息流、商流、资金流和部分的物流完整地实现，也就是说，从寻找客户开始，到洽谈、订货、在线付（收）款、开具电子发票以至电子报关、电子纳税等，都可以通过 Internet 完成。

（4）根据使用网络类型划分，电子商务目前主要有三类：

① EDI（Electronic Data Interchange，电子数据交换）商务。

② Intranet（内联网）商务和 Extranet（外联网）商务。

③ 互联网（Internet）商务。

要实现完整的电子商务还会涉及很多方面，除了买家、卖家外，还要有银行或金融机构、政府机构、认证机构、配送中心等机构的加入才行。

小词典

电子政务

电子政务，是指政府机构应用现代信息和通信技术，将管理和服务通过网络技术进行集成，在互联网上实现政府组织结构和工作流程的优化重组，超越时间和空间及部门之间的分隔限制，向社会提供优质和全方位的、规范而透明的、符合国际水准的管理和服务。

9.1.2　电子商务与第三方物流的关系

电子商务是现代信息技术发展的产物。电子商务的发展需要一个有效的现代物流对实物提供低成本、高效率、适时、适量的转移服务；现代物流的发展，不仅需要电商的强势需求拉动，还需要电子商务信息平台的支持。电子商务和物流协同发展、相得益彰（如图9-1所示）。

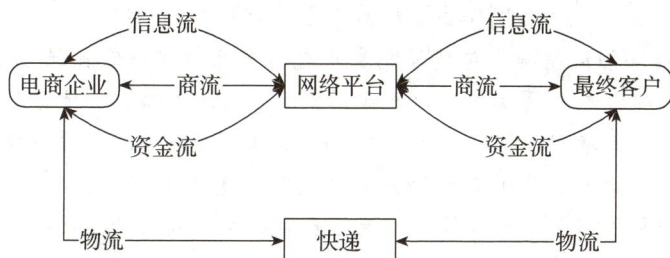

图9-1 电子商务与物流

1）现代物流是电子商务实现的根本保证

（1）物流是电子商务的一部分。

电子商务下的任何一笔交易，都包含四种基本的流——商流（商品本身所有权的转移过程），资金流（商品价值的实现过程），信息流（商品供求、价格、技术、质量、服务相关信息的交流过程），物流（商品实体的时间和空间的转移过程）。电子商务交易过程的实现，需要这"四种流"的协调和整合。

电子商务通过快捷、高效的信息处理手段可以比较容易地解决商流（所有权转移）、资金流（支付）、信息流（信息交换）的问题，而要将商品及时配送到消费者手中，只有通过现代化的物流系统才能使商品以最快的速度到达，才能完成商品的空间转移（物流），才标志着电子商务活动的最终实现，因此，现代物流是电子商务的一部分。

（2）现代物流是实现电子商务的保证。

①物流保证生产。无论是在传统的贸易环境下，还是在电子商务的环境下，生产都是从商品流通开始的，而商品生产的顺利进行需要各类物流活动的支持，整个生产过程实际上就是一系列的物流活动过程。

在商品生产的过程中，现代化的物流活动可以降低生产成本、优化库存结构、减少资金占用并缩短生产周期，最终保障生产的高效进行。如果没有现代物流的支持，商品的生产将难以顺利进行，电子商务交易模式将会存在先天不足，优势也不复存在。

②物流保证供应。商流活动的最终结果是将商品由供方转移到需方，在电子商务的环境下，网络消费者虽然通过上网订购完成了商品所有权的交割过程，但必须通过物流的过程将商品和服务真正转移到消费者手中。

③物流保证服务。物流作为一种服务，面临着服务信誉和服务质量的问题。对于电子商务企业来说，货物送达是客户在购物过程中唯一与商家面对面的机会，因此物流服务的质量将直接影响商家在客户心中的形象，从而在很大程度上决定了是否还有下一次交易的可能，这也正是企业提高客户忠诚度的关键所在。

④物流是电子商务企业实现盈利的重要环节。电子商务节约的只是交易时间和交易成本，物流成本高低关系到企业的盈利空间。

小资料9-2

2023年我国物流基础设施建设情况

2023年，我国物流基础设施建设稳步推进，短板领域不断补强。全年交通运输、仓储和邮政业等物流相关固定资产投资额同比增长超过10%，物流基础设施保障体系进一步完善。全年新增建设国家物流枢纽30个，累计形成125个覆盖全国、类型丰富的物流枢纽体系，为产业与物流聚集融合发展提供有力支撑。全年建成1 000余个县级寄递配送中心和30.3万个村级寄递物流综合服务站，农村物流网络日益健全，短板领域逐步加强。全年冷藏车保有量43.1万辆，冷库总量2.28亿立方米，专业领域物流基础设施保持稳定增长。

在世界银行最新发布的《2023年全球物流绩效指数报告》中，我国物流绩效综合排名由2018年的26位升至20位。其中物流基础设施、国际货运能力两方面排名位于全球前10%，达到国际先进水平，基础设施排名超越美国、法国等发达经济体，比2018年提升6位；国际货运能力比2018年提升4位，我国船队规模达到2.5亿总吨，同比增长10%左右。但也要看到，在国际物流通关管理、货运追踪能力等方面依然存在一定差距，是未来提升我国国际物流绩效的着力方向。

资料来源 中国物流信息中心. 物流恢复向好质效提升——2023年物流运行情况分析［EB/OL］.［2024-03-02］. http://www.chinawuliu.com.cn/xsyj/202402/07/626457.shtml.

（3）互联网+物流与电商融合加速。

物流和电商的结合可以称为天作之合，双方可实现资源共享、优势互补。物流一直是反映电商服务核心竞争力的重要指标，也是制约电商发展的关键因素。时下诸多电商纷纷专注于打造"物流、信息流、资金流'三流合一'的闭环式商业模式"，如阿里布局有三个核心：电商平台、支付平台和以菜鸟为核心的物流平台。顺丰速运也意识到其中蕴含的商机，开始将触角伸向电商领域。

2）电子商务加速物流的发展

（1）电子商务下物流总量与跨度提升，强力推动物流产业发展，特别是配送终端快递行业得以迅速崛起，我国快递业务量居世界第一，其中电商件比例已达七成左右。受即时需求消费习惯养成的影响，以美团配送、蜂鸟即配、达达、顺丰同城为代表的即时配送平台，补足了电商末端物流设施的不足，成为末端配送的重要力量。

（2）电子商务加速了物流信息化、智能化、高效化、专业化、社会化、国际化进程。电商物流为数字科技提供了丰富的应用场景，从而激发更多的市场需求。顺丰持续加大自动化、区块链的投入，不断提升物流效率及智能化水平；京东物流在仓储机器人等先进设备研发应用上取得了阶段性成果；面对即时配送的业务场景需求，美团配送推出低速模式下包括无人车、无人机以及机器人在内的即时配送解决方案；达达快送发布达达无人配送开放平台，与上下游企业一起推动无人配送实现常态化应用。

在电商的推动下，物流大数据预测、电子面单、驿站、快递柜及自动化仓库在国内已经被普遍使用。

此外，将企业、银行、海关、税务、物流配送、商检、CA认证机构和网络服务连成一体化的电子商务系统，提高了企业生产周期的精度，减少了库存，供求关系更趋于合理，物流成本大幅度降低。

小案例9-1

京东物流：聚焦一体化供应链物流市场

一体化供应链物流服务市场是京东物流的核心业务，外部客户对收入贡献占比逐步提升。京东物流于2021年5月28日在港交所主板上市，为京东集团和外部客户提供物流服务。目前京东物流主要拥有仓储网络、运输网络、最后一公里配送网络、大件网络、冷链网络、跨境网络的六大网络。从京东物流的收入结构来看，一体化供应链物流服务市场是京东物流的核心业务。京东物流通过聚焦快消、家电家居、3C、服装、汽车和生鲜六大行业，有针对性设计行业供应链解决方案和产品。2021年京东物流实现总收入1 046.93亿元，同比增长42.7%，其中一体化供应链客户收入占京东物流总收入的67.9%。2021年外部客户收入占京东物流总收入已达56.5%，京东物流的主要收入来源已不再局限于京东集团本身。

资料来源 丁浙川，李秀敏. 互联网零售，京东集团：自营模式铸护城河，平台和全渠道生态共振［EB/OL］．［2023-10-10］．https：//maimai.cn/article/detail？fid=1740958285&efid=1vW2f4AFifhUxzQyh5eM_g.

9.2　电子商务下的物流配送

电子商务的兴起创造了以客户为中心的全新商务模式。近年来，国内电子商务爆发式发展，快递物流公司频频出现"爆仓"，这对第三方物流而言既是机遇也是挑战。

9.2.1　电子商务下的物流配送特征

1）物流配送反应快速化

在电子商务下，新型物流配送服务提供者对上游、下游的物流配送需求的反应速度越来越快，前置时间越来越短，配送速度越来越快，商品周转次数越来越多。

2）物流配送功能集成化

新型物流配送着重于将物流与供应链的其他环节进行集成，包括物流渠道与商流渠道的集成、物流渠道之间的集成、物流功能的集成、物流环节与制造环节的集成等。

3）物流配送服务系列化

在电子商务下，新型物流配送强调物流配送服务功能的恰当定位与完善化、系列化，除了传统的储存、运输、包装、流通加工等服务外，还在外延上扩展至市场调查与预测、采购及订单处理，向下延伸至物流配送咨询、物流配送方案的选择与规划、库存控制策略建议、货款回收与结算、教育培训等增值服务。

4）物流配送作业规范化

电子商务下的新型物流配送强调作业流程的标准化和程序化，使复杂的作业变成简单的、易于推广与考核的运作。

5）物流配送目标系统化

新型物流配送是从系统角度统筹规划一个公司整体的各种物流配送活动，旨在处理好物流配送活动与商流活动及物流配送活动与公司目标之间的关系，不求单个活动的最优化，但求整体活动的最优化。

6）物流配送手段现代化

电子商务模式下的客户呈现出分布的分散性和需求的多样性等特性，使生产、流通和销售批量多、范围广，因此要求物流配送技术、设备及管理现代化。

7）物流配送组织网络化

为了保证对产品销售提供快速、全方位的物流支持，新型物流配送要有完善、健全的物流配送网络体系。网络上点与点之间的物流配送活动要保持系统性和一致性，这样可以保证整个物流配送网络有最优的库存总水平及库存分布，运输与配送快捷、机动，既能铺开又能收拢。分散的物流配送单体只有形成网络，才能满足现代化生产与流通的需要。

8）物流配送经营市场化

新型物流配送的具体经营采用市场机制，无论是企业自己组织物流配送，还是委托社会化物流配送企业承担物流配送任务，都以"服务-成本"的最佳配合为目标。

9）物流配送流程自动化

物流配送流程自动化是指运送、仓储、货箱排列、装卸和搬运等按照自动化标准作业，商品按照最佳路线配送等。

小词典

物联网

物联网（Internet of Things，IoT），即"物物相连"的互联网，是通过各类传感装置、RFID技术、视频识别技术、红外感应、全球定位系统、激光扫描仪等信息传感设备，按约定的协议，根据需要实现物品互联互通的网络连接，并进行信息交换和通信，以实现智能化识别、定位、跟踪、监控和管理的智能网络系统。RFID技术在冷链物流中的应用如图9-2所示。

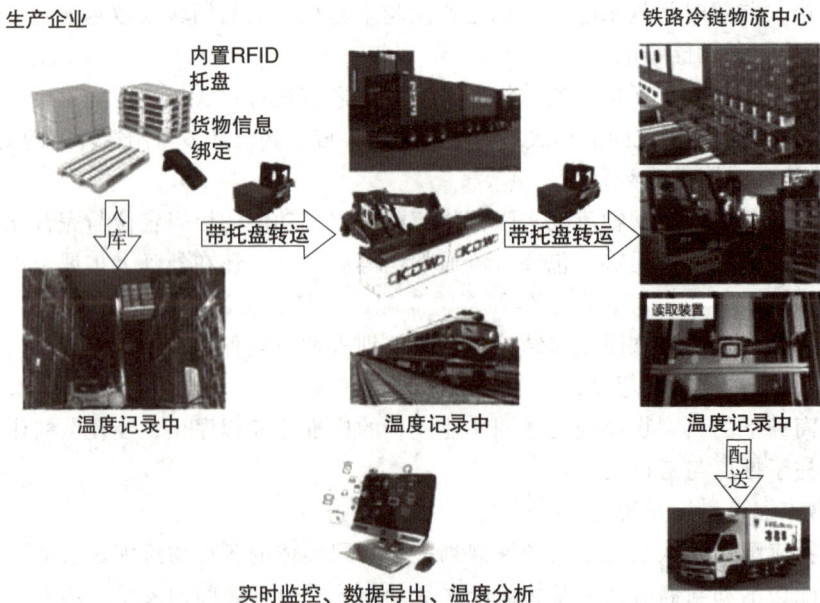

图9-2 RFID技术在冷链物流中的应用

9.2.2　电子商务下的物流配送模式

电子商务的快速发展推动了物流业中仓储、配送、快递的迅速发展，但随着网购规模不断扩大，一些问题也显现出来，尤其是与电商发展不相适应的物流配送问题。影响物流配送效率的环节有干线运输、分拨中心、末端配送，前两者问题不大，末端配送的问题尤为突出。电商举行促销活动，短时间内订单数目急剧增长，需要配送的商品数量也大幅度增加，而配送人员数量不足会导致大量包裹堆积在配送环节，经常发生爆仓现象；快件不能按时送达消费者手中会影响消费者的体验。为解决快件配送的问题，电商和快递企业都在采取积极措施应对。

1）垂直一体化模式

垂直一体化模式又称自建或自营物流模式，是指电商企业将较多的资金和人力投入物流，自己承担从物流中心到运输再到配送队伍的整体物流体系建设模式，借此掌握对供应链的控制权，提高物流效率，提升客户服务质量，京东、苏宁等都采取了该种模式。

2）半一体化模式

半一体化模式又称混合模式，是指电商自建物流与外包第三方物流合作共建的模式。亚马逊就采用这种混合模式，即自建大规模物流中心以掌控上游环节，同时外包配送环节，美国境内外包给 UPS 和美国邮政，境外外包给联邦快递和基华物流 CEVA。亚马逊也在末端采用众包，即把末端配送工作任务，以自由自愿的形式有偿外包给非特定的大众。众包是业务外包的极端形式。互联网环境下每个人都有以个体为单位参与全球合作与竞争的可能。

3）整体外包模式

整体外包模式是指电商企业集中力量发展其核心商流业务，将物流业务全部外包给第三方物流公司，完善的第三方物流可以帮助企业降低物流成本，提高企业的灵活性以及核心竞争力，如众多中小型电子商务企业，在资金与实力不足的情况下，配送完全交由第三方物流公司运作。

4）共同配送模式

共同配送模式又称共建联盟配送模式，是指电商企业以互惠互利为原则，共享物流配送资源的模式。一般是两个或两个以上的电商企业为实现各自的配送目标而采取的长期联合与合作模式，即企业联合共同配送，订单量达到一定规模，降低单位配送成本，从而克服成本过高的问题。

5）物流联盟模式

物流联盟模式又称轻资产联盟、联盟配送或物流整合模式，是指电商企业运用自身信息、管理或平台优势，签约或联合制造业、销售公司以及第三方物流公司作为联盟或合作成员，在物流外包的基础上，利用电商信息平台的优势，进行不同环节、地域、商品、业务的物流网络整合，实现对物流配送环节的控制。例如，阿里巴巴的基于云计算物流平台服务的"云物流"联盟配送模式，连接电子商务的买家、卖家和包括物流配送企业在内的其他服务商。

视频 9-1

快递那些
事儿

9.2.3　第三方物流——快递是电子商务配送的首选

1）快递服务

根据《快递服务》系列国家标准的规定，快递服务是在承诺的时限内完成的寄递服务。

快递服务具有服务范围广泛、服务内容复杂、服务要求严格的特点。

快递服务按寄达范围的不同，可分为国内快递、国际快递、港澳台快递三大业务种类；按照所有制形式的不同，可分为国有快递、民营快递、外资快递三大类；按照运输方式的不同，可分为航空快递、公路快递、铁路快递三大类。

2）快递网络

快递网络是由呼叫中心、收派处理点或营业网点、快件处理中心和运输线路按照一定的原则和方式组织起来并在调度运营中心的指挥下，按照一定的运行规则传递快件的网络系统。快递网络是由紧密衔接的各个环节组成的统一整体（如图9-3所示）。

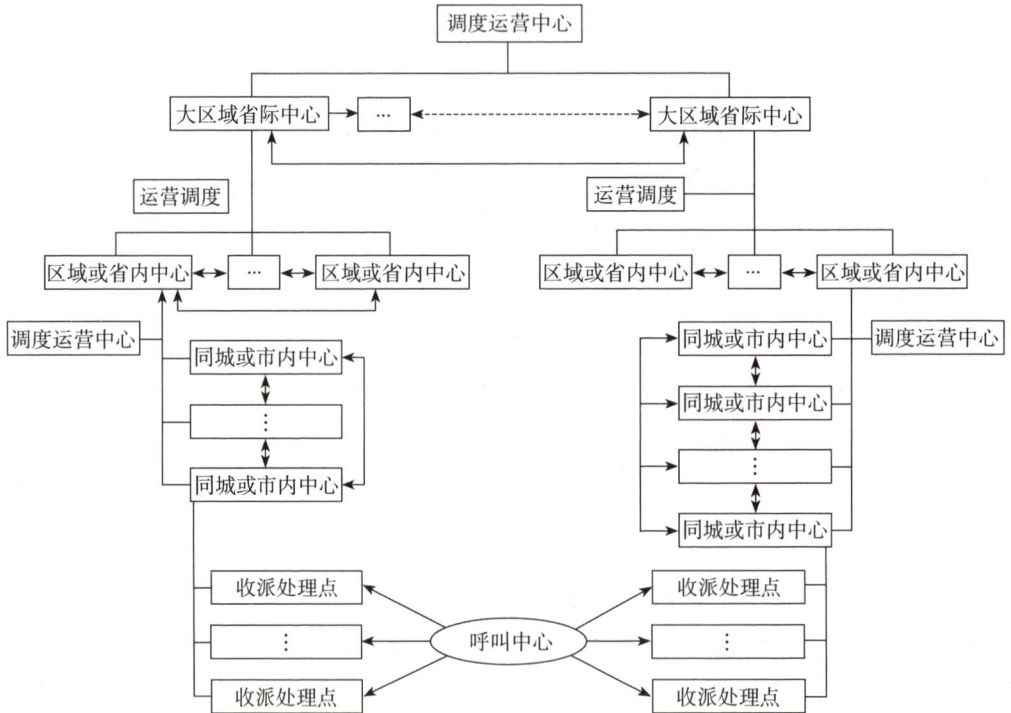

图9-3　快件传递网络构成图

（1）呼叫中心。

呼叫中心，亦称为"客户服务中心"，是快递企业普遍使用的、旨在提高工作效率的应用系统。它主要通过电话、网络系统完成受理客户委托、帮助客户查询快件信息、回答客户有关询问、受理客户投诉等业务工作。

（2）收派处理点或营业网点。

收派处理点或营业网点是快递企业收寄和派送快件的基层站点，其功能是集散某个城市某一地区的快件，然后按派送段进行分拣和派送。

（3）快件处理中心。

快件处理中心是快件传递网络的节点，主要负责快件的分拣、封发、中转任务。企业可根据自身业务范围及快件流量来设置不同层级的处理中心，并确定其功能。

（4）运输线路。

运输线路是指快递运输工具在快件收派处理点、处理中心间以及所在地区车站、机场、码头之间，按固定班次及规定路线运输快件的行驶路线。运输线路按所需运输工具的不同，可分为航空运输线路、火车运输线路、汽车运输线路和水运线路。

（5）调度运营中心。

调度运营中心是控制并保证快递网络按照业务流程设计要求有序运行的指挥中心。它需要按照预订业务运营计划和目标实行统一指挥、合理组织、调度和使用全网络的人力、物力和财力资源，纠正快件传递过程中出现的偏差或干扰，确保快递网络迅速、高效、良性运转。

3）电子商务下快递行业的特征

（1）资本投入较大。

快递行业资本投入较大，需要在营业网点、车辆设备、处理中心、信息系统等业务运营资源方面投入大量资本，而人工薪酬与日常运营也需要大量的资本投入。

（2）人力资源需求量大。

快递行业对人力资源的需求量大。快递业务多个环节主要依赖人力完成，例如投递环节等，且人均处理能力有限，从而导致快递行业每年随业务量增长需要新增大量劳动力。

（3）区域差异大。

我国快递行业具有明显的区域性特征。近几年，全国规模以上快递企业在东部地区（长三角、珠三角、环渤海）的业务量占比最大，其次是中部地区，最后是西部地区。随着产业向内地转移、中西部经济的发展及城镇化水平的提升，预计未来中西部快递市场的占比将有所提高。

（4）业务量不均衡。

节日消费的季节性高峰以及每年第四季度社会贸易和运输业务高峰，对快递企业的峰值处理和投递能力提出了较高要求。例如，每年第四季度至第二年春节前，国内快递业务量将迅速增至平时的数倍，因而对快递企业的运输、仓储和处理能力提出了较平时更高的要求。

4）快递服务的基本要求

（1）有序流畅。

快递流程有序流畅包含三个方面的内容：一是工作环节设置合理，尽量不出现重复、交叉；二是每个工作环节的运行有条不紊，操作技能和方法运用合理，尽量缩短每个岗位占用的时间；三是各工作环节之间衔接有序，运行平稳。上下环节之间应相互配合，保证节奏流畅。

（2）优质高效。

优质高效是整个快递服务的生命线。优质，一方面是指最大限度地满足各类客户的需求，提供多层次的服务产品；另一方面是指本着对客户负责的精神，保证每个工作环节的质量，为客户提供优质的服务。高效，是指整个快递流程必须突出"快"的特点，这就要求在网络设计、网点布局、流程管理方面做到合理有效，在工具、设备和运输方式的选择方面能够满足信息和快件快速传递的要求。同时，为保证流程的优质高效，还应合理配置人员，加强员工培训，提高员工素质。没有优质，高效就没有基础；没有高效，优质就会失去意义。

（3）成本节约。

控制和节约成本应贯穿于整个快递业务流程。应该尽量减少和压缩不必要的快件中转环节，降低运输消耗，合理配置工具和设备，节约使用物料，充分利用一切可重复使用的资源，以降低企业的快递成本，节约社会资源。

（4）安全便捷。

安全是快递服务始终遵循的基本原则之一。在整个快递流程中，必须最大限度地降低可能会引发快件不安全的一切风险，保证快件在收寄、包装、运输、派送等过程中免遭损坏和丢失；确保信息及时录入、准确传输，不发生丢失和毁灭等。

同时，要体现方便客户的人性化服务，在服务网点设置、营业时间安排、上门收寄和派送服务等方面，都应体现出便捷的服务特点，以满足客户的需求。

5）国际快递业务的主要服务环节

国际快递业务的流程与国内快递业务一样，都要经过收寄、分拣、封发、运输和派送四大环节。其主要区别在于，国际快件在入境和出境过程中，须接受有关国家海关的进出境检查，必须办理通关手续。

提供国际快递服务的快递企业和有关业务人员，不仅要熟悉和掌握我国有关通关的法规、政策、制度和程序，还必须了解和掌握其他国家有关通关的规定和知识。

国际快递服务包括国际进境快递服务和国际出境快递服务。

6）禁限寄规定

视频9-2

禁限寄物品

国家法律、法规明确规定，任何组织和个人都不得用快递网络从事危害国家安全、社会公共利益或者他人合法权益的活动，并明确规定了禁限寄物品的种类、收寄检查和管理制度。

国家法律、法规明文禁止寄递的物品共有14类，主要包括具有燃烧、爆炸、腐蚀、毒害和放射等性质的危险物品，如武器、弹药、刀具，鸦片、大麻、冰毒等，还包括严重危害国家安全、破坏民族团结、破坏国家宗教政策、破坏社会稳定的禁寄物品。

限寄物品是指对国家规定的限制流通或实行特许经营的物品，例如烟酒等进行限量快递的物品（参见国家邮政局、公安部、国家安全部联合印发《关于发布〈禁止寄递物品管理规定〉的通告》（国邮发〔2016〕107号））。

另外，使用国际快递服务时还要遵守收寄国、寄达国和中转国相关禁限寄规定。"电商时代"快递业成为竞争激烈而又炙手可热的行业，其在信息技术、流程管理、客户服务、战略规划方面进步迅速，正领先于物流行业的其他分支。中国物流行业投资与利润的重心开始从生产经营的前端即 B to B 下的工业物流、项目物流，向后端即 B to C、C to C 下的快递配送倾斜。

互动课堂 9-1

分小组讨论，我国快递业迅猛发展的原因有哪些？

9.3　电子商务物流

互联网改变了物流企业对物流的运作与管理模式，基于不同资源背景的物流电商平台使物流运作进入了多样化时代。

9.3.1　电子商务物流的特点

电子商务物流又称网上物流，就是基于互联网技术，旨在创造性地推动物流行业发展的新商业模式。通过互联网，物流公司能够在全国乃至世界范围内寻找物流供需方，达成物流交易，拓展业务，建立合作关系。

1）信息化

电子商务物流本质是物流信息化，就是运用现代信息技术对物流过程中产生的全部或部分信息进行采集、分类、传递、汇总、识别、跟踪、查询等一系列处理，以实现对货物流动过程的控制，从而降低成本、提高效益的管理活动。物流信息化是现代物流的灵魂，是现代物流发展的必然要求和基石。

2）自动化

自动化的基础是信息化，自动化的核心是机电一体化，自动化的外在表现是无人化，自动化的效果是省力化，另外自动化还可以增强物流作业能力、提高劳动生产率、减少物流作业的差错等。物流自动化的设施非常多，如条码/语音/射频自动识别系统、自动分拣系统、自动存取系统、自动导向车、货物自动跟踪系统等。

3）智能化

这是物流自动化、信息化的一种高层次应用，是通过运用各种智慧化技术手段，如智能软硬件、物联网、大数据等，实现物流各环节精细化、动态化、可视化管理，提高物流系统智能化分析决策和自动化操作执行能力，搭建现代化物流模式。物流的智能化已成为在电子商务下物流发展的一个新趋势。

4）网络化

物流的网络化是物流信息化的必然，Internet 等全球网络资源的可用性及网络技术的普及为物流的网络化提供了良好的外部环境。物流网络化有以下两层含义：物流信息网络化和物流组织网络化。

5）柔性化

基于网络化的电商物流运作更具柔性化，适应"多品种、小批量、多批次、短周期"的特点，灵活组织和实施物流作业。

另外，物流设施、商品包装的标准化，物流的社会化、共同化也是电子商务下物流模式的新特点。

9.3.2 电子商务物流分类

物流管理信息系统（Logistics Management Information System，LMIS），是一个由人和计算机网络等组成的能进行物流相关信息的收集、传送、储存、加工、维护和使用的系统。它将传统物流与当今信息网络有机结合，促使物流企业以新型模块化的方式进行要素重组。

物流管理信息系统包括接受订货管理信息系统、订货管理信息系统、收货管理信息系统、仓储管理信息系统、发货管理信息系统、配送管理信息系统、运输管理信息系统、包装管理信息系统、流通加工管理信息系统、成本管理信息系统、EDI处理信息系统以及物流综合管理信息系统。

1）物流管理信息系统的分类

（1）按系统的功能不同，物流管理信息系统可以分为事务处理信息系统、办公自动化系统、管理信息系统、决策支持系统、高层支持系统、企业间信息系统。

（2）按管理决策的层次不同，物流管理信息系统可以分为物流作业管理系统、物流协调控制系统、物流决策支持系统。

（3）按系统的应用对象不同，物流管理信息系统可以分为面向制造企业的物流管理信息系统，面向零售商、中间商、供应商的物流管理信息系统，面向物流企业的物流管理信息系统，面向第三方物流企业的物流管理信息系统。

（4）按系统采用的技术不同，物流管理信息系统可以分为单机系统，内部网络系统，与合作伙伴、客户互联的系统。

2）物流信息系统的特征

物流活动本身具有的时空上的特点决定了物流信息系统的特征。

（1）跨地域连接。

在物流活动中，由于订货方和接受订货方一般不在同一场所，如处理订货信息的营业部门和承担货物出库的仓库一般在地理上是分离的，发货人和收货人不在同一个区域等，这种在场所上相分离的企业或人之间的信息传送需要借助数据通信手段来完成。在传统的物流系统中，信息需要使用信函、电话、传真等传统手段实现传递，随着信息技术的进步，利用现代电子数据交换技术可以实时、无缝地实现异地间数据传输和处理。

（2）跨企业连接。

物流信息系统不仅涉及企业内部的生产、销售、运输、仓储等部门，而且与供应商、业务委托企业、送货对象、销售客户等交易对象以及在物流活动上发生业务关系的仓储企业、运输企业和货代企业等众多的独立企业之间有着密切关系，物流信息系统可以使这些企业内外的相关信息实现共享。

（3）信息的实时传送和处理。

物流信息系统一方面需要快速地将收集到的大量形式各异的信息进行查询、分类、计算、储存，使之有序化、系统化、规范化，成为能综合反映某一特征的真实、可靠、适用而有使用价值的信息；另一方面，物流现场作业需要从物流信息系统获取信息，用以指导作业活动，即只有实时的信息传递，才能使信息系统和作业系统紧密结合，克服传统借助打印的纸质载体进行信息作业的低效作业模式。

小案例 9-2

带着阿里基因　运满满初衷是打造物流业的"淘宝"平台

在红杉资本的物流投资图谱里，中国的干线领域是一家叫运满满的互联网公司。天使投资人王刚这样评价运满满："对运满满的投资，起源于孵化滴滴的逻辑，也起源于同运满满创始人张晖等在阿里的共同工作经历。早在 2013 年，通过对行业的深度分析和研判，我和张晖都认为彼时还未受到移动互联网深刻影响的货运界，将很快迎来发展的拐点，滴滴的发展模式在车货匹配领域同样适用。"运满满总裁苗天冶说道："互联网物流创业公司大批涌现，其中大部分聚焦在城配领域。干线物流的跨区域和'小散乱差'挡住了很多人的步伐，即使它是一个价值超过 4 万亿元人民币的市场。干线整车领域需要全国联网，全国所有重要路网节点全部布局才有意义，而阿里出身的我们擅长这种布局，有信心搞定。"于是运满满将目标锁定在干线领域，坚定了"要在物流行业打造一个类似淘宝的平台，通过平台建设起物流诚信体系，再根据用户画像提供各种定制化的服务"的信心。

运满满创立于 2013 年，是国内首家基于云计算、大数据移动互联网和人工智能技术开发的货运调度平台，是公路物流领域高新技术综合应用的典型代表。

截至 2019 年 12 月，运满满平台实名注册重卡司机超过 520 万名、货主超过 125 万名，货物日周转量为 136 亿吨千米，日撮合交易额约 17 亿元，业务覆盖全国 334 个城市，已经成为中国最大的整车运力调度平台、智慧物流信息平台和无车承运人，同时也是"互联网+物流"、交通大数据和节能减排的样板项目。

资料来源　编者根据运满满官网资料整理。

互动课堂 9-2

分小组讨论，跨境电商和直播电商为物流业的发展带来了哪些机遇和挑战？

9.4　互联网+物流

2013 年以后，物流业开始进入以网络技术、电子商务和共享经济为代表的信息化新阶段。越来越多的物流企业不断开放和延伸自身业务，并利用大数据和智能设备提高物流效率。同时，信息和云服务商也在不断涌入物流行业。互联网+的本质是产业本身在互联网化。

9.4.1　互联网时代的物流特点

（1）物流服务理念从利益导向、被动服务转向客户需求导向、主动服务。

（2）从企业"大而全，小而全"且以自有资产为主的经营模式转向资源共享轻资产运作模式。

（3）从个体效益最大化的竞争关系转变为合作整体共赢关系。

（4）从传统的重管理转变为重创新，包括信息、保险、融资等物流相关领域的不断创新。

（5）从面向有限区域和无统一标准的服务转向物流网络跨时空扩展和功能不断拓

展的标准化服务。

（6）从信息不透明转向信息公开共享，以提高物流整体效率。

9.4.2 "互联网+物流"的发展

1）物流+互联网

物流+互联网的本质是将传统物流产业植入互联网，引入互联网思维，通过数字化技术、设备、商业模式等诸多方面的创新促使物流业运作方式改变和效率提升。

在物联网、云计算、大数据和AI等技术的推动下，各方社会化物流资源逐渐向互联网平台靠拢，形成行业数据引擎。在数据驱动下，这些平台为市场提供有黏性的产品服务，积累更多的物流资源，随着社会物流资源平台规模的日益扩大，物流业的运作管理模式、资源配置方式皆会产生重大改变。

2）互联网+物流

依托网络信息技术与物流供需市场资源成立的基于网络资源聚集的物流平台企业，按其各自的主营业务，可以分为专线平台、车货匹配平台、仓储平台、物流科技平台、电商物流平台五大类型，下面介绍前四种类型。

（1）专线平台。

每一条专线都各不相同，实力、区域的掌控力、管理水平等与期望都存在较大差异，专线在选择平台时，主要应考虑的是平台提供的服务能否满足自身的需求。

卡行天下通过为专线提供场地、系统等，聚集专线入驻，利用自由交易规则，为专线和三方提供一站式发货和承运平台。

2018年，专线市场烽火四起。德坤、三志、聚盟、卡行天下、天地汇、传化等多家专线平台均有大动作，专线整合已经成为了主流趋势。

（2）车货匹配平台。

按运输距离，可以把车货匹配平台分为长途整车平台、城配平台、城际平台。

同城配送服务于C端的代表企业如货拉拉、快狗打车（原58速运）等，都以服务C端与部分B端的拉货、搬家等即时性、单次需求为主。

近两年，同城即时配送备受资本关注。整体上看，即时配送行业可以分为B2C、C2C两大主流平台，B2C模式连接商家与消费者，具有服务订单相对集中和固定的特点，如美团、饿了么、盒马等；C2C模式主要是为满足紧急互送需求而产生，随机性更强，附加值更高，如闪送、达达、人人、UU跑腿等。

（3）仓储平台。

仓储是物流的一部分，仓储作为物流环节中的重要节点，仓储租赁平台是物流地产下游，可分为综合类平台与垂直类平台两大类型。

综合类平台如58同城，虽然享有大量流量端口，但是仓储交易只是其中一个板块，只做简单的信息撮合，平台没有嵌入交易内部，服务的专业性较弱。

垂直类平台如库房无忧、易代储等，不再是提供简单的租赁业务，而是为客户特别是中小微客户提供仓储改造、1平方米起租、物业等可定制化的服务。

（4）物流科技平台。

物流行业的科技平台企业代表有G7、中交兴路、易流科技、OTMS等。其中G7

与易流科技都是以物流设备（GPS）为切入点进入物流行业的，不同的是 G7 的发展偏向于智能挂车、无人驾驶等物流应用方向。

9.4.3 "智慧+共享"物流

智慧物流是指以物联网技术为基础，综合运用大数据、云计算、区块链及相关信息技术，通过全面感知、识别、跟踪物流作业状态，实现实时应对、智能优化决策的物流服务系统。

"智慧+共享"物流是指将智慧化和共享化两种理念共同融入现代化物流运作系统，在降本增效等耦合力机制作用下实现智慧化的物流智能技术体系和共享化的物流共享互动机制之间关联要素相互耦合衔接，推动物流系统主要功能环节相互适应、耦合协调、相辅相成并最终达成物流运作流程高效智能化、物流资源高度共享化、物流系统功能全面转型升级的新型物流运作模式。

2021年京东物流与腾讯智慧零售共同宣布推出"京腾云仓"。"京腾云仓"集成了京东物流的云仓技术、物流中台能力和供应链行业标准方面的优势，以及腾讯智慧零售所拥有的腾讯全域数字化触点、智慧零售产研技术等能力，对合作伙伴进行双品牌赋能，提供"系统+品牌赋能+商流"一站式解决方案，构建以客户体验为中心的全链路智慧零售场。

2022年4月，"京腾云仓"（商家版）全面升级。新升级的京腾一体化解决方案将数字化商流感知、云仓物流托管服务等原本由头部商家独享的能力进行解耦，助力中小电商和品牌商家打通多平台的全域商流、物流、营销流，并将其与自身私域流量进行全面整合。

物流人物专栏

陈敬东，北京顺丰速运有限公司工会主席、高级物流师，2023年全国五一劳动奖章获得者。

入职顺丰以来，陈敬东从一名快递小哥干起，并逐步成长为一名管理者。他研发了桃的专用包装，解决了大桃销往全国的难题。在担任营运部经理3年时间里，陈敬东主导开发10余门课程，为快递行业和企业培养基层管理者220余人、中层管理者70余人。2022年，他推动顺丰在北京建立110个"暖心驿站"、1个公共区域职工之家，为快递小哥、保安、保洁等新就业形态劳动者群体提供了有温度的歇脚场所。陈敬东说："一线是工作之根，我们必须沉下身子，发现问题、解决问题，帮助职工成长成才，带着他们实现自我价值，只有这样企业才会有更高质量的发展。"

资料来源 白莹，张晶.沉下身子去发现和解决问题［J］.工会博览，2023（13）.

基本训练

□ 知识题

1.单项选择题

（1）全球卫星定位系统的简称是（　　）。

A.GIS　　　　　　　B.GPS　　　　　　　C.POS　　　　　　　D.EDI

（2）FedEx公司参与电子商务业务的主要身份是（　　）。

A.经营者　　　　　　B.制造者　　　　　　C.网站经营者　　　　D.第三方物流

（3）电子商务强调（　　），其核心在于提供服务、产品、信息和决策反馈的及时性。

A.便利性　　　　　　B.可靠性　　　　　　C.一致性　　　　　　D.时效性

2.多项选择题

（1）电子商务分为（　　）等模式。

A.B to B　　　　　　B.B to C　　　　　　C.商务活动　　　　　D.电子化手段

（2）影响电子商务发展的内部环境有（　　）。

A.公共政策　　　　　　　　　　　　B.企业领导的重视程度

C.企业信息化水平　　　　　　　　　D.人员素质

3.简答题

电子商务下的物流配送特征是什么？

➡ 综合应用 ➡

□ 案例分析

数据带动企业变革　　EMS开启智慧物流模式

作为物流与互联网深度融合的产物，智慧物流广泛采用大数据、云计算、人工智能等新一代信息技术与设备，逐渐成为中国邮政速递物流转型升级和降本增效的主要手段。

1.仓配联动智能化运用更精准

从2012年到2016年，中国快递总量增长了4.5倍，快递时效提升了1天左右，这与智慧物流的使用紧密相关。为优化用户体验，中国邮政速递物流采用电子面单，一方面可以提前释放运单号码，提高电商客户发货速度；另一方面也可以减少单据成本浪费，助力绿色快递发展，一举两得。

除线上流程电子化外，中国邮政速递物流线下各大仓库还启用了全自动化分拣处理及智能无人仓储技术。仓配一体，自动化存取、分拣，拣货加倍提升效率的同时，也可满足电商大规模订单的交付及运输。

值得一提的是，2020年"双11"期间，AGV分拣机器人于上海、武汉等关键节点"大展拳脚"，日处理量超过60万件。此次上线运行的智能机器人共分两种，一种是号称"橙色金刚"的大件机器人，自身重50千克，可承重100千克，解决了大件、重件不能上机分拣的问题，解放了人力；另一种是小件智能机器人，其通过贴在地面的二维码自动识别规划路线，时间复杂度与空间复杂度的算法使邮件分拣过程通过"步步最优"达到"总体最优"。

此外，中国邮政速递物流对原先分拣机"链条式"的循环系统做了优化，使个别故障机器人不会对总体运行造成影响，最大限度地保证了生产的稳定。同时，凭借立体式模块协同作业、大小件同步智能分拣的快递自动分拣系统，很大程度上提高了邮件流转效率，智能机器人项目也成为中国邮政速递物流应用先进技术的示范工程，是具有自主知识产权的智能化、自动化、信息化的处理系统。

2.多渠道实时监控流程化运行更贴心

中国邮政速递物流引入大数据技术等新一代科学技术，通过全面电子渠道的接入，可实现电话、网站、微信、App等多渠道的下单、查询及售后服务，并提供政务互通、办证办牌及代缴关税等便民服务，全天候在线的中国邮政速递物流服务极大地方便了消费者。

与此同时，中国邮政速递物流对服务流程做了相应的完善，为电商大客户提供全程服务，在收寄、运输、干线、投递四大环节开启系统智能预警设置，通过构建速递邮件查询、投诉、赔偿统一服务平台，让所有异常情况得到及时妥善处理，实现全网赔偿的集中实时在线处理、判责和赔偿标准的规范可视、赔偿方案审批的全程可控化。

针对跨境包裹量的激增，中国邮政速递物流也相应地制定了一套方便跨境电商进口与出口双向系统全程追踪、用户全球海淘阳光通关纳税、外贸卖家全球网售送达的业务体系。海淘族除了可以使用"EMS中国邮政速递物流"微信服务号办理通关业务，查询、申报、缴税、退运等有关国际邮件通关业务外，也可进入微信钱包中的"城市服务"页面，选择境外邮件申报缴税进行相关业务的办理。

3.终端优化配送更高效

通过在城镇社区普及智能快递柜，在郊区及离岛偏远地区使用无人机代替人工邮路，让用户取件更便利，配送更高效。

另外，中国邮政速递物流的智慧物流模式也在互联网支付方式、二维码运单及400隐私快递等服务方面有所创新。可以说，这个集技术与实力于一体的企业通过运用互联网技术与思维提前布局，以用户需求刺激自我突破，正在用实际行动承担起社会责任，为物流企业未来发展提供了新的指引方向。

资料来源 佚名.数据带动企业变革 EMS开启智慧物流模式［EB/OL］.［2020-11-14］.http：//news.163.com/17/1114/11/D36TP54E00018AOP.html.

问题：EMS开启智慧物流模式具体体现在哪些方面？

□ 实训题

1.登录经常使用的购物平台，查看关于特定商品的买家评价，统计出与物流相关的评语所占比例，分析其对买家购买行为的影响。

2.找出下列物品中的禁寄物品和限制寄递物品：

乙炔、氢气、铅笔、发令纸、梳子、火柴、固体胶、书、蓄电池、纸张、麻黄素、衬衣、仿真武器、MP4、有价证券、手机、汽油、未经药制的兽骨、塑料玩具、纸张、金戒指、皮鞋、无线电收发信机、衬衣、一般文物、手机、卷烟、中成药

3.为了防止快件在装运过程中散落、遗失，业务员须将一件或多件快件用捆扎材料扎紧，请你练习用绳子打平结、"8"字结、十字结和井字结。

第 **10** 章
第三方物流的跨国经营

学习目标

☐ 知识目标：

理解跨国物流的含义和特点；掌握国际物流和国内物流的区别；了解影响国际物流运作的各种因素。

☐ 能力目标：

掌握国际货运代理业务的操作流程，具备国际物流的综合运作与代理能力。

☐ 素养目标：

拓宽物流产业视野，形成经济全球化意识，在国际物流运作中遵守相关国际法规，体现专业、敬业精神，提升民族自信。

10.1　跨国物流概述

经济全球化必然要求物流国际化，即物流设施国际化、物流技术国际化、物流服务国际化、货物运输国际化、包装国际化和流通加工国际化等。物流无国界，只有广泛开展国际物流合作，才能促进世界经济繁荣。

10.1.1　跨国物流的概念、特点及与国内物流的差异比较

1）跨国物流的概念

跨国物流就是组织货物在国与国之间的合理流动，也就是发生在不同国家之间的物流。跨国物流的实质是按国际分工协作的原则，依照国际惯例，利用国际化的物流网络、物流设施和物流技术，实现货物在国与国之间的流动与交换，以促进区域经济的发展和世界资源的优化配置。

跨国物流的总目标是为国际贸易和跨国经营服务，即选择最佳的方式与路径，以最低的费用和最小的风险，保质、保量、适时地将货物从某国的供方运到另一国的需方。

2）跨国物流的特点

跨国物流为跨国经营和对外贸易服务，与国内物流系统相比，具有国际性、复杂性和风险性等特点。

（1）国际性是指国际物流系统涉及多个国家，系统的地理范围大。这一特点又称为国际物流系统的地理特征。国际物流跨越不同地区和国家，跨越海洋和大陆，运输距离长，运输方式多样，这就需要合理选择运输路线和运输方式，尽量缩短运输距离和货物的在途时间，加速货物的周转并降低物流成本。

（2）复杂性是指由于各国的社会制度、自然环境、经营管理方法、生产习惯的不同，因而在国与国之间组织货物从生产到消费的流动是一项复杂的工作。国际物流的复杂性主要包括国际物流通信系统设置的复杂性、法规环境的差异性和商业现状的差异性等。

（3）风险性主要包括政治风险、经济风险和自然风险。政治风险主要是指由于途经国家的政局动荡，如罢工、战争等原因造成货物可能受到损害或灭失的风险；经济风险又可分为汇率风险和利率风险，主要是指从事国际物流必然要发生资金流动，因汇率或利率变动而产生的风险；自然风险是指在物流过程中可能因自然因素（如台风、暴雨等）而引起的风险。

3）跨国物流与国内物流差异的比较

跨国物流与国内物流的差异比较见表 10-1。

10.1.2　影响物流企业跨国经营的主要因素

物流企业进入国际物流市场前要对影响物流系统的各种因素有充分的了解。在这些影响因素中，有些是物流企业可以控制的，有些是物流企业不可以控制的（如图 10-1 所示）。

表10-1 跨国物流与国内物的流差异比较

	跨国物流	国内物流
成本	高	低
运输模式	主要靠远洋和航空运输，多种联运	主要靠公路和铁路
运输风险	高，是由运输时间长、转运困难、装卸频繁，以及不同国家基础设施水平的不同造成的	较低
库存	库存水平较高，前置期长	库存水平较低，前置期短
代理机构	对货运代理商、报送行有较强的依赖性	适当使用代理机构，主要是铁路方面
财务风险	较高，是由于汇率、通货膨胀水平的不同等造成的	较低
管理	涉及大量单据（美国商业部估计平均每次装运单据的费用为250美元）	涉及的单据少
政府机构	许多机构介入，如海关、商业部门、农业部门和运输部门	主要是关于危险货物的重量、安全方面的法律及关税问题
沟通	口头或书面形式的成本很高，常常无效，EDI又因各国的标准不同而受到一定程度的限制	多为口头的或书面形式，现在也越来越多地使用EDI
文化差异	文化差异要求对产品和市场做出较大改动	文化背景类似，因而不必对新产品做出大的改动

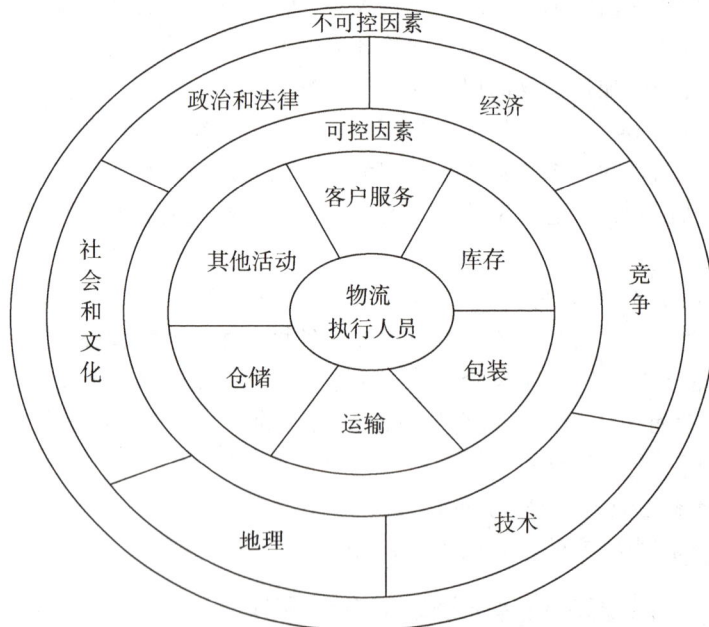

图10-1 影响物流企业跨国经营的主要因素

1）不可控因素

任何一个影响物流企业的跨国运作战略，但又不能被物流管理人员直接控制的因素，都可称为不可控因素。主要的不可控因素包括：

（1）国外市场的政治和法律环境；

（2）经济状况；

（3）每个市场上的竞争程度；

（4）可获得的配送技术水平；

（5）国外市场的地理结构；

（6）不同目标市场的社会和文化因素。

不可控因素的主要特点是它的不确定性和频繁变动性，它直接影响物流决策，是规划、实施和控制全球物流配送网络必须考虑的因素。

2）可控因素

国际物流配送成本远远高于国内物流配送成本，这是由增加的运输距离、文书费用、更高水平的库存、更长的订货周期，以及其他因素综合作用造成的。当一个物流企业进入国际市场时，管理人员必须努力管理物流各可控因素，以降低物流成本，并为客户提供其可以接受的服务水平。

（1）客户服务。

企业向国际市场提供与国内市场同等的物流服务水平是很难的，因为国际运输时间较长，而且通常需要不同类型的承运人，有时需要通过多个国家，转运时间长短不一。

许多跨国物流企业都在国外市场建立自己的物流网络设施，以满足客户要求。

在不同的国家，同一水平的客户服务的成本有很大差距。竞争、特殊的客户需求以及其他因素都可能导致企业支付较高的物流成本，从而使利润下降。企业必须调查每个市场上的客户服务需求，并制定出最适合市场的物流服务策略。

（2）库存。

在国际市场上，供应商和客户之间通常要建立各种库存水平，多水平的库存系统比国内的系统要复杂得多。多个运送地点、较长的运送时间和较高的服务水平造成的转运库存要远远高于国内。了解国际市场与国内市场的库存管理系统的区别，进行库存控制，对跨国物流企业而言尤为重要。

（3）包装和集装箱化。

国际运输比国内运输需要更强有力的保护，尤其是在没有集装箱化的情况下。其他需要考虑的因素还有商品搬运次数、气候、被偷窃的可能性、沟通、运费、关税、客户需求等。在国际运输过程中，商品的中间搬运次数越多，损坏的可能性就越大。一般来讲，在国际运输中的损坏率会大大高于国内运输，因此，国际承运人必须比国内承运人更加关注包装的保护作用。

国际运输包装的最低要求是确保商品完好无损地运达目的地。为了在运输和储存过程中更好地保护商品、方便装卸搬运，集装箱在国际物流中被广泛使用。大多数企业采用标准化集装箱（即8英尺×8英尺×10英尺/20英尺/30英尺/40英尺），以便于联运。包装上的标签对商品及时高效的运输十分重要。

🖋 小词典

保税制度与保税仓库

保税制度是对特定的进口货物，在入境后，尚未确定内销或复出的最终去向前，暂缓缴纳进口税，并由海关监管的一种制度。这是各国政府为了促进对外加工贸易和转口贸易而采取的一项关税措施。

保税仓库是经海关批准设立的专门存放保税货物及其他未办结海关手续货物的仓库。

10.1.3　国际物流网络

国际物流网络是指由多个收发货的"节点"和它们之间的"连线"所构成的物流抽象网络，以及与之相伴随的信息流动网络的有机整体。

收发货"节点"是指进、出口国内外的各层仓库，如制造商仓库、中间商仓库、口岸仓库、国内外中转点仓库，以及流通加工配送中心和保税区仓库。国际贸易商品就是通过这些仓库的收入和发出，并在中间存放保管，实现了国际物流的时间效益，克服了生产时间和消费时间的分离，从而促进了国际贸易的顺利运行。

"连线"是指连接上述国内外众多收发货节点间的运输路线，如各种海运航线、铁路线、飞机航线以及海、陆、空联运航线。这些网络连线是库存货物的移动（运输）轨迹的物化形式；每一对节点之间有许多连线，以表示不同的运输路线、不同产品的各种运输服务；各节点表示存货流动暂时停滞，其目的是更有效地移动（收或发）；信息流动网络连线通常包括国内外的邮件，或某些电子媒介（如电话、电传、电报以及目前的电子数据交换等），其信息网络的节点则是各种物流信息汇集及处理之点，如员工处理国际订货单据、编制大量出口单证、准备提单或电脑对最新库存量的记录；物流网与信息网并非独立，它们之间是紧密相连的。

国际物流网络研究的中心问题是确定进出口货源点（或货源基地）和消费者的位置、各层级仓库及中间商批发点（零售点）的位置、规模和数量，从而决定国际物流网络的合理布局和合理化问题。在合理布局国际物流网络的前提下，国际商品由卖方向买方实体流动的方向、规模、数量就确定下来了，即国际贸易的贸易量、贸易过程（流程）的重大战略，进出口货物的卖出和买进的流程、流向，物流费用，国际贸易经营效益等，都一一确定下来了。

近年来，随着中国跨境电子商务交易额大幅度提升，部分大型快递和物流企业已开始实施海外发展战略，通过并购、合作等形式拓展国际物流网络。

10.1.4　国际货运代理

货运代理（Freight Forwarder），是指接受货主的委托，代表货主办理有关货物报关、交接、仓储、调拨、检验、包装、转运、订舱等业务的公司。按其业务性质，货运代理分为订舱揽货代理、货物装卸代理、货物报关代理、转运代理、理货代理、储存代理和集装箱代理；按其经营范围，货运代理分为国际货运代理和国内货运代理。

国际货运代理（International Freight Forwarder）是指接受进出口货物收货人或发货人的委托，以委托人或自己的名义，为委托人办理国际货物运输及相关业务的服务方式或经济组织。国际货运代理公司也可作为无船承运人（NVOCC）承办

多式联运业务，即作为合同当事人签发多式联运单据，将各段运输委托实际承运人执行。

小词典

国际多式联运

国际多式联运是指按照多式联运合同，以至少两种不同的运输方式，由多式联运经营人将货物从一国境内的接管地点运至另一国境内指定交付地点的货物运输方式。

1）国际货运代理的服务内容

国际货运代理受托为货主提供下列代理服务并根据服务项目、数量和质量从货主那里获得劳务报酬。

（1）代理租船订舱。

这类代理与国内外货主及运输机构有广泛的业务。

（2）代理货物报关。

有些国家对这类代理应具备的条件规定较严格，如按规定必须向有关部门申请登记，有国籍要求，经过考试合格发照才能营业。

（3）代理转运及理货。

其办事机构一般设在中转站及港口。

（4）代理储存。

其包括货物保管、整理、包装以及保险等业务。

（5）代理集装箱。

其包括装箱、拆箱、转运、分拨以及集装箱租赁和维修等业务。

（6）代理多式联运业务。

多式联运经营人又称无船承运人，是与货主签订多式联运合同的当事人。不管一票货物运输要经过多少种运输方式，要转运多少次，多式联运代理必须对全程运输（包括转运）负总责。无论是在国内还是在国外，对多式联运代理的资格认定都比其他代理要严格。

2）货运代理的主要业务流程

（1）出口货运代理的主要业务及流程。

出口货运代理的主要业务包括选择运输路线、方式和适当的承运人；在货主和选定的承运人之间安排揽货、订舱；包装、计量和储存货物；办理保险；收取货物并签发有关单据；办理出口结关手续并将货物交付承运人；支付运费，收取正本提单并交给发货人；安排货物转运；通知收货人；记录货物灭失情况，协助收货人向有关责任方索赔。出口货运代理业务流程如图 10-2 所示。

（2）进口货运代理的主要业务及流程。

进口货运代理的主要业务包括：报告货物动态；接收并审核货运单据，支付运费并提货；进口报关，支付有关税费；安排运输过程中的存仓；向收货人交付已结关的货物；协助收货人储存或分拨货物。进口货运代理业务流程，如图 10-3 所示。

视频 10-1

出口货运
代理业务及
流程

视频 10-2

进口货运
代理业务及
流程

接受委托 ← 报价 / 填写货物托运单 / 填写业务联系单

↓

操作 ← 制单、客户确认 / 船运公司订舱 / 安排拖车 / 报送 / 操作过程记录 / 向客户催收运费 / 代客户收集有关资料

↓

签发提单

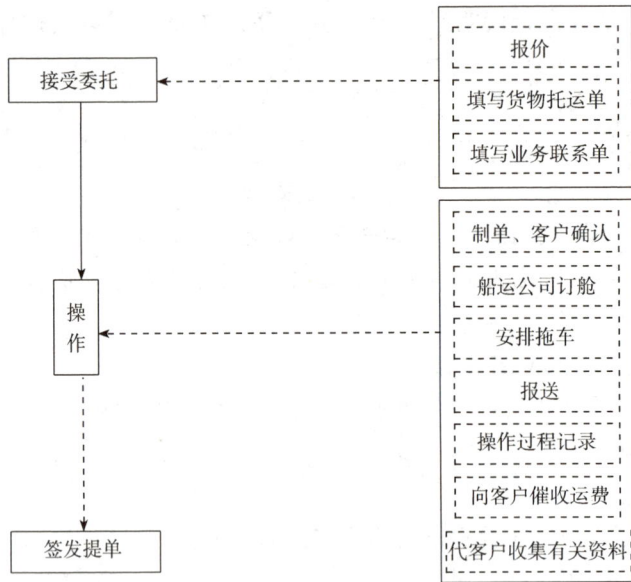

图10-2　出口货运代理业务流程

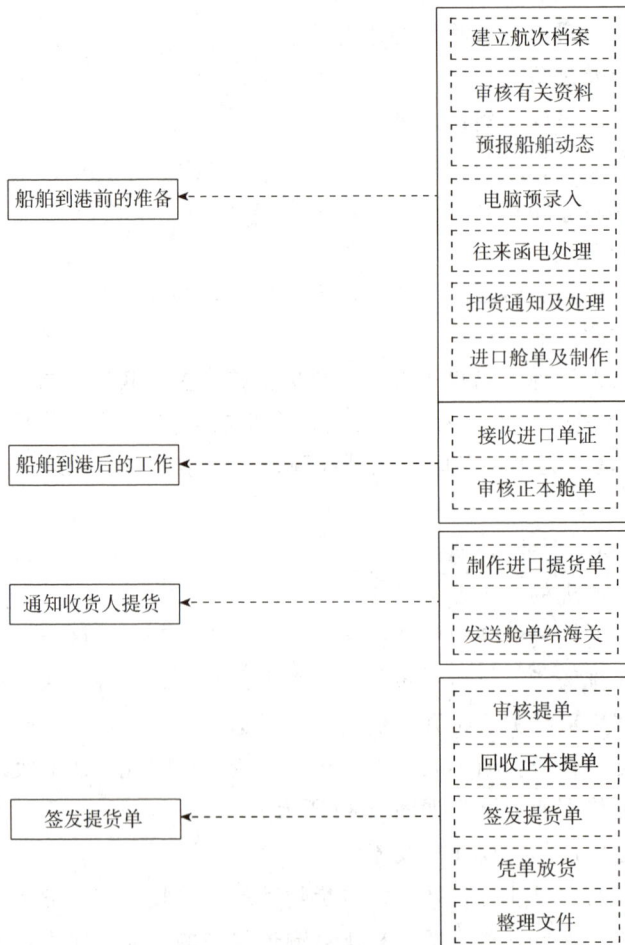

船舶到港前的准备 ← 建立航次档案 / 审核有关资料 / 预报船舶动态 / 电脑预录入 / 往来函电处理 / 扣货通知及处理 / 进口舱单及制作

船舶到港后的工作 ← 接收进口单证 / 审核正本舱单

通知收货人提货 ← 制作进口提货单 / 发送舱单给海关

签发提货单 ← 审核提单 / 回收正本提单 / 签发提货单 / 凭单放货 / 整理文件

图10-3　进口货运代理业务流程

中国进出口贸易表现强劲，凸显中国在全球供应链中的重要地位，为推动世界经济复苏和发展做出贡献。试讨论国际物流与一国经济发展的关系。

10.2　国际海洋货运

10.2.1　国际海洋货运的种类

国际海洋货物运输简称国际海洋货运，是指使用船舶通过海上航道在不同国家和地区的港口之间运送货物的一种方式，在国际货物运输中使用最广泛。

国际海洋货物运输按运输方式可分为班轮运输和租船运输两种。

1）班轮运输

班轮运输（Liner Shipping）又称定期船运输，是指轮船公司将船舶按事先制定的船期表（Sailing Schedule），在特定海上航线的若干个固定挂靠的港口之间，定期为非特定的众多货主提供货物运输服务，并按事先公布的费率或协议费率收取运费的一种船舶经营方式。

视频 10-3

班轮运输

2）租船运输

租船运输，又称不定期船运输，是指租船人向船东租赁船舶用于货物运输的一种方式。租船运输适用于大宗货物运输，有关航线和港口、运输货物的种类以及航行的时间等，都按照承租人的要求，由船舶所有人确认。租船人与出租人之间的权利、义务由双方签订的租船合同确定。

视频 10-4

租船运输

租船运输的种类有：

（1）定期租船（Time Charter），又称期租船，是指按一定期限租赁船舶的方式，即由船东（船舶出租人）将船舶出租给租船人在规定期限内使用，在此期限内由租船人自行调度和经营管理。

（2）定程租船（Voyage Charter），又称程租船或航次租船，它是根据船舶完成一定航程（航次）来租赁的，是租船市场上最活跃，且对运费水平的波动最为敏感的一种租船方式。定程租船一般可分为单航次、来回航次、连续单航次和连续来回航次等方式。在国际现货市场上成交的绝大多数货物（主要包括液体散货和干散货两大类）都是通过航次租船方式运输的。

（3）光船租船（Bareboat Charter），又称船壳租船、净船期租船。这种租船不具有承揽运输性质，它只相当于一种财产租赁。光船租船是指船舶所有人将船舶出租给承租人使用一定期限，但船舶所有人提供的是空船，承租人要自己任命船长、配备船员，负责船员的给养和船舶（经营管理所需的一切费用）。也就是说，船舶所有人在租期内除了收取租金外，不再承担任何责任和费用。

（4）包运租船（Contract of Affreightment），又称运量合同，是指船舶所有人以一定的运力，在确定的港口之间，按事先约定的时间、航次周期，拟航次以较均等的运量，完成全部货运量的租船方式。

（5）航次期租船（Trip Charter on Time Basis），又称日租船，它是一种以完成一个航次运输为目的，但租金以航次所需的时间（天）为计算标准的租船方式。这种租船方式不计滞期、速遣费用，船方不负责货物运输的经营管理。

拓展阅读

《1978年联合国海上货物运输公约》《汉堡规则》

小词典

《汉堡规则》（Hamburg Rules）

《汉堡规则》（Hamburg Rules）是《1978年联合国海上货物运输公约》（United Nations Convention on the Carriage of Goods by Sea, 1978）的简称。《汉堡规则》1978年3月31日在德国汉堡举行由联合国主持的海上货物运输大会讨论通过，自1992年11月1日起生效。

10.2.2 集装箱整箱货进出口业务流程

1）整箱货出口货运代理业务流程（如图10-4所示）

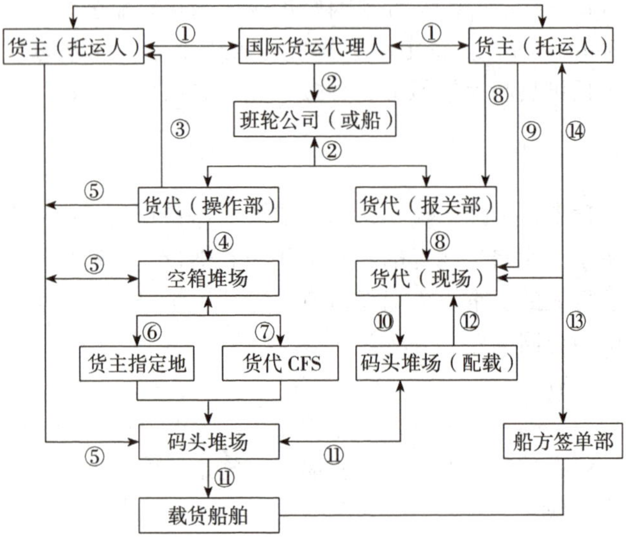

图10-4 整箱货出口货运代理业务流程图

图注：

①货主与货代建立货运代理关系；

②货代填写托运单证，及时订舱；

③在订舱后，货代将有关订舱信息通知货主或将"配舱回单"转交货主；

④货代申请用箱，取得EIR（集装箱设备交接单）后就可以凭此到空箱堆场提取所需的集装箱；

⑤当货主采取"自拉自送"的方式时，先从货代处取得EIR，然后提空箱，装箱后制作CLP（集装箱装箱单），并按要求及时将重箱送码头堆场，即集中到港区等待装船；

⑥货代提空箱至货主指定地点装箱，制作CLP，然后将重箱"集港"；

⑦货主将货物送到货代CFS，货代提空箱，并在CFS装箱，制作CLP，然后"集港"；

注：⑤、⑥、⑦在实践中只选其中一种操作方式。

⑧货主委托货代代理报关、报检，在办妥有关手续后将单证交货代现场；

⑨货主也可自行报关，并将单证交货代现场；

⑩货代现场将办妥手续后的单证交码头堆场配载；

⑪配载部门制订装船计划，经船公司确认后实施装船作业；

⑫在实践中，在货物装船后可以取得D/R正本；

⑬货代可凭D/R正本到船方签单部门换取B/L或其他单据；

⑭货代将B/L等单据交货主。

（1）委托代理。

在集装箱班轮货物运输过程中，货主一般都委托货运代理人（简称货代）为其办理有关的货运业务。

（2）订舱。

货运代理人在接受委托后，应根据货主提供的有关贸易合同或信用证条款的规定，向船公司或其代理人在其所营运或代理的船只的截单期前预订舱位，即订舱。

（3）提取空箱。

在订舱后，货运代理人应提出使用集装箱的申请，船方会给予安排并发放集装箱设备交接单。凭设备交接单，货运代理人就可以安排提取所需的集装箱。

（4）货物装箱。

整箱货的装箱工作大多由货运代理人安排进行，并可以在货主的工厂、仓库装箱或是由货主将货物交由货运代理人的集装箱货运站装箱。

（5）整箱货交接签证。

由货运代理人或发货人自行负责装箱并加封志的整箱货，通过内陆运输运至承运人的集装箱码头堆场，并由码头堆场根据订舱清单，核对场站收据和装箱单接收货物。整箱货出运前也应办妥有关出口手续。集装箱码头堆场在验收货箱后，即在场站收据上签字，并将签署的场站收据交还货运代理人或发货人。货运代理人或发货人可以凭经签署的场站收据要求承运人签发提单。

（6）换取提单。

货运代理人或发货人凭经签署的场站收据，在支付了预付运费后（在预付运费的情况下），就可以向负责集装箱运输的人或其代理人换取提单。发货人取得提单后，可以去银行结汇。

（7）装船。

集装箱码头堆场或集装箱装卸区根据接收待装的货箱情况，制订装船计划，等船靠泊后即可装船。

2）整箱货进口货运代理业务流程（如图10-5所示）

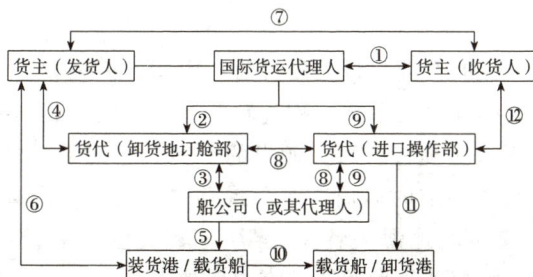

图10-5　整箱货进口货运代理业务流程图

图注：

①货主（收货人）与货代建立货运代理关系；

②在买方安排运输的贸易合同下，货代办理卸货地订舱业务，落实货单齐备即可；

③货代缮制货物清单后，向船公司办理订舱手续；

④货代通知买卖合同中的卖方（实际发货人）及装港代理人；

⑤船公司安排载货船舶抵装货港；

⑥实际发货人将货物交给船公司，货物装船后发货人取得有关运输单证；

⑦货主之间办理交易手续及单证；

⑧货代掌握船舶动态，收集、保管好有关单证；

注：在卖方安排运输的贸易合同下，前②至⑦项不需要。

⑨货代及时办理进口货物的单证及相关手续；

⑩船抵卸货港卸货，货物入库、进场；

⑪在办理了货物进口报关等手续后，就可凭提货单到现场提货，特殊情况下可在船边提货；

⑫货代安排将货物交收货人，并办理空箱回运到空箱堆场等事宜。

海运进口的货运代理业务是我国货代业务中涉及面最广、线路最长、数量最大、货种最复杂的货代业务。完整的海运进口业务，从国外接货开始，包括安排装船，安排运输，代办保险，直至货物运到我国港口后的卸货、接运报关报验、转运等业务。

（1）货运代理人接受委托。

货运代理人与货主双方建立的委托关系可以是长期的，也可以是就某一批货物而签订的。在建立了长期代理关系的情况下，委托人往往会把代理人写在合同的一些条款中，这样，国外发货人在履行合约有关运输部分时会直接与代理人联系，从而有助于提高工作效率并且避免联系脱节的现象发生。

（2）卸货地订舱。

如果货物以 FOB 价格条件成交，货代接受收货人委托后，就负有订舱或租船的责任，并有将船名、装船期通知发货人的义务。特别是在采用特殊集装箱运输时，更应尽早预订舱位。

（3）接运工作。

接运工作要做到及时、迅速，其主要工作包括加强内部管理，做好接货准备，及时告知收货人，汇集单证，及时与港方联系，谨慎接卸。

（4）报检报关。

根据国家有关法律、法规的规定，只有在办理进口货物验放手续后，收货人才能提取货物，因此，进口商必须及时办理有关报检、报关等手续。

（5）监管转运。

进口货物入境后，一般在港口报关放行后再内运，但经收货人要求，经海关核准也可运往另一设关地点办理海关手续，称为转关运输货物，属于海关监管货物。办理转关运输的进境地申报人必须持有海关颁发的"转关登记手册"，承运转关运输货物的承运单位必须是经海关核准的运输企业，持有"转关运输准载证"，监管货物在到达地申报时，必须递交进境地海关转关关封，"转关登记手册"和"转关运输准载证"申报必须及时，并由海关签发回执，交进境地海关。

（6）提取货物。

货运代理人向货主交货有两种情况：一是象征性交货，即以单证交接，货物到港经海关验放，并在提货单上加盖海关放行章，将该提货单交给货主，即交货完毕；二是实际性交货，即除完成报关放行外，货运代理人负责向港口装卸区办理提货，并负责将货物运至货主指定地点，交给货主，对集装箱运输中的整箱货，货代通常还需要负责空箱的还箱工作。以上两种交货，都应做好交货工作的记录。

10.2.3 集装箱拼箱货进出口业务流程

1）集装箱拼箱货出口业务流程（如图10-6所示）

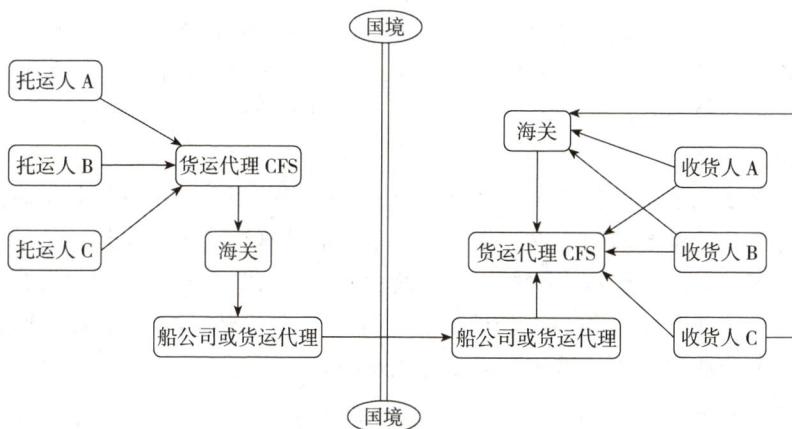

图10-6 集装箱拼箱货出口业务流程图

（1）集拼货运代理人预先以（LCL）CFS/CFS集装箱交接方式向船公司或船代预订整箱，并为该箱项下的每票货物单独缮制场站收据联单（D/R）。

（2）船代接受订舱后，依照场站收据联单操作流程将相关报关单证退给货运代理人，货运代理人通知各委托人在规定时间内将运输的货物送至货运代理指定的货运站，同时将相关报关资料送交货运代理人。

（3）货运代理人安排货运站适时向船代现场领取设备EIR交接单后，将空箱运到货运站装箱。

（4）货运站中的装箱人根据实际装箱情况缮制装箱单CLP，并将实际装箱数据通知货代操作人员，以便于与订舱时的D/R数据进行核对。若数据有误，则及时要求船代更正。

（5）货运代理人整理报关资料统一向海关进行出口申报。海关验放后，货运代理人应及时将有关单证送交船代现场配载装运。

（6）船开后，货运代理人向船代申领整箱货下的全部MB/L提单，同时向各委托人分别签发货运代理的HB/L提单。

2）集装箱拼箱货进口业务流程

集装箱拼箱进口货物按照交货人的不同可分为两种情况：一种是由船公司负责拆箱交货；另一种是由有拼箱分拨权的货运代理人负责拆箱交货。两者的共同之处在于：货物在交付前均须处于海关监管下，即存放在海关监管仓库或监管港区内，具体流程如下：

（1）卸船拆箱。

运送集装箱的船舶到港后，由船代根据积载舱单数据向海关进行货物进港的申报。船公司以LCL交付方式交货的集装箱则转入港区监管仓库或船公司的海关监管仓库拆箱仓储。经海关核准具备拼箱分拨权的货运代理人则先向海关办理整箱放箱手续，同时将整箱内所装货物的明细制作成分拨舱单，向海关发送分拨舱单信息以供验放核对之用，货物则转入海关监管仓库拆箱仓储。

（2）理货及到货通知。

船代或有分拨权的货运代理人在货物入库拆箱后，根据舱单内容对货物进行清点、整理、分类、仓储，同时向提单上显示的收货人、通知人发出到货通知。货主或其委托的货运代理人凭背书后的提单向船代或有分拨权的货运代理人缴清运杂费后换取提货单。提货单须有船代或有分拨权的货运代理人的放货章方为有效。

（3）报关报检。

货主或其委托的货运代理人，携提货单和其他海关规定的报关资料向海关申请货物验放。有检验检疫要求的货物，须在报关申报前办理检验检疫手续。

例外情况：若非口岸地货物的检验手续由客户自行到货物目的地申请当地检验机构办理，则接受进口报关报检委托的货运代理人有义务提醒货主及时办理检验手续，以免招致相关职能部门的处罚而产生委托代理纠纷。

（4）提货转运。

货主或其委托的货运代理人在海关验放后，携盖有海关放行章及其他相关单位放行章的提货单，到港区监管仓库或船公司监管仓库或有分拨权的货运代理人监管仓库中提货。若货主有委托代转运要求，则货运代理人还需要负责将货物转运到货主指定的地点交付货物。

（5）转关运输。

进口货物进行转关运输必须具备以下条件：货主所在地设有海关；向海关交验的进境运输单据上列明到达目的地为非首达口岸，需转关运输；运输工具和货物符合海关监管要求；转关运输的单位须经海关核准等。货运代理人在接受货主委托办理转关运输时，须明确海关的相关规定，对涉及的报关注意事项、转关关封等文件的管理和移交，以及转关运输工具及运输单位的选择等事务必须谨慎办理。

10.2.4　海运运费

1）运费结构

（1）基本运费。

基本运费（Basic Freight）是指对运输每批货物所应收取的最基本的运费，是整个运费的主要构成部分，它是根据基本运价（Basic Freight Rate）和计费吨计算得出的。

基本运价有多种形式，如普通货物运价、个别商品运价、等级运价、协议运价、集装箱运价等。而根据货物特性等所确定的特别运价有：军工物资运价、高价货运价、冷藏货运价、危险品运价、甲板货运价、小包裹运价等。

（2）附加运费。

附加运费（Surcharge or Additional）是指根据货物种类或不同的服务内容，视不同情况而加收的运费，可以说是由于在特殊情况或者临时发生某些事情的情况下而加收的费用。附加运费可以按每一计费吨（或计费单位）加收，也可以按照基本运费

（或其他规定）的一定比例计收。

附加运费的种类主要有：

① 燃油附加费（Bunker Adjustment Factor，BAF）；

② 货币贬值附加费（Currency Adjustment Factor，CAF）；

③ 港口附加费（Port Additional）；

④ 港口拥挤附加费（Port Congestion Surcharge）；

⑤ 转船附加费（Transshipment Additional）；

⑥ 超长附加费（Long Length Additional），一般长度超过9米的件杂货可能存在这项费用；

⑦ 超重附加费（Heavy Lift Additional），通常承运人规定货物重量超过5吨时要增收这项费用，如果单件货物既超重又超长，则应分别计算超长附加费和超量附加费，然后按其中较高者收取附加费；

⑧ 直航附加费（Direct Additional，D/A）。

2）计费标准

（1）最低运费。

最低运费（Minimum Rate/Minimum Freight）也称起码运费，是指以一份提单为单位最少收取的运费。起码运费是承运人在承运小批量货物时，为了维护自身利益而用以补偿最基本的装卸、整理、运输等操作过程的成本支出。不同承运人使用不同的最低运费标准，件杂货和拼箱货一般以1运费吨为最低运费标准，最高不超过5运费吨；有的以提单为单位收取最低运费，以提单为标准收取最低运费后不再加收其他附加费。

（2）运费吨。

运费吨是计算运费的一种特定的计费单位，通常取重量和体积中相对值较大的为计费标准，以便对船舶载重量和舱容的利用给予合理的费用支付。其中，重量为货物的毛重，体积为该货物外形最大处长、宽、高的乘积，而不是实际计算出来的体积（如圆柱体不能以圆柱体的公式来计算，而是根据该圆柱体对应的长方体计算体积）。一般来说，重货以重量为计费标准，轻泡货以体积为计费标准，运费吨一般表示为FT（Freight Ton）或W/M（Weight/Measurement）。

在承运人制定的运价表中具体规定了各种不同商品的运费计算标准，航运界通用的符号有：

① "W（Weight）"表示该种货物应按其毛重计算运费；

② "M（Measurement）"表示该种货物应按其尺码或体积计算运费；

③ "W/M"表示该种货物应分别按其毛重和体积中较高者计算运费；

④ "Ad.Val.（Ad Valorem）"表示该种货物应按其FOB价格的某一百分比计算运费，由于运价是根据货物的价格确定的，所以又称为从价运费；

⑤ "Ad.Val.or W/M"表示该种货物应分别按其FOB价格的某一百分比以及毛重、体积中较高者计算运费；

⑥ "W/M plus Ad.Val."表示该种货物除了应按其毛重和体积中较高者计算运费，还要加收按货物FOB价格的某一百分比计算的运费。

此外，某些特定的商品按实体个数或件数计算运费，如活牲畜按"每头（Per Head）"、车辆按"每辆（Per Unit）"计收运费；低价商品的运输有时也按承运人与托运人双方临时议定的费率（Open Rate）计收运费；在集装箱运输中整箱货一般按每一个集装箱计算运费，即包箱费率。

3）海上班轮基本运费的计算方法

班轮基本运费的计算因所运货种的不同而不同，有重量法、体积法、从价法、综合法、按件法和议定法等七种。在此，我们重点介绍重量法与体积法。

（1）重量法：按此法计算的基本运费等于计重货物的运费吨乘以运费率。所谓计重货物是指按货物的毛重计算运费的货物，在运价表中用"W"标记，它的计算单位为重量吨，如公吨（Metric Ton M／T）、长吨（Long Ton L／T）和短吨（Short Ton S／T）等。

按照国际惯例，计重货物是指每公吨的体积小于$1.1328m^3$（$40ft^3$）的货物；我国远洋运输运价表中则将每公吨的体积小于$1m^3$的货物定为计重货物。

（2）体积法：按此法计算的基本运费等于容积货物的运费吨乘以运费率。所谓容积货物是指按货物的体积计算运费的货物，在运价表中以"M"表示，它的计量单位为容积或称尺码吨。

按照国际惯例，容积货物是指每公吨的体积大于$1.1328m^3$（$40ft^3$）的货物；我国远洋运输运价表中则将每公吨的体积大于$1m^3$的货物定为容积货物。

［例10-1］山东某公司向韩国出口卷纸，共2 000箱，每箱毛重5千克，每箱尺寸为0.5米×0.4米×0.15米。该货物对应的青岛到仁川航线的运价为60美元/运费吨，计费标准为W/M，应如何计算该批货物的基本运费？

W/M的计费原则就是将重量计费与容积计费相比较，选高运费。

（1）该批货物的毛重为：5×2 000（千克）=10（公吨）

（2）该批货物的体积为：0.5×0.4×0.15×2 000=60（立方米）

（3）公吨货物体积60/10=6大于$1.1328m^3$，因此运费计量单位为容积60吨。

（4）该批货物的运费为：60×60=3 600（美元）

班轮运费除了上述的基本运费以外还包括运费附加费。主要的附加费有：超重附加费、超长附加费、选卸附加费等。

4）运费的支付

（1）预付运费。

预付运费（Prepaid Freight）是指在签发提单前即须全部支付的运费。在国际贸易中，一般都采用在CIF或CFR价格条件下，签发提单前由卖方在装货港支付运费以便于交易双方尽早结汇。

（2）到付运费。

到付运费（Freight to Collect）是指货物在运到目的港后、交付货物前付清的运费。

（3）计费的币种。

计费的币种是指在费率表中用以表示费率的货币种类。计费时使用货物装船地通用的货币最为方便。计费币种的汇率变动会直接影响船公司的运费收入，因此，在提单条款和合同条款中不仅要写明运费支付的时间和地点，还要规定应该按哪一天的汇率计算运费。通常规定：在运费预付时按签发提单当天的汇率计算运费；在运费到付时按船舶抵港当天的汇率计算运费。

小案例 10-1

"电子封条"全程监控跨境物流

2014 年 3 月 26 日，深圳海关联合中国香港海关和中国香港货品编码协会在皇岗海关开展"深港海关跨境供应链可视化项目实车测试"。这次"测试"的模拟流程，是中国台湾地区的货物，从中国香港转口，再由陆路进入内地口岸。从货物出发地开始，这辆车就被加上了"电子封条"，电脑系统将货物和车辆的有关物流资料、商业资料、价格资料等都传到一个巨大的物流资讯平台上。货物从生产商的工厂到目的地的仓库，在整个运输途中，其进入、离开各港口、关口的相关时间和资料等数据都会在这个平台上动态显示。海关关员只要登录该平台，就可以全程跟踪货物的实时动态信息和监管情况。有关数据显示，这条跨境供应链成熟后，预计将提高 5.46% 的海关通关效率。项目实施后，将大大推动亚太地区供应链的连接，给中国的进出口业务带来更大的便利，同时有助于深港两地外贸企业进一步降低物流成本。

资料来源　崔宁宁. "电子封条"全程监控跨境物流［N］. 广州日报，2014-03-31.

互动课堂 10-2

谈谈跨境电商发展对我国国际物流运作的要求。

10.3　国际航空货运

10.3.1　国际航空货物运输的形式及特点

1）国际航空货物运输的形式

包舱、包集装器（板、箱）是航空货物运输的一种形式，它是指托运人根据所运输的货物在一定时间内需要单独占用飞机部分或全部货舱、集装箱（板），而承运人需要采取专门措施予以保证，具体包括：

（1）包机运输。

包机运输是指托运人包用承运人的整架飞机运输货物或邮件的一种形式。

（2）包舱运输。

包舱运输是指包舱人在一定时期内或一次性包用承运人在某条航线或某个航班上的全部或部分货舱。

（3）包集装器（板、箱）运输。

包集装器（板、箱）运输是指有固定货源且批量较大、数量相对稳定的托运人在一定时期内的一定航线或航班上包用承运人一定数量的集装板或者集装箱运输的货物，又称为集装器（板、箱）运输。

2）国际航空货物运输的特点

（1）航空货物运输的优势。

运送速度快，不受地面条件影响，可深入内陆地区，安全、准确，节约包装、保险、利息等费用。

（2）航空货物运输的局限。

航空货运的费用较其他运输方式更高，不适合低价值货物；航空运载工具——飞机的舱容有限，对大件货物或大批量货物的运输存在一定的限制；飞机飞行安全容易受恶劣天气影响等。

10.3.2 我国民航关于国际航空货运的一般规定

1）货物承运的规定

承运人在申请货物运输时，先应正确填写"国际货物托运书"，然后携带托运书和有关货物出口明细表、发票、装箱单，以及海关、商检需要的证书、文件等向海关办理出口手续，再由民航填开航空运单。每批货物填开一份航空运单，包机运输的货物，每一架次填开一份航空运单。

航空运单是承运人与托运人之间的货运契约，也是航空运输凭证。航空运单由两组文字组成：第一组文字以"999"为中国民航代号；第二组文字为航空运单顺序号码。航空运单有正本三份，副本若干份，正本一份随货同行、一份留承运人、一份交发货人。托运时，应根据货物的性质、形状、重量、体积、包装等情况，在每件货物的包装上写上收货人、发货人的名称和地址，以及货箱号、唛头标志等。当货物托运后，如发生中途停运、运回始发地、变更目的地、变更收货人等意外情况，可凭航空运单要求变更运输。

2）货物交付的规定

当货物运到目的地后，由航空公司以书面或电话形式通知收货人提货。收货人接到通知后应自行办妥通关手续，并当场检查货物有无破损，如有破损、短少，应立即同承运人、海关或有关部门联系，并制作运输事故记录。从发出交货通知的次日起，国际货物将被免费保管5天，如果超出上述时限，则按规定收取保管费。分批到达的货物保管期限，应从通知提取最后一批货物的次日起计算。

3）运输费用的规定

航空货物运价分为特种货物运价、货物等级运价、一般货物运价。

（1）特种货物运价。

特种货物运价是指由航空运输协会根据在一定航线上有经常性特种货物运输的发货人的要求，或者为促进某地区的某种货物运输，向国际航空运输协会提出申请，经同意后制定的特种货物运价。这是一种便于发货人使用航空公司运力的竞争性运价，因此它一般低于普通货物运价。

（2）货物等级运价。

货物等级运价是指在一般货物运价的基础上，加上或减去一定的百分比后公布的，适用于指定地区内少数货物的运价。

（3）一般货物运价。

如果该种货物既没有可适用的等级运价，又没有特种货物运价，就使用一般货物运价。

小资料10-1

2016年，全国共有60个城市开展了跨境电商业务。

近年来，跨境电商业务呈爆炸式增长。截至2023年，中国跨境电子商务综合试验区数量达到165个，覆盖31个省（自治区、直辖市）。据海关统计，2022年中国跨境电商进出口（含B2B）2.11万亿元，同比增长9.8%，跨境电商进出口规模首次突破2万亿元关口。菜鸟是全球最大的跨境电商物流公司，拥有全球最大的跨境电商仓库网络。菜鸟已在全球建设和运营超40个海外仓，为中国跨境商家提供端到端的出口供应链服务。

10.3.3　国际航空货物运输的出口业务流程

国际航空货物运输的出口业务流程是指从托运人委托运输货物到承运人将货物装上飞机的货物流、信息流的运输组织与控制管理的全过程。

一般而言，托运人可以采用委托航空运输代理人运输或直接委托航空公司运输两种方式，因此，国际货物运输的出口业务流程包括航空货物出口运输代理业务程序和航空公司出港货物的业务操作程序两个环节。

1）航空货物出口运输代理业务程序

航空货物出口运输代理业务程序由以下若干环节构成：接受托运人委托运输；审核单证；接收货物；填制货运单；拴挂标签；预配、预订舱位；出口报关；出仓单提箱、装板；签单、交接发运；航班跟踪信息服务；费用结算。

2）航空公司出港货物的操作程序

航空公司出港货物的操作程序是指自代理人将货物交给航空公司，直到货物装上飞机的整个业务操作流程。航空公司出港货物的操作程序分为以下主要环节：

（1）预审CBA（Cargo Booking Advance），CBA即国际货物订舱单；

（2）整理货物单据，主要包括已入库的大宗货物、现场收运的货物、中转的散货等三个方面的单据；

（3）货物过磅、入库；

（4）货物出港，对于货物出港环节，重点要处理好制作舱单及转运舱单的业务。

小词典

《华沙公约（Warsaw Convention）》全称《关于统一国际航空运输某些规则的公约》，1929年制定，是国际空运的一项基本的公约。《华沙公约》规定了以航空运输承运人为一方和以旅客和货物托运人与收货人为另一方的法律义务和相互关系。《华沙公约》共分5章41条。对空中承运人应负的责任确立了3个原则：（1）负过失责任；（2）限定赔偿责任的最高限额；（3）加重空中承运人的责任，禁止滥用免责条款。中国于1958年正式加入该公约。

拓展阅读

《关于统一国际航空运输某些规则的公约》（《华沙公约》）

10.3.4　国际航空货物运输的进口业务流程

国际航空货物运输的进口业务流程主要包含两个部分：航空公司进港货物的操作程序和航空货物进口运输代理业务程序。

1）航空公司进港货物的操作程序

航空公司进港货物的操作程序是指从飞机到达目的地机场，承运人把货物卸下飞机直到交给代理人的整个操作流程。该流程包括：

（1）进港航班预报；

（2）办理货物海关监管；

（3）分单业务，其中，联程货运单交货物中转部门；

（4）核对货运单和运输舱单；

（5）制作国际进口货物航班交接单；

（6）货物交接。

2）航空货物进口运输代理业务程序

航空货物进口运输代理业务程序包括：代理预报；承接运单与货物；货物仓储；整理运单；发出到货通知；进口报关；收费与发货；送货上门及货物转运等业务内容。其中，对于交接运单与货物、收费与发货等业务，航空公司有关部门的业务人员应重点做好下列工作：

（1）交接运单与货物。

航空公司的地面代理公司向货物代理公司交接的内容包括：国际货物交接清单；主货运单、随机文件；货物。

（2）发放货物。

第一，对于分批到达的货物，待货物全部到齐后，方可通知货主提货，如果部分货物到达，货主要求提货，货运部门则收回原提货单，出具分批到达提货单，待后续货物到达后，通知货主再次提取；第二，属于航空公司责任的破损、短缺，应由航空公司签发商务记录；第三，属于货物运输代理公司责任的破损、短缺，应由该代理公司签发商务记录；第四，对于属于货物运输代理公司责任的货物破损事项，应尽可能协同货主、商检单位立即在仓库进行商品检验，以确定货损程度，从而避免在后续运输过程中加剧货物的损坏程度。

（3）收取费用。

货物运输代理公司在发放货物前，应先将有关费用收齐。收费内容包括：第一，到付运费及垫付款；第二，单证费、报关费；第三，海关、动植物检疫、卫检报验等代收代付的费用；第四，仓储费；第五，其他费用。

10.4　国际陆运

10.4.1　国际公路卡车货物运输

公路运输的强大便捷性优势，是任何其他模式不可比拟的，只要能够通公路，就可以实现门到门的运输。

公路运输的时效略逊于空运，但高于海运和铁路，凭借着高性价比，公路可以作为国际运输的优选方案。

小资料 10-2

1948 年，国际道路运输联盟（International Road Transport Union，IRU）在瑞士日内瓦成立，迄今已在全球 100 多个国家拥有会员并开展活动。IRU 为了简化通关程序，缩短货物过境等候时间，推出了《国际道路运输公约》（Transport International Router，TIR），TIR 规定货运车辆在始发地装车以后，由海关加上封印，并发放通关文件（TIR 证），这样车辆在抵达目的地前，过境时（途经国家须为 TIR 缔约国）可以免开箱检验，直接通关。2016 年 7 月，中国正式成为 TIR 第 70 个缔约国。

在 2018 年 11 月 26 日，由中国新疆霍尔果斯口岸起运的首票中国至欧洲 TIR 运输——"中欧卡车特快专线"抵达波兰，全程约 7 000 千米，门到门仅需 13 天，成功地打响了中欧 TIR 运营的第一枪。

小案例 10-2

法国乔达国际集团（GEODIS）是在巴黎证券交易所上市的国际运输和物流公司。其凭借着规模庞大的车队和广泛的合作伙伴网络，为客户提供多样化的货运解决方案，其中也包括了 TIR 运输方案。乔达中欧跨境运输服务，从 2019 年开始投入运营，迄今为止已经有中国到德国、斯洛伐克等多个欧洲国家线路，经过满洲里和阿拉山口共计近 80 台车。根据乔达的数据统计，全程使用卡车运输，成本较空运低，全程运输时间缩短至 20 天左右，比铁路缩短了 10 天。在 2019 年 8 月，乔达国际货运的一辆满载动力锂离子电池的 TIR 运输车辆从阿拉山口口岸出发，途经哈萨克斯坦、俄罗斯、白俄罗斯、立陶宛、波兰，最终抵达德国斯图加特保时捷公司总部，全程 6 300 千米。在配送设备方面，乔达使用危险品恒温卡车，保证了货物稳定性的同时，也做好了车内货物的加固，保证货物的安全性。

2022 年，乔达国际创造了 137 亿欧元的收入。

2023 年 6 月 15 日，乔达在香港荣获国际航空运输协会（IATA）的独立验证者卓越中心锂电池（CEIV Li-batt）认证，这项认证表明了乔达在安全、安保及合规方面的保证，并使乔达能够满足市场对锂电池日益增长的需求。

资料来源　编者根据乔达（中国）官网资料整理。

10.4.2　国际铁路货物运输

视频 10-5

国际铁路运输是在国际贸易中仅次于海运的一种主要运输方式。发货人由始发站托运，使用一份铁路运单，铁路方面便根据运单将货物运往终点站交给收货人。在由一国铁路向另一国铁路移交货物时，不需收、发货人参加，亚欧各国按国际条约承担国际铁路联运的义务。

国际铁路联运介绍

国际铁路运输最大的优势是运量较大、速度较快，运输风险明显小于海洋运输，能常年保持准点运营等。

世界上第一条铁路出现在 1825 年的英国，其后铁路建设迅速发展，到 19 世纪末，世界铁路总里程达 65 万千米，目前已有 140 多万千米。世界铁路的分布很不平衡，其中欧洲、美洲各占世界铁路总长度的 1/3，且西欧、北美各国间的铁路相互衔接沟通。而亚洲、非洲和大洋洲加在一起仅占 1/3 左右。世界上铁路总长度在 5 万千米以上的国家有：美国、中国、俄罗斯、印度和加拿大。

国际铁路运输中的主要铁路干线有：

1）西伯利亚大铁路

东起海参崴，途经伯力、赤塔、伊尔库茨克、新西伯利亚、鄂木斯克、车里雅宾斯克、古比雪夫，止于莫斯科，全长 9 300 多千米，之后又向远东延伸至纳霍德卡——东方港。该线东连朝鲜和中国；西接北欧、中欧、西欧各国；南由莫斯科往南可接伊朗。我国与俄罗斯、东欧国家及伊朗之间的贸易，主要用此干线。

2）加拿大连接东西两大洋铁路

（1）鲁珀特港—埃德蒙顿—温尼伯—魁北克（加拿大国家铁路）；

（2）温哥华—卡尔加里—温尼伯—散德贝—蒙特利尔—圣约翰—哈利法克斯（加拿大太平洋大铁路）。

3）美国连接东西两大洋铁路

（1）西雅图—斯波坎—俾斯麦—圣保罗—芝加哥—底特律（北太平洋铁路）；

（2）洛杉矶—阿尔布开克—堪萨斯城—圣路易斯—辛辛那提—华盛顿—巴尔的摩（圣菲铁路）—洛杉矶—图森—帕索—休斯敦—新奥尔良（南太平洋铁路）；

（3）旧金山—奥格登—奥马哈—芝加哥—匹兹堡—费城—纽约（联合太平洋铁路）。

4）中东—欧洲铁路

从伊拉克的巴士拉向西经巴格达、摩苏尔、土耳其的阿达纳、科尼亚、厄斯基色希尔至博斯普鲁斯海峡东岸的于斯屈达尔。过博斯普鲁斯大桥至伊斯坦布尔，接巴尔干铁路，向西经索非亚、贝尔格莱德、布达佩斯至维也纳，连接中、西欧铁路网。

10.4.3　中国国际铁路运输

1）中国的国际铁路

截至 2023 年底，中国铁路营业里程达到 15.9 万公里。

在东北亚地区，中国、俄罗斯、蒙古国、朝鲜和韩国铁路相连接。但是由于中、朝、韩为标准轨距，而俄、蒙却是宽轨，尽管铁路线路可以连接起来，可仍然难以实现火车的直通。以著名的亚欧大陆桥铁路为例，它经过哈萨克斯坦、吉尔吉斯斯坦、乌兹别克斯坦和塔吉克斯坦等国家，延伸到欧洲或非洲。可是因为上述独联体国家现在仍然沿用 1 520 毫米的宽轨铁路，因此每次中国铁路货车在新疆阿拉山口出境时，要将集装箱重新吊装到另一个国家的火车底盘上，才能够继续向西运到土库曼斯坦或阿塞拜疆，之后，又要将集装箱货物换到轨距不一的土耳其火车上，这样才能沿着欧亚铁路土西新干线到达欧洲的西班牙等国，致使行驶在"泛欧亚铁路干线"上的火车无法成为"欧亚直通车"。

亚欧之间的物流通道主要包括海运通道、空运通道和陆运通道，中欧班列以其运距短、速度快、安全性高的特征，以及安全快捷、绿色环保、受自然环境影响小的优势，已经成为国际物流中陆路运输的骨干方式。中欧班列物流组织日趋成熟，班列沿途国家经贸交往日趋活跃，国家间铁路、口岸、海关等部门的合作日趋密切，这些有利条件，为铁路进一步发挥国际物流骨干作用，在"一带一路"倡议中将丝绸之路从原先的"商贸路"变成产业和人口集聚的"经济带"发挥重要作用。

2）中欧班列

中欧班列是指按照固定车次、线路、班期和全程运行时刻开行，运行于中国与欧洲以及"一带一路"沿线国家间的集装箱等铁路国际联运列车。

中欧班列建设发展规划有新旧"两个大陆桥"、"三条通道"和"五个口岸"畅通中欧班列。

我国通往欧洲的国际铁路联运线两桥，一是利用俄罗斯的西伯利亚大陆桥贯通中东、欧洲各国；二是由江苏连云港经新疆与哈萨克斯坦国内的铁路连接，贯通俄罗斯、波兰、德国至荷兰的鹿特丹。后者称为新亚欧大陆桥，运程比海运缩短 9 000 千米，比经由西伯利亚大陆桥缩短 3 000 千米。

往来于中国与欧洲及"一带一路"沿线各国的集装箱国际铁路联运班列铺设了西、中、东 3 条通道中欧班列运行线：西部通道由我国中西部经阿拉山口（霍尔果斯）出境，中部通道由我国华北地区经二连浩特出境，东部通道由我国东南部沿海地区经满洲里（绥芬河）出境。

自 2011 年首次开行以来，中欧班列发展势头迅猛，辐射范围快速扩大，货物品类逐步拓展，开行质量大幅提高。

截至 2023 年 5 月底，中欧班列共铺设了 82 条运行线路，通达欧洲 25 个国家、213 个城市，逐渐连点线直接成网，运输服务网络覆盖了欧洲全境，形成了贯通欧亚大陆的国际运输大动脉。中欧班列累计开行超过了 7.2 万列，运送货物 628 万标准箱。

拓展阅读

《中欧班列发展报告（2021）》解读

小词典

国际铁路联运

国际铁路联运是指使用一份统一的国际铁路联运票据，由跨国铁路承运人办理两国或两国以上铁路的全程运输，并承担运输责任的一种连贯运输方式。

10.4.4　中欧班列国际铁路货运代理业务流程

由于国际铁路运输的独特性，相邻两国领土的接壤产生出了铁轨轨距不同的问题，所以业务流程基本上由三部分组成：发运站货运代理业务流程；国境站货运代理业务流程；到达站货运代理业务流程。

（1）发运站货运代理业务流程：货物托运–货物进站–货物报检–货物出口报关–货物装车–货物加固–货物施封–支付国外段运杂费。

（2）国境站货运代理业务流程：审核单证–货物出口报关–货物交接并支付换装费–处理货运代理事故。

国境站分为出口国国境站和进口国国境站，如果涉及过境运输还包括过境国国境站。

（3）到达站货运代理业务流程：寄送国境站相关资料–支付运费及提费。

小案例10-3

从俄罗斯发出的中欧班列冷链专列7月10日晚上到达成都国际铁路港，这也是2023年我国开行的首趟中欧班列冷链专列。在完成检验检疫通关放行后，从俄罗斯拉回的肉类等生鲜食品将很快进入国内市场。据了解，此趟中欧班列冷链专列全程采用冷链运输模式，共36个集装箱，包括31柜肉类和5柜冰激凌。其中，进口肉重约830吨。专列用时15天到达成都，是近三年来全国首趟开行的中欧班列冷链专列。

2023年，为激活国际贸易的运输新活力，成都中欧班列进一步强化冷链运输组织，陆续推出了中老冷链班列、莫斯科—成都冷链运输班列、欧洲回程冷链运输班列等冷链运输产品。目前，成都国际铁路港的冷链班列陆续到发24批次，运送冷链商品超千吨。在助推西南地区进口消费升级的同时，也有力地推动了四川生鲜产品"走出去"、国际美食"引进来"。

资料来源 央视网.今年首趟中欧班列冷链专列抵蓉 推动国内生鲜"走出去"国际美食"引进来"[EB/OL].[2023-10-10]. https://news.cctv.com/2023/07/12/ARTI4cIVR09T0cV3K3FcUdRN230712.shtml.

互动课堂10-3

分小组讨论，物流国际班列运行的比较优势有哪些？

10.4.5　我国国际班列运行的主要问题

虽然我国国际班列开行取得了显著的成效，但在高速发展过程中也积累了不少问题与矛盾，已经形成的发展模式也无法完全适应构建新发展格局的要求，亟待需要推进改革创新，加快进入高质量发展的新轨道。以中欧班列为例，国务院发展研究中心市场经济研究所研究员王微总结了中欧班列加快高质量发展亟待破解的问题。

1）班列开行"散、乱、低"问题依然突出，运输资源"过度紧张"与"低效浪费"并存

目前中欧班列开行仍然以城市开行为主，在100多个境内开行城市和200多个境外到达城市之间，已经形成近200条以上的直达线路，所有线路都经由东中西三大通道的四大口岸及境外俄铁、哈铁线路进入欧洲境内。由此导致班列线路高度重叠，引发口岸拥堵。

2）综合运输成本高，大力度补贴扭曲市场不利于中欧班列有序发展

一些国家出于对本国企业及就业、税收资源的保护，对过境的中欧班列收取较高运费；由于中亚及俄罗斯地区铁路技术、管理等方面差异，欧洲段运价高出中铁和俄铁、哈铁等国宽轨段近一倍。为积极参与"一带一路"建设，打造新开放平台和国际通道，培育中欧跨境铁路运输市场，各地政府给予班列补贴等开行政策支持有一定的必要性，其中运价补贴整体占总运价比例达到10%~40%。大力度补贴不仅扭曲了市场价格机制，而且带来了一系列负面影响，一是增加了各地财政负担；二是造成开行城市之间的恶性竞争；三是扭曲中欧班列市场供求。

3）沿线国家存在基础设施和服务能力瓶颈，无法为中欧班列持续健康发展提供支撑

总体来看，中欧班列沿线国家，特别是独联体国家和中东欧国家铁路运输设施较为陈旧，口岸换装作业和通行能力不强。同时，欧洲地区的设施更新投入有限且进展缓慢。

4）合作协调机制有待完善，政策支持亟待加强

虽然目前已经形成了在中欧班列国内运输协调委员会、中欧班列运输协调委员会、中欧班列专题协调机制等三个协调机制，在沟通、交流等方面发挥了非常重要的作用，但缺乏以市场为导向的城市之间、平台公司之间、中外企业之间的合作机制。

5）信息化数字化整体滞后，亟待推进运行管理方式现代化

目前中欧班列的运行还未建立覆盖境外铁路及沿线国家或城市的统一的信息传递交换机制，部分沿线国家海关、检验检疫等部门间的信息交互还是依靠纸质单据的交接。中欧班列的单证和关务的文件处理还是手工操作及人工核对，耗时费力，效率不高，准确性低，中欧班列单证和运输系统的信息化建设依然任重道远。

▷ 物流人物专栏

马如铁是中国铁路哈尔滨局集团有限公司满洲里站运转车间二班值班站长。在满洲里站工作18年来，他因热爱而坚持，因使命而扎根，用心用情守护着国际物流通道畅通，彰显了国门之下铁路人的使命担当。

一眼望俄蒙，鸡鸣闻三国。作为中俄蒙经济走廊桥头堡的满洲里口岸，被称为"东亚之窗"。近年来，随着"一带一路"建设不断推进，满洲里口岸逐步由传统意义上的"尽头站"转变为中欧班列东部通道上的"节点站"。每年，大量木材、煤炭、化肥、汽车配件、设备器械等货物通过这里编解运往全国各地乃至世界各国。

2016年12月，马如铁走上运转车间二班值班站长岗位。上任之初，正值国家"一带一路"建设向纵深推进，满洲里口岸运量急剧攀升，中欧班列集中到达，但准轨出口货物却时常积压，影响运输秩序。马如铁带领业务骨干成立"特日调车组"，他们通过动态掌握中欧班列开行信息、合理调配机车运用等方式，有效提高了各环节调车效率。他还创新性地提出压缩交接班及每批取送车作业时间、增加备用换装线等建议，制定了中欧班列优先解体、优先配送、优先挂运、优先编组、优先开行"五优先措施"，在提升现场作业效率的同时疏通了堵塞环节，有力保证了中欧班列运输畅通。

自马如铁担任值班站长以来，他所带领的运转车间二班在全站安全周期最长、疏通口岸最好、攻坚能力最强。2021年，这个班组创下了连续12个月"两违"信息最少的全站纪录。

截至2022年4月30日，满洲里口岸进出境中欧班列累计开行15 751列、发送货物149万标准箱。新时代、新丝路、新驼队，风展红旗依旧，如画口岸更美！

资料来源　胡艳波，康健，何佳曦，等. 新时代·铁路榜样｜马如铁：守护国门，志坚如铁[EB/OL]．[2022-06-23]．https://www.thepaper.cn/newsDetail_forward_18580511.

基本训练 ➡

□ 知识题

1.单项选择题

（1）为货主（发货人或收货人）订舱、取送货、追踪并查询货物情况、代报关、代商检、仓储、包装、缮制单证、分拨等，利用其专业的人员、设施、设备和业务网络，从而大大降低货主的物流业务难度的行业称为（　　）。

A.报关行　　　　　　B.承运人　　　　　　C.货运代理　　　　　　D.承运人代理

（2）保税区又称保税仓库区，是海关设置的或经海关批准注册，受（　　）的特定地区和仓库。

A.海关监管　　　　B.政府特许　　　　C.国际通行　　　　D.关税保护

（3）一般最常用的国际运输方式是（　　）。

A.公路运输　　　　　B.铁路运输　　　　　C.海洋运输　　　　　D.航空运输

（4）货物装船后，托运人要求承运人签发的提单是（　　）。

A.已装船提单　　　B.收货待运提单　　　C.倒签提单　　　D.不清洁提单

2.多项选择题

（1）影响物流企业跨国运作战略的主要不可控因素包括国外市场的（　　）。

A.政治和法律环境　　　　　　　　B.经济状况

C.竞争程度　　　　　　　　　　　D.可获得的配送技术水平

E.国外市场的地理结构

（2）影响物流跨国经营的可控因素包括（　　）。

A.客户服务　　　　　　　　　　B.国外市场的政治和法律环境

C.包装和集装箱化　　　　　　　D.库存

（3）货主办理进出口货物报关的货运单证有（　　）。

A.提货单　　　　　　　　　　B.场站收据/大副收据

C.空运单　　　　　　　　　　D.提单

（4）班轮船期表的内容有（　　）。

A.航线和船名　　　　　　　　B.船舶总吨和净吨

C.船舶载箱能力　　　　　　　D.始发港，中途港，终点港

E.计抵港和离港时间

3.简答题

影响物流跨国经营的主要因素有哪些？

综合应用 ➡

□ 案例分析

案例一：

法国主要港口是勒阿弗尔港（LE HAVRE）和福斯港（FOS），因比利时和法国同属于欧盟，很多货物也从比利时的安特卫普港（ANTWERP）出口。可选方式如下：

1.海运整柜

（1）波尔多是法国最出名的红酒产区，也是一个小型港口城市，很多采购商都会安排货柜装完货后由驳船转运到 LE HAVRE 港的大船，然后由大船直航到中国，一般航程为30天左右。

（2）隆河坡处在法国的东南部，离 FOS 港仅368千米，所以经常由货柜车从隆河坡地区驶向 FOS 港。

（3）勃艮第处于法国中部，距离 LE HAVRE 港与 FOS 港差不多，如果客人希望快一点，可以选择 FOS 港，如果需要航班多一些，可以选择 LE HAVRE 港、ANTWERP 港海运。

2.拼箱散货

（1）在一般情况下，法国的红酒都是在酒厂打好卡板，然后拉到巴黎去拼箱，下水港口是比利时的 ANTWERP。东南部地区的葡萄酒是拉到 FOS 港拼箱下港。

（2）酒厂的卡板（托盘）规格是 1 200 毫米 ×1 000 毫米×150 毫米，通常一卡板（托盘）可装750毫升/瓶的红酒600瓶，每个卡板可承载800～1 000千克。

3.空运运输

法国出产的红酒90%空运都是由巴黎起飞的，法国的道路交通很发达，各个酒厂可以快速将葡萄酒运到巴黎机场的仓库登记、报关，酒精度超过16℃的红酒需要做危险品申报。巴黎有直飞到中国香港、北京的航班，一天时间。

资料来源　根据锦程物流官网有关资料整理。

问题：选择不同的运输方案主要考虑的因素是什么？

案例二：

2017年10月28日11：30，编组50辆、满载服饰的X8017/8次中欧（武汉）班列从武汉铁路局汉西车务段吴家山站开出，将经汉丹线、焦柳线运行，由阿拉山口出境开往法国北部杜尔日港。

据武汉铁路局相关负责人介绍，该班列是根据服装企业——迪卡侬的零售物流需求单独定制，载满了该公司在中国生产采购的运动产品。班列从武汉出发直达法国北部城市杜尔日，途经哈萨克斯坦、俄罗斯、白俄罗斯、波兰、德国等国家，走完全程10 815千米只需17天时间，比海运快近20天。

杜尔日是法国重要的港口城市，拥有欧洲大陆第一个海运、陆运和空运综合货物转运中心。迪卡侬方面透露，专列上的所有产品将通过迪卡侬集团在杜尔日自建的洲际物流中心，配送至法国、西班牙、意大利、波兰、英国、德国、比利时、匈牙利、波兰、罗马尼亚等迪卡侬零售商场所在的欧洲市场。

作为迪卡侬全球物流合作伙伴的丹马士大中华地区执行总监吴冰青告诉媒体，双方合作时间比较长，此前丹马士为迪卡侬提供了海运、空运、铁路、供应链管理等多种物流方案。在众多的物流方案中，航空方案速度快、成本高；海运成本低、时间长，铁路运输在速度和成本上均有其优势。

此前，迪卡侬也曾通过中欧班列从中国运往欧洲，但走的都是公共班列，班列上也有其他企业的产品，整个专列都是迪卡侬产品的这种情况还是头一次。

来自迪卡侬集团的消息显示，自迪卡侬1992年进入中国生产采购的第一笔订单产品至今，迪卡侬中国已经成为集团除法国母国外唯一实现全产业链布局的国家，研发设计也逐步向中国转移。

中国是迪卡侬最重要的市场，迪卡侬集团每年有超过50%的产品订单从中国采购，销往全球30多个国家近1 200家迪卡侬商场。

迪卡侬集团有关负责人透露，专列的开行同时也将在可持续发展方面发挥重要作用：与传统船运相比，二氧化碳排放量将减少36%以上；同空运相比，虽然空运的平均运输时间更短，但"包列"可以大幅降低总能耗，从而将帮助企业为国家的绿色发展战略做出更多贡献。

良好的合作基础，也是此次零售专列继续从武汉发车的重要因素。武汉直达法国杜尔日是迪卡侬定制路线，同时也可服务于其他往来欧洲的企业的业务需要，迪卡侬的成功案例，可以为更多友商带来积极参考，加强中欧专列发展，支持多边贸易，强化合作共赢的经济全球化。

随着中欧（武汉）班列线路逐渐增多，湖北及珠三角、长三角等地区企业纷纷通过长江黄金水道将货物运到武汉，再搭乘中欧班列运往欧洲。同时，欧洲各国的红酒、木材、奶粉等货物也通过回程中欧班列运到武汉，再分销到周边以及全国各地。武汉正在加速成为中国乃至世界货物中转基地。

资料来源　佚名. 服务升级：全国首列"企业定制"型赴欧班列从武汉发出［EB/OL］.［2020-10-31］. http://www.chinawuliu.com.cn/zixun/201710/31/325809.shtml.

问题：结合本案例从国际物流运作角度分析中欧班列开通对国际贸易的影响。

□ 实训题

完成下列运费计算：

1.网上查询国际海运主要航线的报价。

2.上海某公司向日本出口鱼罐头，共需装1 500箱，每箱毛重20千克，每箱的尺寸为0.2米×0.2米×0.25米。该货物对应的上海到神户航线的运价为100美元/运费吨，计费标准为W/M，另加收燃油附加费10美元/运费吨、港口附加费12美元/运费吨。问：应如何计算该批货物的运费？

主要参考文献

［1］斯托克，埃拉姆．物流管理［M］．张文杰，叶龙，刘秉谦，译．北京：电子工业出版社，2003．

［2］唐纳德，等．供应链物流管理［M］．马士华，等译．北京：机械工业出版社，2007．

［3］宋光．国际物流［M］．北京：北京交通大学出版社，2019．

［4］王勇．运输与物流系统规划［M］．成都：西南交通大学出版，2018．

［5］吕建军．冷链物流［M］．北京：中国经济出版社，2018．

［6］马璐．物流决策与优化［M］．武汉：华中科技大学出版社，2019．

［7］李严锋，刘胜春．第三方物流［M］．5版．大连：东北财经大学出版社，2022．

［8］刘浩华．物流战略管理［M］．北京：中国财富出版社，2018．

［9］江超群，董威．现代物流运营管理［M］．广州：广东经济出版社，2003．

［10］刘正兵．财务成本管理［M］．北京：经济科学出版社，2008．

［11］姜春华．物流企业管理［M］．重庆：重庆大学出版社，2009．

［12］梁竹.．物流成本管理［M］．厦门：厦门人学出版社，2018．

［13］人力资源和社会保障部教材办公室．快递业务员快件收派（初级）［M］．北京：中国劳动社会保障出版社，2011．

［14］孙传龙．物流行业发展研究［J］．中国航班，2020（4）．

［15］海龙．物流公司［J］．当代工人（C版），2020（5）．

［16］刘倩.用数据将物流"连起来"［J］．中国储运，2020（4）．

［17］计国君．国际货运代理［M］．厦门：厦门大学出版社，2012．

［18］南洋．基于电子商务环境下物流体系研究［M］．长春：吉林大学出版社，2019．

［19］国家邮政局职业技能鉴定指导中心．快递业务员（高级）快件处理［M］．北京：人民交通出版社，2012．

［20］王秀娥，纪国涛，陈航．第三方物流管理［M］．北京：清华大学出版社，2017．

［21］易伟，马莉．第三方物流［M］．重庆：西南交通大学出版社，2016．

［22］施学良，高晓英．第三方物流综合运营［M］．2版．北京：北京大学出版社，2016．

［23］姜珊．物流复杂网络综述［J］．物流工程与管理，2020（1）．

［24］郑克俊．第三方物流［M］．2版．北京：科学出版社，2015．

［25］冯银川．仓储管理实战［M］．北京：人民邮电出版社，2023．